ESV

W0331921

GRUNDLAGEN UND PRAXIS DES ARBEITSRECHTS

Band 28

Die Haftung des Arbeitnehmers gegenüber dem Arbeitgeber und Dritten

Haftung im Vorvertragsstadium, während des Arbeitsverhältnisses und im Nachvertragsstadium

Von

Andreas Busemann

Vorsitzender Richter
am Landesarbeitsgericht Rheinland-Pfalz

ERICH SCHMIDT VERLAG

Die Deutsche Bibliothek – CIP-Einheitsaufnahme

Busemann, Andreas:
Die Haftung des Arbeitnehmers gegenüber dem Arbeitgeber und Dritten : Haftung im Vorvertragsstadium, während des Arbeitsverhältnisses und im Nachvertragsstadium / von Andreas Busemann. – Berlin : Erich Schmidt, 1999
(Grundlagen und Praxis des Arbeitsrechts ; Bd. 28)
ISBN 3-503-05061-2

ISBN 3 503 05061 2

Alle Rechte vorbehalten
© Erich Schmidt Verlag GmbH & Co., Berlin 1999
www.erich-schmidt-verlag.de

Dieses Papier erfüllt die Frankfurter Forderungen der Deutschen Bibliothek und der Gesellschaft für das Buch bezüglich der Alterungsbeständigkeit und entspricht sowohl den strengen Bestimmungen der US Norm Ansi/Niso Z 39.48-1992 als auch der ISO Norm 9706.

Satz: multitext, Berlin
Druck: Regensberg, Münster

Vorwort

Die Grundlagen des Haftungsrechts im Arbeitsverhältnis sind in zahlreichen unterschiedlichen Vorschriften und Rechtsgrundsätzen verankert. Haftungsregelungen sind im Bürgerlichen Gesetzbuch vom 18. 8. 1896 und im Sozialversicherungsrecht (Unfallversicherung, – für Personenschäden), bisweilen in Arbeitsverträgen und – seltener – auch in Tarifverträgen und Betriebsvereinbarungen enthalten. Zu dieser unübersichtlichen Ausgangslage kommt hinzu, daß sich aus der höchstrichterlichen Rechtsprechung rechtliche Ausgestaltungen der Haftung ergeben, die sich alleine aus der Lektüre des Gesetzestextes oder des Arbeitsvertrages nicht ohne weiteres erschließen. Erwähnt werden sollen nur die von der Rechtsprechung entwickelten Grundsätze zum Verschulden bei Vertragsschluß („culpa in contrahendo") und zur Haftung wegen positiver Vertragsverletzung („pVV"). Das Haftungsmodell des BGB geht vom „Alles-oder-Nichts-Prinzip" aus: Haftung nur bei Verschulden –, dann aber in voller Höhe. Zum Verschulden gereicht dem Schädiger bereits leichteste Fahrlässigkeit. Dieses BGB-Haftungsmodell wurde durch die arbeitsgerichtliche Rechtsprechung alsbald – zunächst für den Bereich der sogenannten gefahr- oder schadensgeneigten Arbeit – modifiziert. Aufgrund einer Grundsatzentscheidung des Großen Senats des Bundesarbeitsgerichts gilt seit Herbst 1994 die richterrechtliche Beschränkung der Arbeitnehmerhaftung für alle betrieblich veranlaßten Tätigkeiten, die dem Arbeitnehmer arbeitsvertraglich übertragen worden sind oder die er im Interesse des Arbeitgebers für den Betrieb ausführt. Das vorliegende Buch informiert über die für den Arbeitnehmer relevanten allgemeinen und besonderen Haftungsgrundlagen

- im Vorvertragsstadium,
- während des Arbeitsverhältnisses und
- im Nachvertragsstadium.

Dabei werden haftungsrechtliche Grundbegriffe wie z. B. „Kausalität", „Vorsatz", „Fahrlässigkeit", „Schaden", „betrieblich veranlaßte Tätigkeit" u. ä. anhand von – in der Rechtsprechung entschiedenen – Fällen erläutert. Behandelt werden Schäden, die der Arbeitnehmer dem Arbeitgeber, Dritten und sich selbst zufügt. Die Darstellung orientiert sich in erster Linie an der einschlägigen Rechtsprechung des Bundesarbeitsgerichts, die eben für die betriebliche, anwaltliche und gerichtliche Praxis von entscheidender Bedeutung ist. Teilweise wird aber auch über die Rechtsprechung des Bundesgerichtshofes und der Instanzgerichte der Arbeitsgerichtsbarkeit sowie über in der Literatur vertretene Auffassungen unterrichtet. Auf weiterführende Literatur wird jeweils hingewiesen (s. dazu auch das Literaturverzeichnis auf den S. 173 bis S. 180).

Der Autor gehört – als Berufsrichter – der Arbeitsgerichtsbarkeit seit dem Jahre 1975 an. Seit dem Jahre 1990 ist er als Vorsitzender Richter am Landesarbeitsgericht Rheinland-Pfalz tätig.

Koblenz, August 1998 Der Verfasser

Inhaltsverzeichnis

Abkürzungsverzeichnis

aA	anderer Ansicht/Auffassung
a.a.O.	am angegebenen Ort
aF	alte Fassung
AGB-G	Gesetz zur Regelung des Rechts der Allgemeinen Geschäftsbedingungen
Anm.	Anmerkung
AP	Arbeitsrechtliche Praxis, Rechtsprechungs-Loseblattsammlung
AR-Blattei	Arbeitsrechts-Blattei, Loseblattsammlung
ArbG	Arbeitsgericht
ArbGG	Arbeitsgerichtsgesetz
AR-Lexikon	Arbeitsrechtslexikon, Beck´sches Personalhandbuch Bd. I
AuA	Arbeit und Arbeitsrecht/Zeitschrift
AuR	Arbeit und Recht (Zeitschrift)
Art.	Artikel
BAG	Bundesarbeitsgericht
BB	Betriebsberater/Zeitschrift
BBiG	Berufsbildungsgesetz
BetrVG	Betriebsverfassungsgesetz
BGB	Bürgerliches Gesetzbuch
BGH	Bundesgerichtshof
BlStSozArb	Blätter für Steuer-, Sozial- und Arbeitsrecht
BR	Der Betriebsrat/Zeitschrift
BSG	Bundessozialgericht
BVerfG	Bundesverfassungsgericht
CR	Computer und Recht/Zeitschrift
DB	Der Betrieb/Zeitschrift
DÖD	Der Öffentliche Dienst/Zeitschrift
E	Entscheidung
EG	Europäische Gemeinschaft
EuGH	Europäischer Gerichtshof
EzA	Entscheidungssammlung zum Arbeitsrecht/Loseblattsammlung
ff	folgende
G	Gesetz
GG	Grundgesetz

GS	Großer Senat
hM	herrschende Meinung
i.S.	im Sinne
JR	Juristische Rundschau/Zeitschrift
JuS	Juristische Schulung/Zeitschrift
JZ	Juristenzeitung
KasselerHB	Kasseler Handbuch zum Arbeitsrecht
LAG	Landesarbeitsgericht
LAGE	Entscheidungen der Landesarbeitsgerichte
MünchAR	Münchener Handbuch zum Arbeitsrecht
mwN	mit weiteren Nachweisen
NJW	Neue Juristische Wochenschrift
NZA	Neue Zeitschrift für Arbeitsrecht
NZA-RR	Rechtsprechungsreport der NZA
RdA	Recht der Arbeit/Zeitschrift
Rspr.	Rechtsprechung
RVO	Reichsversicherungsordnung
Rz	Randziffer
S.	Satz; Seite
s.	siehe
SAE	Sammlung Arbeitsrechtlicher Entscheidungen/Zeitschrift
Schaub	Arbeitsrechtshandbuch 8. Auflage
SGB	Sozialgesetzbuch (römische Ziffer = das jeweilige Buch des SGB)
SGb	Die Sozialgerichtsbarkeit/Zeitschrift
StGB	Strafgesetzbuch
StVG	Straßenverkehrsgesetz
TVG	Tarifvertragsgesetz
u.a.	unter anderem
UWG	Gesetz gegen den unlauteren Wettbewerb
VersR	Versicherungsrecht/Zeitschrift
vgl.	vergleiche
ZfA	Zeitschrift für Arbeitsrecht
ZIP	Zeitschrift für Wirtschaftsrecht und Insolvenzpraxis
ZPO	Zivilprozeßordnung

1. Einleitung

Im BGB wird der Begriff „Haftung“ nicht einheitlich gebraucht. Vielfach ist damit das Einstehenmüssen für eine aus einem Schuldverhältnis herrührende Schuld (z.B. auf Schadensersatz) gemeint. 1

Unter der „Haftung des Arbeitnehmers“ im Sinne der folgenden Ausführungen wird das Einstehenmüssen des Bewerbers und Arbeitnehmers für Schäden verstanden, die im Zusammenhang mit der Anbahnung, der Begründung, der Durchführung und der Beendigung eines Arbeitsverhältnisses entstehen können. Allein aus der Aufnahme von Vertragsverhandlungen kann bereits ein vorvertragliches oder gesetzliches Schuldverhältnis entstehen, aus dem sich einzelne Pflichten des Arbeitnehmers (= Bewerbers) ergeben und zwar unabhängig davon, ob es (später) zum Abschluß eines Arbeitsvertrages kommt oder nicht.

Die Verletzung dieser vorvertraglichen Pflichten kann zu einer schadensersatzrechtlichen Haftung des Arbeitnehmers führen. Kommt es zum Vertragsabschluß ist der Arbeitnehmer – will er schadensersatzliche Folgen vermeiden – dazu verpflichtet, die Arbeit anzutreten sowie in der Folgezeit die sich aus dem Arbeitsvertrag ergehende Hauptpflicht (= Arbeitspflicht) sowie die sonstigen Pflichten und Nebenpflichten ordnungsgemäß zu erfüllen. Im Zusammenhang mit der Beendigung des Arbeitsverhältnisses kann er verpflichtet sein, dem Arbeitgeber den Schaden wegen Auflösungsverschulden zu ersetzen. Schließlich kann auch die Verletzung nachvertraglicher Pflichten des Arbeitnehmers einen Schadensersatzanspruch des Arbeitgebers begründen. Verzichtet der Arbeitgeber auf eine – ihm an sich gegen den Arbeitnehmer zustehende – Schadensersatzforderung, so kann dies steuerrechtlich einen sog. geldwerten Vorteil des Arbeitnehmers begründen (BFH, 27.3.1992, NZA 1993, 654 = NJW 1993, 615).

2. Die Haftung im vorvertraglichen Stadium

2.1 Die Haftung aus culpa in contrahendo

2.1.1 Grundlagen und Rechtsfolgen

Nach den Grundsätzen der Haftung wegen Verschuldens bei Vertragsverhandlungen (c.i.c. = culpa in contrahendo) wird durch die Aufnahme von Vertragsverhandlungen – u.U. auch schon durch tatsächliche Begründung eines rechtsgeschäftlichen Kontakts – ein gesetzliches Schuldverhältnis begründet (BAG, 10.11.1955, = BAG/E 2, 217). Dieses vorvertragliche Verhältnis verpflichtet die Parteien einander zur Beachtung der verkehrsüblichen Sorgfalt (§ 276 Abs. 1 BGB). Die primären Leistungspflichten bestehen zwar noch nicht, – wohl aber bestimmte Verhaltenspflichten. Werden diese Pflichten schuldhaft verletzt, haftet der Betreffende auf Schadensersatz. Der Inhalt des Schadensersatzanspruches hängt von der Art des eingetretenen Schadens ab. Soweit den Parteien Umstände, die die vollständige Durchführung des beabsichtigten Vertragsverhältnisses in Frage stellen können, bekannt sind oder bekannt sein müssen, dürfen sie diese bei den Vertragsverhandlungen nicht verschweigen (vgl. BAG, 17.7.1997, NZA 1997, 1224 = DB 1997, 2226). 2

Die Haftungsgrundsätze der c.i.c. sind gesetzlich nicht ausdrücklich geregelt. Die gewohnheitsrechtliche Geltung dieser richterrechtlich entwickelten Grundsätze hat der Gesetzgeber jedoch in § 11 Nr. 7 AGB-G anerkannt (vgl. auch § 2 I Nr. 3c ArbGG).

Sind die Anspruchsvoraussetzungen der Grundsätze über die Haftung wegen Verschuldens bei Vertragsverhandlungen erfüllt (vgl. dazu BGH, 11.5.1979, NJW 1979, 1983), dann haftet der Schädiger dem Geschädigten für den (adäquat kausal) verursachten Schaden. Der BGH a.a.O. hat entschieden, daß sich insoweit auch ein Recht zur Verweigerung der Vertragserfüllung ergeben kann.

In der Regel führt der schadensersatzrechtliche Gesichtspunkt allerdings dazu, daß bei c.i.c. der Vertrauensschaden zu ersetzen ist. Der Geschädigte ist so zu stellen, wie er stünde, wenn er auf die ordnungsgemäße Durchführung des Vertrages nicht vertraut, – sich auf einen Vertragsabschluß gar nicht eingelassen hätte. Der Vertrauensschaden (= negatives Interesse) ist nicht notwendigerweise auf das Erfüllungsinteresse (= positives Interesse) begrenzt (vgl. BAG, 17.7.1997 a.a.O.).

Aus dem vorvertraglichen Schuldverhältnis ergeben sich insbesondere Aufklärungs-, Offenbarungs- und Hinweispflichten, aber auch sonstige allgemeine Verhaltens- und Schutzpflichten, die die Verhandlungspartner dazu verpflichten, sich so zu verhalten, daß Person, Eigentum und sonstige Rechtsgüter des anderen nicht verletzt werden (– ausführlich zur Problematik: Wiedemann FS Herschel S. 463).

Wird jemand durch unrichtige Angaben seines späteren Vertragspartners zum Abschluß eines Vertrages veranlaßt, den er in Kenntnis des Sachverhalts in dieser Form nicht abgeschlossen hätte, kann ihm gegen den anderen Teil ein Anspruch auf Ersatz des Vertrauensschadens nach den Grundsätzen der c.i c. zustehen. Nach BGH, 12.10.1993, NJW 1994, 663 kann der Anspruch des Geschädigten auch auf Ersatz der durch die Handlung des anderen Teils verursachten Mehraufwendungen gerichtet sein. Soweit es um die Frage geht, ob eine (gebotene, – aber) unterlassene Aufklärung ursächlich für einen Schaden war, kann zu Gunsten des Geschädigten i.d.R. davon ausgegangen werden, daß er bei sachgemäßer Belehrung sein Eigeninteresse in vernünftiger Weise wahrgenommen hätte (vgl. – allerdings im Zusammenhang mit vertraglichen Aufklärungs- und Beratungspflichten: BGH, 5.7.1973, NJW 1973, 1688; BAG, 17.12.1991, NZA 1992, 973).

2.1.2 Fallgruppen und Rechtsprechung

3 Von den einzelnen, in der Rechtsprechung entwickelten Fallgruppen der c.i.c. (vgl. dazu Palandt/Heinrichs BGB § 276 Rz 71ff.) sind vor allem die folgenden für die arbeitsrechtliche Praxis bedeutsam:

- Haftung bei nicht zustandegekommenem (unwirksamen) Vertragsschluß;
- Haftung bei Abbruch (Scheitern) von Vertragsverhandlungen (vgl. Gottwald BB 1997, 2427; BGH, 12.6.1975, NJW 1975, 1774);
- Haftung bei unlauterer Bestimmung zum Vertragsschluß.

Zwar legt bei Vertragsverhandlungen an sich jede Partei selbst fest, welche Aufklärung sie von dem anderen benötigt, um mit ihm einen Vertrag abzuschließen; ohne weiteres ist der Bewerber nicht gehalten, von sich aus auf Umstände hinzuweisen, die den Verhandlungspartner vom Vertragsabschluß abhalten könnten. Ausnahmsweise muß der Bewerber jedoch auch ungefragt – ihm ungünstige – Umstände offenbaren (siehe dazu im einzelnen: Buchner MünchAR § 38 Rz. 156ff., § 43 Rz. 25ff.).

In der Rechtsprechung ist die Anspruchsgrundlage „c.i.c." u.a. in folgenden Fällen geprüft worden:

– BAG, 7.2.1964, BAG/E 15, 261 = NJW 1964, 1197 – Chefsekretärin –: 4

Die Entscheidung beschäftigt sich mit dem Problem der Offenbarung des momentanen Gesundheitszustandes im Einstellungsgespräch. Der Arbeitgeber verlangte Schadensersatz für die Kosten von zwei Inseraten, die er aufgegeben hatte, um eine Ersatzkraft zu finden. Die Arbeitnehmerin hatte die Arbeit krankheitsbedingt nicht angetreten. Streitig war, ob der Arbeitgeber die Arbeitnehmerin (= Bewerberin) im Einstellungsgespräch nach ihrem Gesundheitszustand gefragt hatte. Fehlte es an einer solchen Befragung, käme es – so das BAG – auf das Vorliegen einer Fahrlässigkeit der Bewerberin an, die darin liegen könnte, daß sie – ohne daß hierzu z.Zt. des Einstellungsgesprächs (damals war die Arbeitnehmerin arbeitsunfähig krank) ausreichend sichere Anhaltspunkte vorlagen – mit einem Ende ihrer Krankheit vor dem vereinbarten Dienstantritt gerechnet hat. Für die Haftung aus c.i.c. genügt schon („leichte") Fahrlässigkeit. Insoweit gilt der normale Haftungsmaßstab.

Anzumerken ist, daß gesetzliche oder richterrechtlich entwickelte Haftungsmilderungen dem Schädiger im Rahmen der c.i.c. ohne weiteres nicht zugute kommen (vgl. dazu und zu etwaigen Ausnahmen: Gerhardt JuS 1970, 597 (602f) sowie bei Rz 10 und 32a.E.)

Im übrigen begreift das BAG die Wahrheitspflicht als Teil der Treuepflicht, die insoweit schon für die Zeit der auf Abschluß eines Arbeitsvertrages gerichteten Verhandlungen bestehe. Werde sie verletzt, so sei der Arbeitgeber nicht auf das – (vgl. § 123 Abs. 1 BGB) eine Arglist des Arbeitnehmers voraussetzende – Recht zur Anfechtung des Vertrags beschränkt. Der Arbeitgeber könne verlangen, so gestellt zu werden, wie wenn er die Arbeitnehmerin nicht eingestellt hatte.

– BAG 6.6.1972, AP Nr. 71 zu § 611 BGB Haftung des Arbeitnehmers – 5
Buchhalterin –:

Das BAG äußert sich zunächst zu der Frage, in welchem Vorbringen des Arbeitgebers der schlüssige Vortrag einer (c.i.c. –) Anspruchsgrundlage gesehen werden kann. Vorgetragen worden war, daß die Arbeitnehmerin (= Bewerberin) bei den Einstellungsverhandlungen Fähigkeiten vorgetäuscht habe, die sie nicht besessen habe, und daß der Arbeitgeber dadurch zur Einstellung der Arbeitnehmerin veranlaßt worden sei. Allerdings beanstandet das BAG die Schadensberechnung des Arbeitgebers. Dieser hatte die Arbeitnehmerin zu den vereinbarten Bedingungen weiter beschäftigt, obwohl er die Unfähigkeit der

Arbeitnehmerin alsbald erkannt hatte. Im Prozeß hatte der Arbeitgeber seine Forderung nur damit begründet, daß er gleichsam einen (im Arbeitsvertragsrecht i.d.R. aber nicht bestehenden) Minderungsanspruch geltend machte: Er nahm nur eine Bewertung der von der Arbeitnehmerin angeblich erbrachten (Minder-)Leistung vor und setzte den dafür ermittelten Wert an die Stelle der im Arbeitsvertrag vereinbarten Vergütung. Um einen Schadensersatzanspruch schlüssig darzutun, hätte der Arbeitgeber – so das BAG – vortragen müssen, welche Vermögensnachteile ihm durch den angeblichen Anstellungsbetrug entstanden sein sollen. Diese Nachteile könnten etwa darin bestehen, daß er gezwungen wäre, die aus Verschulden der Arbeitnehmerin mangelhaft gewordene Buchhaltung wieder in Ordnung bringen zu lassen; dann könnten die Kosten, die dadurch entstanden wären, als Schaden geltend gemacht werden. Auch hätte der Arbeitgeber dartun können, daß durch die mangelhaften Leistungen der Arbeitnehmerin die Buchhaltung in einen Zustand geraten sei, der dem Finanzamt Veranlassung gegeben hätte, zur Schätzung zu greifen; dann könnte in Höhe der steuerlichen Nachteile, die dem Arbeitgeber dadurch entstanden wären, Schadensersatz gefordert werden.

6 – BAG, 18.6.1968 AP Nr. 32 zu § 63 HGB – „In-Funktion-gesetzter"-Arbeitsvertrag –:

Aus dieser Entscheidung läßt sich ableiten, daß das BAG in der vom Arbeitgeber zu erbringenden Lohnzahlung allein keinen ersatzfähigen Schaden sieht (vgl. dazu Buchner MünchAR § 38 Rz. 178, der dem Arbeitgeber als „abstrakten Schadenssatz eine Lohnminderung entsprechend der minderen Qualifikation (etwa orientiert an tariflichen Tätigkeitsmerkmalen und dem Verhältnis der Lohngruppen) zubilligt.

Exkurs in das Strafrecht:

In strafrechtlicher Hinsicht (§ 263 – Betrug –) stellt sich das Problem des Schadens wie folgt dar:

7 • BGH, 4.5.1962, AP Nr. 3 zu § 263 StGB:

Beim Anstellungsbetrug des durch privatrechtlichen Dienstvertrag verpflichteten Angestellten, der über seine berufliche Vorbildung getäuscht hat, ist für die Feststellung eines beim Dienstberechtigten eingetretenen Vermögensschadens entscheidend, ob der Dienstverpflichtete die Leistungen erbringen kann, die auf Grund seiner gehaltlichen Eingruppierung allgemein von ihm erwartet werden dürfen (im Anschluß an BGH vom 21.7.1961 – 4 St 93/61 – AP Nr. 2 zu § 263 StGB).

• BGH, 21.7.1961, AP Nr. 2 zu § 263 StGB:

Anders als beim Anstellungsbetrug des Beamten bemißt sich beim Anstellungsbetrug des Angestellten der Vermögensschaden des Dienstherrn häufig nach dem tatsächlichen Wert der geleisteten Dienste. Entsprechen diese den Erwartungen, so ist der Dienstherr nicht deshalb geschädigt, weil der Angestellte eine vorausgesetzte Vorbildung oder berufliche Bewährungszeit nicht aufweist.

Weitere Fälle aus dem Arbeitsrecht:

– BAG, 14.9.1984, AP Nr. 10 zu § 276 BGB Vertragsbruch:

Der Arbeitgeber, der eine Spedition betrieb, hatte im Vertrauen darauf. daß es zu einer Arbeitsaufnahme des Arbeitnehmers (eines Speditionskaufmannes) kommen werde, Fahrzeuge zu einem Gesamtpreis von ca. DM 302.000,— angeschafft. Nachdem es dann aber doch nicht zu einer Arbeitsaufnahme gekommen war, veräußerte der Arbeitgeber die Fahrzeuge zu einem Gesamtpreis von ca. DM 276.500,—. Die Schadensersatzklage des Arbeitgebers war darauf gerichtet, daß ihm der Arbeitnehmer den Differenzbetrag zwischen An- und Verkaufspreis der Fahrzeuge in Höhe von ca. DM 25.500,— zahlen sollte. Das BAG hat entschieden: *8*

„Muß der Arbeitnehmer vor Antritt der Arbeit erkennen, daß der Arbeitgeber im Vertrauen auf die vertraglich zugesagte Arbeitsaufnahme erhebliche Aufwendungen macht, so muß er den Arbeitgeber unverzüglich unterrichten, wenn er die Arbeit nicht antreten kann oder will. Eine Verletzung dieser Pflicht kann den Arbeitnehmer zum Schadensersatz verpflichten (- im Anschluß an BAG, 23.3.1984, AP Nr. 8 zu § 276 BGB Vertragsbruch)“.

Als schadensstiftendes Ereignis sieht das BAG hier nicht den Nichtantritt der Arbeit an, sondern das Unterlassen einer rechtzeitigen (d.h. vor Anschaffung der Fahrzeuge erfolgten) Benachrichtigung von der – nach den Behauptungen des Arbeitgebers – fehlenden Bereitschaft oder Fähigkeit des Arbeitnehmers, in die Dienste des Arbeitgebers zu treten. Es gehe nicht um Schäden, die auf dem Nichtantritt der Arbeit beruhten, sondern um Schäden, die – nach der Klagebegründung – durch fehlende Unterrichtung entstanden seien. Gleichwohl lehnte das BAG in diesem Fall eine Haftung des Arbeitnehmers ab, weil der Arbeitgeber im Prozeß keinen Beweis für seine Behauptung angetreten hatte, dem Arbeitnehmer sei vor Anschaffung der Fahrzeuge bereits bekannt gewesen, daß noch nicht sicher gewesen sei, ob er die Arbeit bei dem Arbeitgeber aufnehmen könne oder wolle. Ganz allgemein ist in diesem Zusammenhang festzuhalten, daß für die objektive Pflichtverletzung auch bei Verletzung von Aufklärungspflichten grundsätzlich der Geschädigte darlegungs- und beweispflichtig ist (– ebenso Hoffmanns in Anm. zu BAG a.a.O.).

9 – BAG, 27.3.1991, AP Nr. 92 zu § 1 LohnFG = NZA 1991, 895 („Kur als Schaden?"):

Das BAG referiert hier zunächst die Rechtsprechung, wonach bei Verletzung von Mitteilungspflichten des Arbeitnehmers ein Schadensersatzanspruch des Arbeitgebers entstehen kann (BAG, 7.2.1964, AP Nr. 6 zu § 276 BGB Verschulden bei Vertragsabschluß). Für den konkreten Streitfall ließ das BAG jedoch offen, ob den Arbeitnehmer eine Mitteilungspflicht getroffen hat und ob er diese schuldhaft verletzt hat. Der Arbeitgeber stützte eine von ihm erklärte Aufrechnung auf eine Schadensersatzforderung, die er wie folgt begründete: der Arbeitnehmer habe auf Befragen bei der Einstellung erklärt, er sei gesund. Auf einen zuvor gestellten Antrag sei ihm dann aber nach Beginn des Arbeitsverhältnisses eine Kur bewilligt worden, für die der Arbeitgeber – unstreitig – Lohnfortzahlung geleistet habe. Hätte der Arbeitnehmer ihm bei dem Einstellungsgespräch mitgeteilt, daß er eine Kur beantragt habe, hätte der Arbeitgeber die Einstellung des Arbeitnehmers bis zu einem Zeitpunkt nach der Kur zurückgestellt. In dem Verhalten des Arbeitnehmers sei ein Verschulden bei der Vertragsanbahnung zu sehen, das ihn zum Schadensersatz verpflichte. Der dem Arbeitgeber entstandene Schaden bestehe in dem Betrag der Lohnfortzahlung für die Dauer der Kur. Das BAG entschied, daß der Arbeitgeber mit diesem Vortrag einen – durch eine etwaige Pflichtverletzung des Arbeitnehmers – entstandenen Schaden nicht habe darlegen können. Der Arbeitgeber sei lediglich gehalten gewesen, die vom Gesetz statuierten Arbeitgeber-Pflichten aus dem unangefochten weiter bestehenden (d.h. weder durch Anfechtung noch durch Kündigung beendeten) Arbeitsverhältnis zu erfüllen. „Die reine Erfüllung einer vom Gesetz bestimmten Verpflichtung" – so das BAG – „kann aber keinen Schaden bedeuten". Von einem Schaden könne bei dem Arbeitgeber nur gesprochen werden, wenn er z.B. die Arbeiten, für die der Arbeitnehmer eingestellt worden sei, durch eine zusätzliche und höher zu bezahlende Ersatzkraft hätte verrichten lassen müssen, oder wenn er etwa eine Vertragsstrafe hätte zahlen müssen, weil wegen des Ausfalls des Arbeitnehmers Arbeiten nicht rechtzeitig hätten vollendet werden können. Da der Arbeitgeber aber in dieser Richtung nichts habe vortragen können, sei die Entstehung eines über den gesetzlichen Tatbestand der Lohnfortzahlung hinausgehenden Vermögensnachteils, welcher rechtlich als Schaden qualifiziert werden könnte, zu verneinen. Anzumerken ist insoweit, daß – allgemeinen Grundsätzen entsprechend – ein Vermögensschaden durchaus auch in einer Belastung mit einer Verbindlichkeit bestehen kann (vgl. Palandt Vorbemerkung vor § 249 BGB

Rz 46; beachte LAG Berlin, 18.4.1978, BB 1979, 1145). Gleichwohl ist dem BAG hier jedenfalls unter Berücksichtigung der Lehre vom Schutzbereich der Norm (vgl. Palandt a.a.O. Rz 62; s. dazu auch bei Rz 21 und 29) im Ergebnis zuzustimmen.

2.2 Die deliktische Haftung

Unabhängig von den richterrechtlich entwickelten Grundsätzen zur c. i. c. *10*
kann sich eine Haftung des Bewerbers auch schon bei Erfüllung gesetzlicher Anspruchsvoraussetzungen ergeben. Zu diesen gesetzlichen Anspruchsgrundlagen zählen insbesondere die Bestimmungen der §§ 823 ff BGB über zum Schadensersatz verpflichtende unerlaubte Handlungen. Insoweit ist beispielhaft auf folgenden Leitsatz des BAG hinzuweisen:

BAG, 24.1.1974, AP Nr. 74 zu § 611 BGB Haftung des Arbeitnehmers: wer anläßlich seiner Bewerbung um die Stelle eines Möbelwagenfahrers eine Probefahrt mit einem Möbelwagen unternimmt, obwohl er fast 10 Jahre keine LKW mehr gefahren hat, und seine fehlende Fahrpraxis verschweigt, handelt grob fahrlässig; wenn bei der Probefahrt infolge unsachgerechter Fahrweise des Bewerbers am Möbelwagen ein Schaden entsteht, muß der Bewerber diesen voll ersetzen.

Das Klagebegehren des Arbeitgebers (= Unternehmen für Möbeltransporte) rechtfertigt sich aus § 823 I BGB. Der Bewerber hat durch die Beschädigung des Möbelwagens das daran bestehende Eigentum des Arbeitgebers verletzt. Diese Eigentumsverletzung war rechtswidrig, weil eine diese rechtfertigende Einwilligung des Arbeitgebers nicht vorlag. Daß der Arbeitgeber den Bewerber eine Probefahrt ausführen ließ, bedeutet nicht, daß er mit der Beschädigung des Möbelwagens einverstanden war. Bei einer Probefahrt will derjenige, der eine Probefahrt ausführen läßt, dabei entstehende Verletzungen seines Eigentums nicht von der Rechtswidrigkeit ausnehmen. Unter Bezugnahme auf den besonderen Haftungsmaßstab im bestehenden Arbeitsverhältnis (s. Rz 30) führt das BAG aus, daß dieser Maßstab auch dann gelte, wenn es um die Haftung des (potentiellen) künftigen Arbeitnehmers – also des Bewerbers – wegen unerlaubter Handlung aus Anlaß einer gefahrgeneigten Tätigkeit gehe. Im Rahmen der Begründung der groben Fahrlässigkeit stellt das BAG u.a. auch darauf ab, daß der Bewerber nicht in einem normalen Bogen in die Kurve eingefahren sei: dies könne nur auf seine mangelnde Fahrpraxis zurückgeführt werden. Zu dem Schaden war es konkret dadurch gekommen, daß der Bewerber beim Abbiegen auf einer verkehrsfreien Kreuzung über den Bordstein gefahren und mit dem Möbelwagen gegen eine seitliche Straßenbegrenzung geraten war.

Zu beachten ist allerdings, daß der Arbeitgeber nicht in allen Fällen geltendmachen kann, daß der Schädiger wegen grober Fahrlässigkeit der Sorgfaltspflichtverletzung voll schadensersatzpflichtig sei. Abgesehen von der Frage des Mitverschuldens, – das gemäß § 254 BGB ohnehin zu prüfen ist –, muß sich der Arbeitgeber auch sonst ggfs. Umstände entgegenhalten lassen, die dazu geführt haben, das Betriebsrisiko zu erhöhen. Dies gilt insbesondere auch im Vorvertragsstadium. Jedenfalls dann, wenn der Arbeitgeber z.B. die fehlende oder mangelnde Fahrpraxis des Bewerbers kennt, muß er sich dies entgegenhalten lassen, wenn ein vom Bewerber verursachter Schaden auf einen typischen Anfängerfehler zurückzuführen ist (vgl. BAG, 7.7.1970, und 18.1.1972, EzA Nrn. 4 und 9 zu § 611 BGB gefahrgeneigte Arbeit).

3. Die Haftung bei Nichtantritt der Arbeit

3.1 Allgemeines

11 Haben die Vertragsverhandlungen zu einem wirksamen Vertragsabschluß geführt, dann ist der Arbeitnehmer verpflichtet, zum vorgesehenen Arbeitsbeginn (Dienstbeginn) die Arbeit anzutreten. Etwas anderes gilt dann, wenn der Arbeitnehmer (– abgesehen von den Fällen der einvernehmlichen vorzeitigen Vertragsauflösung oder der Arbeitgeber-Kündigung vor Dienstantritt -) das Arbeitsverhältnis noch rechtzeitig vor Dienstantritt kündigen kann. In diesem Zusammenhang stellt sich bisweilen das Problem, ob eine ordentliche Kündigung vor Dienstantritt ausgeschlossen ist (vgl. dazu BAG, 17.7.1985 – 5 AZR 104/84 –; Busemann/Schäfer S. 41 Rz 34). Tritt der arbeitsfähige Arbeitnehmer – obgleich vertraglich dazu verpflichtet – die Arbeit nicht an, dann macht er sich bei Vorliegen der übrigen jeweils in Betracht kommenden Anspruchsvoraussetzungen wegen Nichterfüllung schadensersatzpflichtig. Hat der Arbeitnehmer dagegen die Arbeit angetreten, ist der Tatbestand der Nichtleistung insoweit nicht (mehr) gegeben. Dies gilt auch dann, wenn der Arbeitnehmer nach erfolgter Arbeitsaufnahme zu wenig, zu schlecht oder zu langsam arbeitet; in diesen Fällen ist nicht (mehr) der Tatbestand der Nichterfüllung, sondern der der Schlechtleistung gegeben (s. dazu Rz 27; vgl. auch Beuthin ZfA 1972, 20). Freilich gibt es auch im „in Funktion gesetzten" Arbeitsverhältnis Fälle der Nichtleistung (z.B. durch Überziehen der Pausen, „Blaumachen", eigenmächtigen Urlaubsantritt u.ä. mehr; s. dazu Rz 24).

3.2 Die anfängliche Unmöglichkeit

12 Für die Fälle der Nichtleistung ist hier zunächst der Gesichtspunkt der anfänglichen Unmöglichkeit zu erörtern, - d.h. die Unmöglichkeit, die bereits bei Vertragsabschluß gegeben ist. Die Unmöglichkeitsvorschriften des BGB sind im Arbeitsrecht deswegen anwendbar, weil die Nichtleistung der Arbeit in aller Regel Unmöglichkeit der Arbeitsleistung bedeutet. Dies ergibt sich aus dem Fixschuldcharakter der Arbeitspflicht (§ 361 BGB; vgl. Kraft NZA 1989, 779; bei „geringfügigem Zuspätkommen" nimmt das BAG, 17.3.1988, AP Nr. 99 zu § 626 BGB = NZA 1989, 261 – sofern die Arbeit noch nachholbar ist – Verzug an).

3.2.1 Das subjektive Unvermögen

13 Für den Fall des nur subjektiv anfänglichen Unvermögens trifft den Arbeitnehmer (wohl) eine Erfüllungshaftung (vgl. Blomeyer MünchAR § 55 Rz 14). Das BAG, 27.2.1974, AP Nr. 2 zu § 306 BGB bemerkt zu dieser Frage, daß der Schuldner für sein Leistungsvermögen unbedingt einzustehen habe und deswegen grundsätzlich sogar ohne Rücksicht auf ein Verschulden für das Erfüllungsinteresse nach Maßgabe einer allgemeinen Garantiepflicht hafte. Folgt man dieser Ansicht (krit. dagegen Hadding Anm. a.a.O sowie Gudian NJW 1971, 1239), hat der Arbeitnehmer im Falle anfänglicher Unmöglichkeit dem Arbeitgeber sämtlichen, adäquat verursachten Schaden zu ersetzen, der diesem bedingt durch das Leistungsunvermögen des Arbeitnehmers entsteht.

3.2.2 Die objektive Unmöglichkeit

14 Allerdings kann sich u.U. subjektives Unvermögen bei wertender Betrachtungsweise letztlich als objektive Unmöglichkeit darstellen. Bei objektiver Unmöglichkeit ordnet § 306 BGB die Nichtigkeit des Vertrages an. Die Vorschrift des § 306 BGB ist auch auf Leistungen anzuwenden. die physisch so schwierig oder in so hohem Maße unzumutbar sind, daß sie deswegen nach der allgemeinen Anschauung des Lebens als unmöglich anzusehen sind. Der Begriff der Unmöglichkeit ist im Arbeitsrecht also nicht im streng logischen oder philosophischen Sinne, sondern normativ zu verstehen.

• Beispiel:

Der Wortlaut einer tariflichen Bestimmung ließ es zu, daß ein angestellter Krankenhaus-Arzt bei bestehender Verpflichtung zu zweimaliger wöchentlicher Bereitschaftsdienstleistung nach vollem ärztlichen Tagesdienst anschließend Bereitschaftsdienst zu leisten und am folgenden Tag wiederum vollen Tagesdienst zu verrichten hatte und ihm während des Bereitschaftsdienstes keine ununterbrochene Ruhezeit von 6 Stunden zur Verfügung stand. Das BAG, 24.2.1982, AP Nr. 7 zu § 17 BAT = DB 1982,1523 hat dazu aus § 306 BGB abgeleitet, daß die Verpflichtung, einen weiteren Tagesdienst zu leisten, dann entfällt, wenn dem Arzt während des vorangegangenen Bereitschaftsdienstes in der Zeit zwischen 21 .00 Uhr und dem Beginn der allgemeinen Tagesarbeitszeit eine ununterbrochene Ruhezeit von 6 Stunden nicht zur Verfügung gestanden hat. Unmöglichkeit i.S.d. § 306 BGB ist hiernach also (auch) dann gegeben, wenn der Arbeitsvertrag dem Arbeitnehmer Leistungen abverlangt, die mit dem allgemeinen menschlichen Leistungsvermögen und den jeweils in Betracht kommenden Standespflichten unvereinbar sind bzw. sich als schlechthin unzumutbar darstellen (BAG, 24. 2. 1982, a.a.0.). Keine objektive Unmöglichkeit liegt dagegen vor, wenn ein Arbeitnehmer mit 2 untereinander konkurrierenden Arbeitgebern gleichzeitig langfristige Arbeitsverträge schließt, nach deren Inhalt er nur für einen Arbeitgeber und nicht für den damit konkurrierenden Arbeitgeber tätig werden darf (BAG, 26. 3. 1965, AP Nr. 1 zu § 306 BGB). In einem ähnlich gelagerten Fall (BAG, 19. 10. 1962, AP Nr. 20 zu § 138 BGB = JuS 1963, 121) wurde einer Klage stattgegeben, mit der der Arbeitgeber die Feststellung der Verpflichtung des beklagten Arbeitnehmers beantragte, ihm denjenigen Schaden zu ersetzen, der dadurch entstanden ist und noch entsteht, daß der Arbeitnehmer – im Widerspruch zum abgeschlossenen Arbeitsvertrag – bis zum Ablauf der ordentlichen Kündigungsfrist keine Arbeit für ihn geleistet hatte. Das BAG a.a.O. ließ den Schadensersatzanspruch nicht daran scheitern, daß der (neue) Arbeitgeber den Arbeitnehmer von dem bisherigen Arbeitgeber abgeworben hatte; dahingestellt blieb, wie zu entscheiden gewesen wäre, wenn der neue Arbeitgeber den Arbeitnehmer zum Arbeitsvertragsbruch verleitet hätte.

3.3 Die nachträgliche Unmöglichkeit

Von nachträglicher Unmöglichkeit spricht man, wenn dem Schuldner die Lei- *15*
stung zwar bei Entstehung des Schuldverhältnisses möglich war, – ihm die Leistungserbringung später aber zu irgend einem Zeitpunkt vor der Erfüllungshandlung unmöglich geworden ist. Ist der Arbeitnehmer für die Unmöglichkeit verantwortlich, haftet er für den kausal entstehenden Schaden. Diese Verantwortlichkeit kann den Arbeitnehmer zum einen nach den Grundsätzen über das sogenannte Arbeitskampfrisiko (vgl. dazu: BAG. 12. 11. 1996, AP Nr. 147 zu Art. 9 GG Arbeitskampf) und zum anderen in den Fällen der personen- oder verhaltensbedingten Unmöglichkeit treffen. Zu vertreten hat der Arbeitnehmer die Unmöglichkeit insbesondere dann, wenn er vertragswidrig die Arbeit nicht antritt und dabei entweder vorsätzlich oder fahrlässig handelt (§ 276 BGB; s. dazu Rz 27, sowie Blomeyer MünchAR § 55 Rz 23ff). Nicht zu vertreten hatte die Unmöglichkeit der Kläger (Chefarzt) des Verfahrens – 5 AZR 90/84 –; das BAG führt dazu in seinem Urteil vom 4. 9. 1985 u.a. aus:

„Setzt die Leistung eine bestimmte Grundlage voraus, im Arbeitsrecht etwa die Betriebsstätte des Arbeitgebers, kann mit deren Wegfall die geschuldete Leistung nicht mehr erbracht werden; sie ist objektiv unmöglich geworden (BAG AP Nr. 2 zu § 324 BGB, zu II 1 der Gründe. Die Verpflichtung des Beklagten, den Kläger in der Inneren Abteilung des Krankenhauses Oberwesel als Chefarzt zu beschäftigen, ist unmöglich geworden, seitdem diese Abteilung aufgelöst ist. Der Kläger kann seit der Zusammenlegung der beiden Inneren Abteilungen der Krankenhäuser in Oberwesel und St. Goar in den Räumen des Krankenhauses St. Goar seine im Jahr 1966 aufgenommene Tätigkeit als Chefarzt auf seiner bisherigen Abteilung nicht mehr ausüben. Die Beschäftigung des Klägers in dieser Abteilung, die entsprechende Räumlichkeiten, Inventar, medizinische Geräte und die Mitwirkung des übrigen Krankenhauspersonals voraussetzt, ist mit der Verlegung der Station unausführbar geworden".

3.4 Terminologie und Rechtsfolgen bei Nichtantritt der Arbeit

3.4.1 Der „Vertragsbruch"

16 In terminologischer Hinsicht ist in diesem Zusammenhang zu bemerken, daß (auch) der Tatbestand des Nichtantritts der Arbeit häufig als Vertragsbruch bezeichnet wird. Ein Vertragsbruch des Arbeitnehmers liege nicht nur dann vor, wenn der Arbeitnehmer die Arbeit rechtswidrig verlasse, sondern auch dann, wenn er die Arbeit überhaupt nicht aufnehme (BAG, 23. 2. 1977, AP Nr. 15 zu § 4 TVG Günstigkeitsprinzip; vgl. auch BAG, 14. 9. 1984, AP Nr. 10 zu § 276 BGB Vertragsbruch; zur gesetzlichen Herabsetzung einer an sich verwirkten Strafe in einem derartigen Fall: Sächsisches LAG, 25.11.97, DB 1998, 684). Hierbei (= „Vertragsbruch") handelt es sich jedoch nicht um einen gesetzestechnischen Begriff des BGB. Bedeutung erlangen kann er, wenn an ihn in Tarifverträgen oder Arbeitsverträgen Rechtsfolgen geknüpft werden –, so wie dies beispielsweise bei Vertragsstrafenabreden der Fall ist. Im allgemeinen Sprachgebrauch wird wohl nicht jeder beliebige Verstoß gegen vertragliche Pflichten, sondern nur die rechtswidrige endgültige Abkehr vom Arbeitsvertrag als Vertragsbruch verstanden (s. bei Rz 88; vgl. Kopp und Hunold – jeweils –, AR-Lexikon Nrn. 62 und 386 Arbeitsvertragsbruch/Vertragsstrafe; Berger-Delhey DB 1989, 2171; Friedrich AcP 1978, 468). Die frühere Bestimmung des § 124b GewO (a.F.) sah eine pauschalierte Entschädigung „für den Tag des Vertragsbruches und jeden folgenden Tag ... ." – für den Fall vor, daß ein Geselle oder Gehilfe „rechtswidrig die Arbeit verlassen (hat)". Das BAG, 16. 3. 1982 und 11. 4. 1984, AP Nrn. 2 und 4 zu § 124b GewO hat entschieden, daß diese Bestimmung wegen ihrer Unklarheit gegen das Rechtsstaatsgebot des Art. 20 III GG verstößt. Nach dem BAG-Urteil, 17. 7. 1985 – 5 AZR 104/84 – ist es zulässig, daß eine Vertragsstrafe (s. Rz 87) auch für den Fall des Nichtantritts der Arbeit vereinbart wird.

3.4.2 Die Rechtsfolgen (= zu ersetzende Schäden)

Nach § 249 S. 1 BGB hat derjenige, der zum Schadensersatz verpflichtet ist (= Schuldner/Schädiger), den Zustand herzustellen, der bestehen würde, wenn der zum Ersatz verpflichtende Umstand nicht eingetreten wäre. Soweit die Herstellung nicht möglich oder zur Entschädigung des Gläubigers (Geschädigten) nicht genügend ist, hat der Ersatzpflichtige den Gläubiger gemäß § 251 I BGB in Geld zu entschädigen. In den in § 249 S. 2 BGB genannten Fällen kann der Geschädigte statt der Herstellung von vornherein den dazu erforderlichen Geldbetrag verlangen. Im übrigen kann Schadensersatz in Geld erst nach vorheriger Fristsetzung verlangt werden (§ 250 BGB). Ob es sich um anfängliche oder nachträgliche Unmöglichkeit handelt, ist unerheblich. Der Schadensersatz wegen Nichterfüllung gemäß § 325 I BGB richtet sich auf das positive Interesse. Der Schaden besteht in der Differenz zwischen der Vermögenslage, die eingetreten wäre, wenn der Schuldner ordnungsgemäß erfüllt hätte, und der durch die Nichterfüllung tatsächlich entstandenen Vermögenslage (BAG, 16.11.1995, NZA 1996, 415 = BB 1996 432). Demgemäß ist der Arbeitgeber bei einer vom Arbeitnehmer zu vertretenden Nichtleistung so zu stellen, wie er bei pflichtgemäß erbrachter Arbeitsleistung gestanden hätte (vgl. Kraft NZA 1989, 778; Becker-Schaffner BlStSozArbR 1982, 97; Berkowsky DB 1982, 1772). Beim Nichtantritt der Arbeit sind hinsichtlich des Schadens (Art, Umfang und Höhe) folgende Gestaltungen des Sachverhaltes praxisrelevant:

3.4.2.1 Arbeitserledigung durch andere Arbeitnehmer des Betriebes

Der Arbeitgeber läßt die Arbeit, die der vertragsbrüchige Arbeitnehmer hätte verrichten sollen, ohne Einstellung einer Ersatzkraft und ohne daß Überstunden anfallen, von anderen Arbeitnehmern des Betriebes erledigen. In einem derartigen Fall kann nach Ansicht des BAG, 24.4.1970, AP Nr. 5 zu § 60 HGB = JZ 1971, 380 mit Anm. JZ 1971, 358(Lieb) ein – vom Arbeitnehmer zu ersetzender – Schaden des Arbeitgebers darin bestehen, daß er die Arbeitskraft dieser anderen Arbeitnehmer, die für den vertragsbrüchigen Arbeitnehmer „einspringen“, nicht in der Weise nutzen kann, wie er es ansonsten hätte tun können. Die Arbeitskraft seiner Arbeitnehmer habe für den Arbeitgeber Vermögenswert. Da die Arbeitskraft der anderen Arbeitnehmer für ihre eigentlichen Aufgaben nicht zur Verfügung gestanden habe, sei der Arbeitgeber geschädigt – und zwar unabhängig davon, ob die Arbeit dieser Angestellten (wiederum) „von anderen übernommen, ob sie von den Angestellten selbst später nachgeholt worden oder ob sie liegen geblieben ist“ (BAG a.a.O. im *17* sog. „Filialleiter"-Fall). Der Wert der Arbeitskraft könne nur in dem entsprechenden anteiligen Gehalt erfaßt werden.

Diese Rechtsprechung des BAG ist nicht ohne Kritik geblieben. Gegen eine derartige abstrakte Ermittlung von Schäden hat Wendeling-Schröder (NZA 1993, 55) Bedenken angemeldet. Auch Schaub (§ 51 S. 343) macht insoweit auf die Gefahr einer Bereicherung des Arbeitgebers aufmerksam. Der von Wendeling-Schröder a.a.O. zitierten Rechtsprechung ist wohl zu entnehmen, daß ein Schadensersatzanspruch nur dann der Höhe nach schlüssig dargetan ist, wenn der Geschädigte konkrete Schadens-Tatsachen, d.h. real erlittene wirtschaftliche Einbußen, vorgetragen hat (vgl. LAG Hamburg, 5.9.1967, BB 1967, 1378; LAG Schleswig-Holstein, 13.4.1972, BB 1973, 1229). Jedenfalls muß sich der Arbeitgeber – auch unter Zugrundelegung der oben dargestellten BAG-Grundsätze – im Wege der Vorteilsausgleichung das anrechnen lassen, was er infolge des Ausbleibens der Arbeitsleistung des vertragsbrüchigen Arbeitnehmers an Vergütung (Gehalt/Lohn) „einspart". Popp NZA 1988, 456 meint, daß der Schadensnachweis gänzlich scheitert, wenn der Ausfall durch Mehrbelastung der verbliebenen Mitarbeiter innerhalb der vertraglichen Arbeitszeit kompensiert wird.

3.4.2.2 Arbeitserledigung durch neu-eingestellte Ersatzkraft

18 Stellt der Arbeitgeber für den vertragsbrüchigen Arbeitnehmer eine Ersatzkraft ein, kann die Differenz zwischen der gegebenenfalls höheren Vergütung der eingestellten Ersatzkraft und der Vergütung des vertragsbrüchigen Arbeitnehmers den Schaden des Arbeitgebers darstellen (vgl. LAG Kiel, 13.4.1972, BB 1972, 1229; LAG Berlin, 27.9.1973, DB 1974, 538).

3.4.2.3 Arbeitserledigung im Rahmen von Überstunden

19 Denkbar ist auch, daß andere Arbeitnehmer des Betriebes durch Überstunden den durch den Vertragsbruch des Arbeitnehmers drohenden Arbeitsausfall verhindern oder ausgleichen (vgl. LAG Baden-Württemberg, 21.12.1960, BB 1961 529; LAG Düsseldorf, 19.10.1967, DB 1968, 90). Insoweit können die an die anderen Arbeitnehmer gezahlten Überstunden-Vergütungen nebst Zuschlägen einen Schadensberechnungsposten darstellen. Unter Umständen sind auch (für die Überbrückung beim Schichtwechsel gezahlte –) Überstundenpauschalen unter dem Gesichtspunkt der Vorhaltekosten (– teilweise –) zu ersetzen, – vgl. den Hinweis in BAG, 17.3.1988, AP Nr. 99 zu § 626 BGB auf BGHZ 70, 199ff. Den hier bei der Differenzberechnung möglicherweise auftretenden Beweisschwierigkeiten kann gegebenenfalls nach näherer Maßgabe des § 287 ZPO Rechnung getragen werden (= Schätzung eines Mindestschadens). Im Urteil vom 8. 11. 1988 betont das BAG die Notwendigkeit einer konkreten Schadensdarlegung (BAG AP Nr. 111 zu Art. 9 GG Arbeitskampf: „Zunächst aber muß der Geschädigte eine erlittene Vermögenseinbuße darlegen").

3.4.2.4 Arbeitserledigung durch den Arbeitgeber

Schließlich kann es vorkommen, daß der Arbeitgeber selbst durch eigene Ar- 20
beitsleistung einen Arbeitsausfall verhindert beziehungsweise ausgleicht (vgl. dazu Becker BB 1976, 746 sowie BAG,24. 8. 1967, AP Nr. 7 zu § 249 BGB). Nach diesem BAG-Urteil (= „Arzthelferin"-Fall a. a. O.) kann der Schaden des Arbeitgebers in der (hypothetischen) Einkommensminderung bestehen, die er infolge des Arbeitsvertragsbruches des Arbeitnehmers ohne seine schadensabwendende Tätigkeit erlitten hätte. Die Haftung des Arbeitnehmers besteht aber nur beschränkt bis zur Grenze der Zumutbarkeit im Rahmen des Grundsatzes von Treu und Glauben. Im konkreten Fall hat das BAG dem Arbeitgeber (einem Arzt) einen Betrag in Höhe von ca. DM 700,— zuerkannt. Der Arzt hatte – über seine eigene Arbeit hinaus – auch noch die Bürotätigkeit einer vertragsbrüchigen Arzthelferin verrichtet, weil nicht sofort eine Ersatzkraft gefunden werden konnte. Bei der Schadensermittlung hat das BAG die hypothetische Vermögenseinbuße unter Zuhilfenahme von § 287 I ZPO ermittelt und das ersparte Gehalt nebst Sozialaufwendungen in Abzug gebracht.

3.4.2.5 Inserats- und Vorstellungskosten

Kostenmäßige Nachteile können dem Arbeitgeber auch insoweit entstehen als 21
er Inserats- und Vorstellungskosten aufwenden muß, um eine Ersatzkraft bzw. einen Nachfolger für den vertragsbrüchigen Arbeitnehmer anzuwerben bzw. einzustellen.

• Beispiel:

Der Beklagte (= der Arbeitnehmer) verpflichtete sich durch schriftlichen Arbeitsvertrag vom 28. 8. 1979, am 1. 1. 1980 eine Tätigkeit im Großküchengeschäft des Klägers (= Arbeitgebers) aufzunehmen. Im Dezember 1979 entschloß sich der Arbeitnehmer sein Arbeitsverhältnis mit seinem früheren (bisherigen) Arbeitgeber über den 31. 12. 1979 hinaus fortzusetzen. Die Arbeit bei seinem neuen Arbeitgeber nahm er nicht auf. Diesem teilte er wahrheitswidrig mit, ihm sei am 18. 12. 1979 die Fahrerlaubnis entzogen worden; aus diesem Grunde war der neue Arbeitgeber bereit, das Arbeitsverhältnis einvernehmlich aufzuheben. Später hat er sein Einverständnis mit der Aufhebung des Arbeitsverhältnisse wegen Irrtums und arglistiger Täuschung angefochten. Am 21. 1. 1980 suchte der Arbeitgeber mit einem Inserat in der WAZ einen Nachfolger für den Arbeitnehmer. Die Inseratkosten beliefen sich auf DM 1.620,— ohne MWSt. Die auf Zahlung von DM 1.620,— nebst 4 % Zinsen gerichtete Klage wurde im Ergebnis als unbegründet abgewiesen. Das BAG stellte allerdings zunächst – zu Recht – fest, daß der Arbeitnehmer den Arbeitsvertrag rechtswidrig und schuldhaft gebrochen habe. Der Arbeitgeber habe den Aufhebungsvertrag wirksam wegen arglistiger Täuschung gemäß § 123 I BGB angefochten. Gemäß § 142 II BGB sei der Arbeitnehmer so zu behandeln als habe er die Nichtigkeit des Aufhebungsvertrages gekannt. Gleichwohl verneint das BAG eine Schadensersatzpflicht des Arbeitnehmers, – und zwar deswegen weil der Arbeitnehmer den Schaden (= Inseratskosten) auch durch eine vertragsgemäße Beendigung des Arbeitsverhältnisse hätte herbeiführen können. Der Arbeitnehmer konnte sich hier darauf berufen, er habe das Arbeitsverhältnis zum 31. 1. 1980 vertragsgemäß (- durch ordentliche fristgerechte Kündigung -) beenden können; auch in diesem Falle rechtmäßigen Alternativverhaltens wären die vom Arbeitgeber geltendgemachten Inseratskosten angefallen. Nach Ansicht des BAG a.a.O. schließt bereits die hypothetische Möglichkeit eines rechtmäßigen Alternativverhaltens – soweit nach den vertraglichen Abmachungen statthaft – den Schadensersatzanspruch des Arbeitgebers aus. Es kommt nicht darauf an, ob der Arbeitnehmer eine fristgemäße Kündigung tatsächlich erklärt hat oder erklärt hätte. Bereits im Urteil vom 26. 3. 1981, AP Nr. 7 zu § 276 BGB Vertragsbruch hatte das BAG ausgeführt, daß eine – ihre vertraglichen Pflichten verletzende – Partei nicht für alle in einem adäquaten Kausalzusammenhang stehenden Schäden aufkommen müsse; ihre Schadensersatzpflicht werde vielmehr durch den Schutzzweck der verletzten Norm begrenzt. Der Schutzzweck einer arbeitsvertraglichen Kündigungsfrist beschränkt sich – nach Ansicht des BAG – darauf, beiden Parteien einen ausreichenden Zeitraum zu gewährleisten, um die Voraussetzungen für einen Anschlußvertrag zu schaffen. Daraus leitet das BAG (ganz allgemein) den Grundsatz ab, daß der vertragsbrüchige Vertragspartner nur den Schaden zu ersetzen hat, der dem anderen (gerade) durch die „überstürzte“ (vorzeitige) Vertragsbeendigung entstanden sei, – jedoch bei vertragsgemäßer Einhaltung der Kündigungsfrist nicht entstanden wäre.

3.4.2.6 Weitere Schäden

Wegen des entgangenen Gewinns und weiterer möglicher Schäden wird auf die Darstellung ab Rz 25ff. verwiesen.

4. Die Haftung des Arbeitnehmers im Arbeitsverhältnis

4.1 Allgemeines 22

In Betracht kommen insoweit die Haftungsgründe

- Verzug,
- Nichtleistung
- Schlechtleistung sowie
- unerlaubte Handlung.

Im Vordergrund dieser Leistungsstörungen steht insoweit die Hauptpflicht des Arbeitnehmers aus dem Arbeitsverhältnis, – die Arbeitspflicht. Der Arbeitnehmer kann sich jedoch auch dann schadensersatzpflichtig machen, wenn er Leistungsstörungen in Bezug auf seine Nebenpflichten aus dem Arbeitsverhältnis zu vertreten hat (vgl. Blomeyer MünchAR § 54 Rz 8 und unten bei Rz 53ff.). In manchen Fällen läßt der Gesetzgeber es für die Schadensersatzpflicht genügen, daß jemand Handlungen verschuldet hat, die einen Schaden verursacht haben. So kann es in den Fällen des § 823 BGB ausreichen, daß jemand fahrlässig oder vorsätzlich (– „dem Grunde nach" –) Umstände verursacht hat, die zu einem Schadensfall führen. In anderen Fällen, so im Rahmen des § 826 BGB –, tritt eine Schadenersatzpflicht nur ein, wenn der Handelnde (auch) die Schädigung selbst (als solche) gewollt hat (vgl. dazu näher: BAG, 27. 6. 1975, AP Nr. 9 zu § 636 RVO).

- Hinsichtlich des Haftungsgrundes „ungerechtfertigte Bereicherung" bei Lohnüberzahlungen u. ä. wird verwiesen auf:

  LAG Köln, 17. 11. 1995, und BAG, 30. 4. 1997 = AP Nrn. 17 und 20 zu § 812 BGB sowie BAG, 27. 3. 1996, AP Nr. 26 zu § 70 BAT.

- Bisweilen kommt es zu Lohnsteuernacherhebungen des Finanzamtes. Die entsprechende Lohnsteuer hat der Arbeitnehmer dem Arbeitgeber gemäß § 670 BGB bzw. nach dem Redlichkeitsprinzip zu erstatten; unter Umständen kommt vorrangig auch ein Freistellungsanspruch in Betracht (s. dazu LAG Saarland, 18. 6. 1997, DB 1997, 1980 sowie die Hinweise bei Rz 26 und 104).

4.2 Der Verzug und die Nichtleistung

4.2.1 Der Verzug

Gemäß § 286 I BGB hat der Schuldner dem Gläubiger den durch den Verzug 23
entstandenen Schaden zu ersetzen. Allerdings kommt der Schuldner gemäß

§ 285 BGB nicht in Verzug solange die Leistung infolge eines Umstandes unterbleibt, den er nicht zu vertreten hat. Im allgemeinen bürgerlichen Rechtsverkehr wird sich ein den Verzug begründendes Verschulden des Schuldners häufig schon daraus ergeben, daß dieser trotz Fälligkeit und Mahnung nicht leistet. Demgemäß trifft in der Regel die Darlegungs- und Beweislast für fehlendes Verschulden den Schuldner. Bei schwieriger und zweifelhafter Rechtslage sowie entschuldbarem Rechtsirrtum des Schuldners können andere Grundsätze gelten (vgl. BAG, 12.11.1992, NZA 1993, 500; BAG, 11.6.1997, AP Nr. 1 zu § 291 BGB = DB 1998, 86). Die Abgrenzung des Verzugs von der Unmöglichkeit hat für den arbeitsrechtlichen Bereich kaum praktische Bedeutung. Soweit man annimmt, der Arbeitnehmer könne seine Arbeitsleistung nicht nur zu der exakt vorgegebenen Arbeitszeit erbringen, sondern sie (auch) noch binnen angemessener Zeit – in einem Erfüllungszeitraum – nachholen, ist Raum für die Anwendung der Verzugs-Vorschriften (vgl. dazu BAG, 17.3.3.1988, AP Nr. 99 zu § 626 BGB, wo allerdings in kündigungsrechtl. Zusammenhang vom „Leistungsverzug" des Arbeitnehmers die Rede ist; differenzierend: Blomeyer MünchAR § 55 Rz 9ff., 29ff.; vgl. zur Abgrenzung im übrigen Rückert ZfA 1983, 1).

4.2.2 Die Nichtleistung

24 Häufig wird aus Rechtsgründen – wegen der zeitlichen Fixierung der geschuldeten Arbeitsleistung – eine Nachleistung unterbliebener Arbeit ausscheiden. Auf diese Fälle der Nichtleistung finden die Unmöglichkeits-Vorschriften des BGB Anwendung (s. dazu Rz 11ff). Soweit hier faktisch tatsächlich doch noch die Arbeit nachgeholt wird, stellt sich diese Nachleistung schadensersatzrechtlich als (gemäß § 249 S. 1 BGB vorrangige) Naturalrestitution dar. Hat ein Arbeitnehmer den Ausfall von Arbeitsstunden verschuldet, dann konnte der Arbeitgeber – nach näherer Maßgabe des BAG-Urteils vom 25.7.1957, AP Nr. 1 zu § 4 AZO – die ausgefallenen Stunden nacharbeiten lassen; Mehrarbeits-Zuschläge für insoweit an einem anderen Tage über 8 Stunden hinaus geleistete Arbeitsstunden waren nicht zu zahlen. Schwierig kann im Einzelfall (auch) die Abgrenzung der Nichtleistung (Unmöglichkeit) von der Schlechtleistung (pVV) sein. Dies gilt insbesondere für die Fälle, in denen der Arbeitnehmer bewußt seine Arbeitsleistung zurückhält („passive Resistenz" – vgl. Kraft NZA 1989, 777; Beuthin ZfA 1972, 20). Besteht das Zurückhalten der Arbeitsleistung darin, daß Pausen vorzeitig angetreten oder/und zu spät beendet werden oder etwa darin, daß die Arbeit zu spät angetreten oder vorzeitig beendet wird, dann ist Nichtleistung und nicht nur Schlechtleistung gegeben. Problematischer sind die Fälle, in denen sich die Nichter-

füllung der Arbeitspflicht nicht so eindeutig feststellen läßt (vgl. insoweit Kraft a.a.O.). Hält eine schwangere Arbeiterin „bewußt und in erheblichem Umfang ihre Arbeitskraft mehr als aus Gründen der Schwangerschaft notwendig" zurück, dann kann es sich (jedenfalls) als unzulässige Rechtsausübung darstellen, wenn sie gleichwohl die Arbeitsvergütung in voller Höhe fordert; vgl. BAG, 17.7.1970, AP Nr. 3 zu § 11 MuSchG 1968). Streikähnliche Aktionen – wie „Dienst nach Vorschrift", (massenhaftes) „go sick" u.ä. – können überdies sittenwidrig i.S. von § 826 BGB sein (vgl. BGH 31.1.1978, AP Nr. 61 zu Art. 9 GG Arbeitskampf).

4.2.3 Der Schadensumfang (= die zu ersetzenden Schäden –)

Was den Umfang des – bei Verzug und Nichtleistung der Arbeit – je nach Lage des Falles zu ersetzenden Schadens anbelangt, wird zunächst auf die obigen Ausführungen (Rz 17 bis 21) verwiesen, die hier entsprechend gelten. Die jeweiligen Schäden müssen durch den Verzug oder die Nichtleistung – in adäquat kausaler Weise verursacht worden sein (s. zur Kausalität bei Rz 21, 29). *25*

Während des Arbeitsverhältnisses kommen insoweit typischerweise auch noch folgende weitere Schäden in Betracht, – wobei hier im Anschluß an Wendeling-Schröder NZA 1993, 50ff zwischen

- Substanzschäden,
- Schadensersatz wegen entgangenem Gewinn und
- sonstigen Schäden unterschieden werden soll.

4.2.3.1 Die Substanzschäden

Werden infolge der vom Arbeitnehmer zu vertretenden Leistungsstörung Maschinen, Anlagen, Materialien oder sonstige Betriebsmittel beschädigt oder zerstört, schuldet der Arbeitnehmer entsprechenden Schadensersatz gemäß den §§ 249 ff BGB. Die Schadensberechnung erfolgt hier insbesondere nach

– dem Wiederbeschaffungswert

(– bei Zerstörung oder erheblicher Beschädigung –; s. dazu BGH, 10.7.1984 und 14.1.1992, BGH/Z 92, 90 und 117, 31; BGH, 5.7.1995, NJW-RR 1996, 56 – dort auch zu den Anforderungen, die an die Substantiierung des Klagevortrages zu stellen sind -),

– den Reparatur- bzw. (Wieder-)Herstellungskosten

(– bei Beschädigung, soweit Wiederherstellung möglich und zumutbar; der Umfang dieses Ersatzanspruches richtet sich i.d.R. nach den für die Wiederherstellung aufzuwendenden Kosten, – vgl. Palandt/Heinrichs BGB § 251 Rz 18)

und

– dem (merkantilen) Minderwert

(s. zu diesem Begriff: BGH, 2.4.1981, NJW 1981, 1663 bei I 2 b; vgl. auch BAG, 28.9.1989, AP Nr. 5 zu § 611 BGB Parkplatz = NZA 1990, 345 – in diesem Fall ging es allerdings um ein Schadensersatzbegehren eines Arbeitnehmers).

4.2.3.2 Der entgangene Gewinn und sonstige Schäden

25a Hinsichtlich der sonstigen Schäden sollen noch genannt werden:

- Stillstandskosten für eine gemietete oder geleaste Maschine (vgl. KR-Weigand § 628 BGB Rz 45),
- Konventionalstrafen, die für eine Auftragsverspätung fällig werden (LAG Düsseldorf, 19.10.1967, DB 1968, 90).
- Zu ersetzen ist gemäß § 252 BGB der dem Arbeitgeber entgangene Gewinn (LAG Düsseldorf a.a.O.). Die §§ 252 BGB und 287 ZPO können dem Geschädigten die Erfüllung der Darlegungs- und Beweislast erleichtern. Die Partei, die entgangenen Gewinn als Schadensersatz verlangt, muß aber jedenfalls die Tatsachen, die ihre Gewinnerwartung und die Höhe des Gewinnausfalles wahrscheinlich machen sollen, im einzelnen darlegen und notfalls beweisen (BAG, 27.1.1972, AP Nr. 2 zu § 252 BGB). Hier kann sich ggfs. auch die Frage stellen, ob ein Gewinn tatsächlich endgültig entgangen ist oder ob der Gewinn lediglich mit einer gewissen Verzögerung erzielt wird. Ist die Gewinnerzielung „nachholbar". kommt nur der Ersatz des eventuell entstandenen Verspätungsschadens in Betracht (vgl. zur prinzipiellen Nachholungspflicht des Unternehmers: BGH, 16.2.1971, VersR 1971, 544f und zu (absoluten) Fixgeschäften, bei denen die Gewinnerzielung i.d.R. nicht nachgeholt werden kann: BAG 7.6.1988, AP Nr. 106 zu Art. 9 GG Arbeitskampf); s. dazu näher Wendeling-Schröder a.a.O. S. 51ff; dort auch zur Problematik „nutzlose Aufwendungen" und „entgangene allgemeine Kostendeckung", vgl. BAG, 5.3.1985, AP Nr. 85 zu Art. 9 GG Arbeitskampf).

- Wegen der Problematik „abstrakte Nutzungsausfallentschädigung bei gewerblich genutzten Sachen“ wird auf OLG Düsseldorf, 5. 5. 1994, VersR 1995, 1321 = EWiR 1994, 845f, ArbG Magdeburg AuA 1996, 393 und Fiebig NZA 1997, 1151 verwiesen. Unter Umständen sind auch Reserve- oder Vorsorgekosten/Vorhaltekosten zu ersetzen.

  Neben den Vorhaltekosten wird dann allerdings eine weitere Entschädigung für Nutzungsausfall nicht geschuldet (BGH, 10. 1. 1978, NJW 1978, 812 – reparaturbedingter Ausfall eines städtischen Linienbusses).

- Mit der Berechnung des ersatzfähigen Schadens im Zusammenhang mit Schadensersatzansprüchen wegen Datenlöschung, Datenverlust und Datenzerstörung haben sich das OLG Köln, 22. 4. 1994, CR 1994, 532 und der BGH, 2. 7. 1996, NJW 1996, 2924 = CR 1996, 663 befaßt. Der BGH a. a. O. hat klargestellt, daß § 249 S. 2 BGB auch im Falle der Wiedereingabe gelöschter Daten einen Ersatzanspruch ohne Rücksicht darauf gewährt, ob die dafür eingesetzten Personen ohnehin hätten bezahlt werden müssen (a. A. OLG Köln a. a. O.; vgl. zur Problematik weiter Meier/Wehlau NJW 1998, 1585 ff).

  Ggfs. ist der Schaden gemäß § 287 ZPO zu schätzen. Stehen Haftungsgrund und Schadenseintritt fest, darf das Gericht von einer Schätzung des Schadens nicht schon deshalb absehen, weil der Sachvortrag des Geschädigten eine abschließende Beurteilung seines gesamten Schadens nicht zuläßt. Vielmehr ist zu prüfen, ob und in welchem Umfang auf dieser Grundlage ein in jedem Fall eingetretener und aufgrund der geltendgemachten Anspruchsgrundlage auszugleichender Schaden ermittelt werden kann. § 287 ZPO erleichtert dem Geschädigten nicht nur die Beweisführung, sondern auch die Darlegung (vgl. BAG, 27. 1. 1972, AP Nr. 2 zu § 252 BGB). Eine Schätzung darf mithin nur dann abgelehnt werden, wenn deren Ergebnis – mangels greifbarer Anhaltspunkte – „völlig in der Luft hängen“ würde (BGH, 12. 10. 1993, NJW 1994, 663). Zu beachten ist die Rechtsprechung, nach der Aufwendungen zur reinen Schadensermittlung nicht zum ersatzfähigen Schaden gehören (vgl. BGH, 6. 11. 1979 und 26. 2. 1980, NJW 1980, 118 und 1518). Von derartigen Aufwendungen sind Detektivkosten (s. Rz 59), die dem Arbeitgeber ggfs. durch konkretes pflichtwidriges Verhalten des Arbeitnehmers entstehen können, zu unterscheiden. Wegen der Frage, ob schon allein der Ausfall der Arbeitskraft eines Arbeitnehmers ohne Rücksicht auf die konkreten wirtschaftlichen Auswirkungen auf den Betrieb ein meßbarer Vermögensschaden sind, wird auf BAG, 24. 4. 1970, AP Nr. 5 zu § 60 HGB, Lieb JZ 1971, 358 und auf BGH, 5. 5. 1970, AP Nr. 11 zu § 249 BGB verwiesen.

4.3 Die Schlechterfüllung

4.3.1 Die allgemeinen bürgerlich-rechtlichen Haftungsgrundlagen

26 • Der Arbeitnehmer haftet für Schäden, die er dem Arbeitgeber
- durch Vertragspflicht-Verletzungen

oder

- durch Rechtsgut- bzw. Schutzgesetz-Verletzungen (= unerlaubte Handlungen i.S. der §§ 823ff BGB) zugefügt hat.

• Mehrere Schädiger haften unter Umständen als Gesamtschuldner. § 426 II 1 BGB, wonach die Forderung des Gläubigers auf einen Gesamtschuldner nur insoweit übergeht, als dieser von den übrigen Gesamtschuldnern Ausgleichung verlangen kann, kann nicht dadurch umgangen werden, daß der Gläubiger seinen Anspruch gegen die übrigen Gesamtschuldner an einen ihn befriedigenden Gesamtschuldner abtritt (BAG, 10.5.1990, NZA 1991, 13). Eine Gesamtschuld kann gesetzlich entstehen – z.B. bei der Mitwirkung an einer unerlaubten Handlung (§§ 823 ff, 830 und 840 BGB) – oder vertraglich begründet werden (vgl. §§ 420 und 427 BGB). Sie kommt auch zwischen Arbeitgeber und Arbeitnehmer gegenüber einem Dritten – und selbst bei unterschiedlicher Haftungsgrundlage in Frage (vgl. Kopp AR-Lexikon – Gesamtschuldner –). Ein Gesamtschuldverhältnis kann – beim Bestehen einer entsprechenden Zweckgemeinschaft – angenommen werden (vgl. BAG, 23.1.1973, AP Nr. 3 zu § 7 JugArbSchutzG = BB 1973, 751), wenn

  • zwischen den Schuldnern und dem Gläubiger rechtliche Beziehungen bestehen und
  • beide Schuldner aus einem einheitlichen tatsächlichen Vorgang – und zwar jeder auf seine Art – für den entstandenen Schaden einzustehen haben.

Die für das Entstehen eines Gesamtschuldverhältnisses notwendige (rechtliche) Zweckgemeinschaft kann nur angenommen werden, wenn sie vom Gesetz gebilligt wird. Dies war in dem vom BAG a.a.O. beurteilten Sachverhalt nicht der Fall (– Ein Tankstellenpächter/Arbeitgeber hatte unter Verstoß gegen das JugArbSchutzG einen 15-jährigen Jugendlichen beschäftigt, der auf dem Tankstellengelände mit einem Pkw Mercedes einen Unfall verschuldete. Die vom Arbeitgeber auf § 426 BGB gestützte Inanspruchnahme des Jugendlichen scheiterte an der fehlenden rechtlichen Zweckgemeinschaft.

Wegen der Frage der gesamtschuldnerischen Haftung der Mitglieder von Akkordkolonnen wird auf Rz 61 verwiesen. Mit Ausgleichsansprüchen (Freistellung/Erstattung) des Arbeitgebers im Zusammenhang mit der Lohnsteuerhaftung hat sich das BAG in den Urteilen, 19.12.1963 und 19.1.1979, AP Nrn. 15 und 21 zu § 670 BGB befaßt (vgl. auch Heldmann NZA 1992, 489). Die Gesamtschuldner sind im Verhältnis zueinander zu gleichen Anteilen verpflichtet, – soweit nicht ein anderes bestimmt ist (§ 426 I BGB). Erwirbt ein Gesamtschuldner durch Rechtsgeschäft die Forderung des Gläubigers gegen die Gesamtschuldner, so muß er den auf ihn entfallenden Ausgleichsbetrag abziehen, wenn er die Forderung gegen einen anderen Gesamtschuldner geltend macht (BAG, 24.4.1986, AP Nr. 7 zu § 426 BGB; vgl. LAG Rheinland-Pfalz NZA 1984, 163 zur Bedeutung der Ausschlußfrist des § 16 BRTV-Bau in einem derartigen Fall). Bei Vertragsbruch (s. Rz 16, 88) mehrerer Arbeitnehmer kommt eine gesamtschuldnerische Haftung unter Umständen dann in Betracht, wenn die einzelnen Arbeitnehmer aufgrund eines gemeinsamen Entschlusses arbeitsvertragsbrüchig wurden (BAG, 30.5.1972, AP Nr. 50 zu § 4 TVG Ausschlußfristen). Wegen der Haftungsproblematik (– Enthaftung zu Lasten des Arbeitnehmers?) bei gestörtem Gesamtschuldnerausgleich wird auf Denck NZA 1988, 265 verwiesen.

Die Entstehung einer Gesamtschuld hat für den Gläubiger die Rechtsfolge, daß er nach Belieben („pascha-ähnlich") jeden Gesamtschuldner ganz oder teilweise in Anspruch nehmen kann. Nach BAG, 16.3.1966, AP Nr. 1 zu § 611 BGB Parkplatz soll dies freilich nicht uneingeschränkt gelten, wenn zwischen Gläubiger und einem Gesamtschuldner ein Arbeitsverhältnis besteht: die aus dem Arbeitsverhältnis resultierende Treuepflicht könne dann zur primären Inanspruchnahme des Dritten verpflichten.

4.3.1.1 Haftung wegen Vertragspflichtverletzung

Macht der Geschädigte einen vertraglichen Schadensersatzanspruch geltend, 27
dann muß er zunächst das Vorliegen einer Pflichtverletzung des Schädigers genügend darlegen und – erforderlichenfalls – beweisen (vgl. zum Umfang der Darlegungslast im Einzelfall: LAG Hessen, 15.5.1996, LAGE Nr. 21 zu § 611 BGB Arbeitnehmerhaftung, zu der – vom Arbeitgeber behaupteten – „Überschreitung von Befugnissen" eines Verkaufsleiters).

Es geht insoweit um Leistungsstörungen (– s. dazu von Stebut RdA 1985, 66), die weder im Verzug des Schuldners noch in der Unmöglichkeit der Leistung bestehen und auch nicht abschließend von einer besonderen (gesetzlichen) Gewährleistungshaftung erfaßt sind. Die Einzelheiten bestimmen sich nach den richterrechtlich entwickelten und gewohnheitsrechtlich anerkannten Grundsätzen über die „positive Vertrags-Verletzung" (= pVV; s. dazu Motzer, Die „positive Vertragsverletzung" des Arbeitnehmers; ders. JZ 1983, 884).

Zwar ist die Bezeichnung „pVV“ deswegen ungenau, weil ihr Grundtatbestand nicht nur durch positives Tun, sondern auch durch ein Unterlassen verwirklicht werden kann. Außerdem sind die Grundsätze der pVV nicht nur auf vertragliche, sondern auch auf gesetzliche Schuldverhältnisse anwendbar. Die Bezeichnung „pVV“ hat sich jedoch eingebürgert und wird deswegen beibehalten. Steht nach diesen Grundsätzen tatbestandsmäßig fest, daß eine Pflichtverletzung vorliegt bzw. eine Leistung nicht in der geschuldeten Art und Weise erbracht wurde, muß weiter die Anspruchsvoraussetzung des Verschuldens geprüft werden. Insoweit geht es – nach näherer Maßgabe des § 276 BGB – darum, ob der Schuldner die nicht-ordnungsgemäße Leistung zu vertreten hat. Zu vertreten hat der Schuldner – sofern nicht ein anderes bestimmt ist – Vorsatz und Fahrlässigkeit. Etwas „anderes“ i.S. des § 276 I 1 BGB ist insbesondere in den §§ 300 I ,521, 599, 680 und 968 BGB bestimmt (aber auch in den richterrechtlichen Grundsätzen über den innerbetrieblichen Schadensausgleich, s. Rz 30). Fahrlässig handelt, wer die im Verkehr erforderliche Sorgfalt außer acht läßt (– wegen der einzelnen Stufen der Fahrlässigkeit wird auf Rz 35 bis 37 verwiesen –). Demgegenüber bedeutet Vorsatz das Wissen und Wollen des (rechtswidrigen) Erfolges (s. Rz 34). Schließlich setzt der Schadensersatzanspruch des Geschädigten die Entstehung eines Schadens i.S. der §§ 249ff BGB voraus, – wobei zwischen materiellen Schäden (insbesondere Sach- und Vermögensschäden) und immateriellen Schäden zu unterscheiden ist (vgl. §§ 253, 847 BGB). Wegen der einzelnen Arten von Schäden wird auf die Rz 17ff und 25 verwiesen. Auf vertragliche Ansprüche ist § 847 BGB unanwendbar.

4.3.1.2 Haftung wegen unerlaubter Handlung

28 Im Bereich der unerlaubten Handlungen gehört – neben dem ggfs. qualifizierten (vgl. § 826 BGB –) Verschulden – zu den Anspruchsvoraussetzungen

- entweder die Verletzung eines absoluten Rechtes (vgl. § 823 I BGB) oder
- eine Schutzgesetz-Verletzung i.S. des § 823 II BGB).

Als sonstiges (absolutes) Recht i.S. des § 823 I BGB ist u.a. das Recht am eingerichteten und ausgeübten Gewerbetrieb anerkannt. Insoweit löst aber nur ein unmittelbarer („betriebsbezogener“) Eingriff in das Recht am Gewerbebetrieb einen Schadensersatzanspruch aus (vgl. BAG, 21.6.1988, AP Nr. 109 zu Art. 9 GG Arbeitskampf = NZA 1988, 884). An der „Betriebsbezogenheit“ des Eingriffs kann es beispielsweise bei fahrlässigen Datenlöschungen fehlen (vgl. Meier/Wehlau NJW 1998, 1585). Diskutiert wird die Frage, ob die Löschung von Daten auf einem Datenträger eine Eigentumsverletzung i.S. des

§ 823 I BGB darstellen kann oder ob ein „Recht am eigenen Datenbestand" als sonstiges Recht i.S. des § 823 I BGB anzuerkennen ist (s. auch dazu Meier/Wehlau a.a.O.). Der Tatbestand des § 826 BGB kann erfüllt sein, wenn der Arbeitnehmer – aus einem Bruttolohnurteil – u.a. auch die Arbeitnehmeranteile zur Sozialversicherung beitreibt (– im Wege der Zwangsvollstreckung –), um sie anschließend „zu verjubeln" (– vgl. LAG Baden-Württemberg, 28.4.1993, BB 1993, 1876 = NZA 1994, 509).

4.3.1.3 Kausalität und Schutzzweck

Ein Schadensersatzanspruch setzt aber nicht nur voraus, daß der Schuldner schuldhaft eine Pflicht oder ein geschütztes Rechtsgut verletzt hat. Erforderlich ist weiter, daß sein Verhalten für den Verletzungerfolg (= Schaden) – adäquat kausal war. Man unterscheidet die haftungsbegründende Kausalität von der haftungsausfüllenden Kausalität (– vgl. zur Abgrenzung im einzelnen: BGH, 27.2.1973, AP Nr. 20 zu § 287 ZPO; BGH, 3.2.1976, NJW 1976, 1143; BAG, 27.1.1972, AP Nr. 2 zu § 252 BGB mit Anm. Schneider; Blomeyer MünchAR § 57 Rz 2 und 5). Vereinfacht ausgedrückt lassen sich die beiden Kausalitätsprüfungen wie folgt abgrenzen: 29

- Die haftungsbegründende Kausalität bezieht sich auf den (eigentlichen) Haftungsgrund (Rechtsgutsverletzung/Normverstoß).
- Die haftungsausfüllende Kausalität bezieht sich demgegenüber auf den Schadenseintritt und die Schadensfolgen.

Im Rahmen der Kausalitäts-Prüfung gilt keine naturwissenschaftliche Betrachtungsweise. Vielmehr gilt die Adäquanz-Theorie. Nach dieser Theorie ist dem Handelnden ein Schaden nur zuzurechnen, wenn die von ihm gesetzte Bedingung im allgemeinen und nicht nur unter ganz besonders eigenartigen, unwahrscheinlichen und nach dem regelmäßigen Verlauf der Dinge außer Betracht zu bleibenden Umständen zur Herbeiführung des Erfolgs geeignet war (vgl. BAG, 24.1.1979, AP Nr. 2 zu § 28 BMT-G II; Lepke DB 1985, 1231 [1235]). Unanwendbar ist die Adäquanztheorie soweit der Vorsatz des Täters/Schädigers reicht.

Bei einer vorsätzlichen Vertrags- oder Eigentumsverletzung haftet der Schuldner für den daraus entstehenden Schaden jedenfalls dann, wenn sich sein Vorsatz außer auf die Verletzungshandlung auch auf den Schadenseintritt bezog. In einem derartigen Fall – so BAG, 10.5.1990, NZA 1991, 13 – kommt es nicht darauf an, ob die Verletzungshandlung für den Schaden adäquat ursächlich war.

Die Adäquanztheorie wird ergänzt durch die Schutzzweck-Theorie. Danach ist zu fordern, daß der eingetretene Schaden vom Schutzzweck der verletzten Norm erfaßt wird. Demgemäß läßt sich mit BGH, 11.5.1989, AP Nr. 29 zu § 249 BGB formulieren: „Ersatzansprüche aus positiver Vertragsverletzung erstrecken sich im Gegensatz zu Schadensersatzansprüchen aus unerlaubter Handlung nach § 823 I BGB auf alle durch das schädigende Ereignisse adäquat verursachten unmittelbaren und mittelbaren Vermögensnachteile (BGH, 10.3.1983, NJW 1983, 2813f). Auszunehmen sind lediglich Schadensfolgen, die außerhalb des Schutzzwecks der verletzten Vertragspflicht liegen". In dem Urteil vom 11.5.1989 ging es um die – vom BGH bejahte – Frage, ob derjenige, der als Unternehmer bei der Ausführung einer Werkleistung im Betriebsbereich des Bestellers einen Arbeitsunfall schuldhaft verursacht, dem Besteller auch für den Schaden haftet, der dadurch entsteht, daß dem Besteller nach der Satzung der Berufsgenossenschaft, deren Mitglied er ist, ein ihm ohne den Unfall zustehender Beitragsnachlaß nicht gewährt wird. Wegen der Kausalitätsprüfung im Arbeitsrecht wird weiter verwiesen auf die Anmerkung von Wiedemann zu BAG, 23.2.1977, AP Nr. 15 zu § 4 TVG Günstigkeitsprinzip, sowie auf die Anm. von Schnorr von Carolsfeld zu BAG. 18.12.1970, AP Nr. 62 zu § 611 BGB Haftung des Arbeitnehmers. Praktisch wirkt sich die Schutzzwecklehre u.a. bei der Frage der Erstattungsfähigkeit von Schadensbearbeitungskosten aus (s. dazu BGH, 6.11.1979, AP Nr. 19 zu § 249 BGB).

Würden die BGB-Haftungsgrundsätze im Arbeitsverhältnis uneingeschränkt gelten, hätte der Arbeitnehmer auch für nur leicht fahrlässig verursachte Schäden und für diese in voller Höhe einzustehen (- soweit sich im Einzelfall aus der direkten Anwendung des § 254 BGB nicht etwas anderes ergeben würde).

4.3.2 Die gesetzliche und richterrechtliche Beschränkung der allgemeinen BGB-Haftungsgrundsätze

Die sich aus dem BGB ergebenden Haftungsgrundsätze (– Prinzip der vollen Verschuldenshaftung („Alles-oder-Nichts"-Prinzip –) erfahren im Arbeitsverhältnis in zweifacher Weise Einschränkungen, – d.h. daß insoweit „ein anderes" i.S. des § 276 I 1 BGB „bestimmt ist". Die erste Einschränkung ergibt sich aus dem Sozialversicherungsrecht: Arbeitnehmer, die durch eine betriebliche Tätigkeit einen Versicherungsfall (früher: Arbeitsunfall) verursachen, sind dem hierbei Geschädigten nach näherer Maßgabe der §§ 104f SGB VII zum Ersatz des Personenschadens nur verpflichtet, wenn sie vorsätzlich gehandelt haben (- s. dazu Rz 69, 81). Die zweite Einschränkung ergibt sich – für den Bereich der sonstigen Schäden (= Nicht-Personenschäden) – aus richterrechtlich entwickelten Rechtsgrundsätzen. Sie betrifft ebenfalls nur solche Schäden, die der Arbeitnehmer nicht vorsätzlich verursacht hat.

4.3.3 Die richterrechtlichen Haftungsgrundsätze

Die richterrechtlich vorgenommene Einschränkung gilt für Tätigkeiten, die 30
durch den Betrieb veranlaßt sind und aufgrund des Arbeitsverhältnisses geleistet werden. Betrieblich veranlaßt sind dabei solche Tätigkeiten des Arbeitnehmers, die ihm arbeitsvertraglich übertragen worden sind oder die er im Interesse des Arbeitgebers für den Betrieb ausführt (BAG, 27. 9. 1994, AP Nr. 103 zu § 611 BGB Haftung des Arbeitnehmers = NZA 1994, 1083). Inhaltlich besagt diese Haftungseinschränkung (bzw. Haftungserleichterung) für vom Arbeitnehmer fahrlässig verursachte Schäden:

- Bei grober Fahrlässigkeit hat der Arbeitnehmer in aller Regel den gesamten Schaden zu tragen.
- Bei leichtester Fahrlässigkeit haftet er dagegen nicht.
- Bei normaler Fahrlässigkeit ist der Schaden in aller Regel zwischen Arbeitgeber und Arbeitnehmer quotal zu verteilen, – wobei die Gesamtumstände von Schadensanlaß und Schadensfolgen nach Billigkeitsgrundsätzen und Zumutbarkeitsgesichtspunkten gegeneinander abzuwägen sind.

Diese durch Rechtsfortbildung entwickelten haftungsbeschränkenden Grundsätze gelten seit dem Beschluß des Großen Senats vom 27. 9. 1994 a. a. O. nunmehr auch für Arbeiten, die nicht schadens- bzw. gefahrgeneigt sind (vgl. auch Hanau/Rolfs NJW 1994, 1439 und Richardi NZA 1994, 241). Die Grundsätze des BAG (GS), - denen der BGH in seiner Rechtsprechung im Ergebnis folgt (vgl. BGH, 21. 9. 1993, AP Nr. 102 zu § 611 BGB Haftung des Arbeitnehmers; BGH, 11. 3. 1996, EzA Nr. 61 zu § 611 BGB Arbeitnehmerhaftung), weichen hinsichtlich der §§ 276 und 254 BGB (jedenfalls) vom Wortlaut des Gesetzes ab:

– Die – vom BAG teleologisch reduzierte – Bestimmung des § 276 I 2 BGB nimmt die „leichteste" Fahrlässigkeit (= „culpa levis"/„levissima") nicht vom Fahrlässigkeitsbegriff aus. Der Schuldner hat vielmehr nach der gesetzlichen Regelung des BGB auch leichteste Fahrlässigkeit zu vertreten.

– Die – vom BAG „entsprechend" angewendete – Bestimmung des § 254 BGB verlangt, daß den Geschädigten ein (mitwirkendes) Verschulden trifft. Demgegenüber läßt das BAG zur Begründung einer Haftungserleichterung des Arbeitnehmers bereits eine Mitverantwortlichkeit des Arbeitgebers beziehungsweise dessen Betriebsrisiko genügen.

Darüberhinaus nähert sich das BAG – bei der revisionsrechtlichen Überprüfung der Anwendung seiner Abwägungsgrundsätze auf Einzelfälle – im Ergebnis (nicht in der Begründung) einer – dem BGB fremden – summenmäßigen Begrenzung auf Haftungshöchstsummen (vgl. dazu die bei Rz 39–42 im einzelnen zitierten 4 Urteile des 8. Senats vom 24. 11. 1987, in denen die Haftung der Arbeitnehmer jeweils nur in Höhe von hypothetischen Selbstbeteiligungen des Arbeitgebers im Rahmen von Kaskoversicherungen festgestellt wurde).

Dennoch ist der vom Großen Senat vorgenommenen Anpassung des Arbeitnehmerhaftungsrechts an die betrieblichen Gegebenheiten zuzustimmen. Die auf Art. 20 III GG, § 45 II und IV ArbGG gestützte weitere Rechtsfortbildung des BAG beendete einen unerträglichen Rechtszustand. Unerträglich war der frühere Rechtszustand deswegen, weil es der hierzu in erster Linie berufene Gesetzgeber jahrzehntelang versäumt hat, die Arbeitnehmerhaftung bei Arbeiten, die durch den Betrieb veranlaßt sind, zu beschränken. Zwar sah bereits das ALR (§ 899) vor, daß „gemeine Handarbeiter sowohl gegen den Dingenden, als gegen einen Dritten (!), nur ein grobes oder mäßiges Versehen vertreten" dürfen. Im BGB vom 18. 8. 1896 blieb das Arbeitsverhältnis – und folglich auch das Recht der Haftung des Arbeitnehmers – jedoch ungeregelt. Das soziale Modell des BGB entsprach eben noch nicht der modernen Arbeitswelt der Industriegesellschaft, sondern vor-industriellen Gesellschaftsformen.

Dem BGB fehlte der berühmte „Tropfen sozialen Öls",- wenn es auch bei Erlaß des BGB nicht an entsprechendem Problembewußtsein gefehlt hat. Aus den Gesetzgebungsmaterialien geht nach Ansicht des BAG, 27. 9. 1994, AP Nr. 103 zu § 611 BGB Haftung des Arbeitnehmers hervor, daß „baldthunlichst" eine spezialgesetzliche Regelung für Arbeitsverträge – einschließlich der schadensersatzrechtlichen Fragen gefordert wurde (– vgl. Peifer AR-Blattei D Haftung des Arbeitnehmers I Übersicht C – Stand 1990 – mit Hinweis auf Mugdan Materialien ... Bd. 2, 1328/1333/1340; s. dazu die Kritik von Annuß „Die Haftung ..." S. 118). Gleichwohl ist der hierzu aufgerufene und gemäß Art. 20 III GG verpflichtete Gesetzgeber bis zuletzt untätig geblieben. Diesen Umstand und die allgemeine Rechtsüberzeugung, daß die Haftung des Arbeitnehmers für Schäden, die durch den Betrieb veranlaßt sind, nicht unbeschränkt sein darf, durfte das BAG zum Anlaß seiner weiteren Rechtsfortbildung nehmen. Wegen der drei Begründungsschritte des Großen Senats im einzelnen wird auf AP Nr. 103 a.a.O. unter B I 3, II und III verwiesen (– s.

dazu erläuternd: Peifer ZfA 1996, 69 ff unter I 2). Der BGH, 21. 9. 1993, AP Nr. 102 zu § 611 BGB Haftung des Arbeitnehmers = NZA 1994, 270 hat allerdings klargestellt, daß er den entsprechenden (- bereits im Vorlagebeschluß des BAG, 12. 6. 1992, – GS 1/89 –, AP Nr. 101 zu § 611 BGB Haftung des Arbeitnehmers enthaltenen) verfassungsrechtlichen Ausführungen des BAG (unter B III) nicht „in allem folgen (möchte)". Kritik äußert insoweit auch Langenbucher ZfA 1997, 545 f – wie bereits früher Krause JR 1994, 494. Freilich hält das BAG, 27. 9. 1994, a. a. 0. Nr. 103 (– unter B III 2 a.E.) diese Bedenken nicht für überzeugend. Die verfassungsrechtliche – im Lichte von Art. 2 I und Art. 12 I GG vorgenommene – Betrachtungsweise des BAG (– ... die Beschränkung der Arbeitnehmerhaftung ist im Hinblick auf die ... Gewährleistung der Berufsfreiheit ... und der allgemeinen Handlungsfreiheit ... geboten ... „) ist nicht nur von akademischer Bedeutung. Sie kann nicht nur zu den vom BGH im Beschluß vom 21. 9. 1993 = BB 1994, 431 befürchteten Mißverständnissen führen. Der verfassungsrechtliche Begründungsschritt des BAG (GS) (– s. dazu auch Dieterich NZA 1996, 676 –) wirkt sich rechtspraktisch insbesondere bei der Frage der Zulässigkeit abweichender Vereinbarungen aus (– inwieweit sind die richterrechtlichen Grundsätze unabdingbar (?); s. dazu unten bei Rz 46, 47 sowie Peifer ZfA 1996, 72 und 74f).

4.3.4 *In welchen Fällen sind die richterrechtlichen Grundsätze anwendbar (– objektive und subjektive Anwendungsvoraussetzungen –) ?*

Die richterrechtliche Haftungsprivilegierung des Arbeitnehmers kann sich auswirken auf dessen Haftung für Schlechterfüllung des Arbeitsvertrages und damit ggfs. konkurrierende Ansprüche aus unerlaubter Handlung. Sachlich geht es um Eigentums-, Sach- und sonstige Vermögensschäden, die dem Arbeitgeber (oder Dritten) bei der Ausführung der Arbeit durch den Arbeitnehmer entstehen. In den Genuß des Haftungsprivilegs kommt der Arbeitnehmer nur dann, wenn bestimmte Anwendungsvoraussetzungen erfüllt sind.

4.3.4.1 Sachliche (negative) Anwendungsvoraussetzung: das Fehlen einer das Risiko abdeckenden Pflichtversicherung

Es entsprach – schon vor dem Beschluß des Großen Senats vom 27. 9. 1994 *31*
a.a.O. – ständiger Rechtsprechung, daß es dann an Gründen für eine Haftungsbeschränkung fehlt, wenn und soweit das Risiko der schadens- bzw. gefahrgeneigten Tätigkeit des Arbeitnehmers durch eine Pflichtversicherung gedeckt ist. Diese Rechtsprechung ist auf die neuen Haftungsgrundsätze

übertragbar. Bei Bestehen einer gesetzlichen Pflichtversicherung liegen Risiken vor, die der Gesetzgeber als so gefahrträchtig erachtet hat, daß er den Handelnden im Hinblick auf mögliche Gefahren für andere ohne Versicherungsschutz nicht tätig sehen wollte. Diese Tatsache überlagert gleichsam arbeitsrechtliche Haftungserleichterungsgrundsätze. Für die Anwendung dieser Grundsätze besteht kein Raum in der vom Gesetzgeber durch die Pflichtversicherung vorgesehenen Wertung (– vgl. BAG, 14.10.1993, EzA Nr. 28 zu § 611 BGB gefahrgeneigte Arbeit). Der BGH hat darüberhinaus angenommen, es sei unerheblich, ob die zugunsten des Arbeitnehmers eingreifende Pflichtversicherung vom Arbeitgeber selbst oder einem Dritten abgeschlossen worden sei (BGH, 8.12.1971, AP Nr. 68 zu § 611 BGB). Diese – bei Bestehen einer Pflichtversicherung – geltenden Grundsätze können aber nicht auf den Fall übertragen werden, daß der Arbeitnehmer sich gegen das Risiko seiner betrieblichen Tätigkeit freiwillig selbst versichert hat. Das Bestehen einer privaten Haftpflichtversicherung des Arbeitnehmers schließt also die Anwendung von Haftungserleichterungs-Grundsätzen nicht aus (BAG, 25.9.1997, DB 1998,476 = NZA 1998, 310). Die private Haftpflichtversicherung haftet nur in dem Umfang, in dem der Arbeitnehmer selbst haftet. Zu beachten ist allerdings, daß das Bestehen einer privaten Haftpflichtversicherung ggf. s dazu führt, daß bei der internen Risikoverteilung (s. Rz 38) nicht zugunsten des Arbeitnehmers berücksichtigt werden darf, daß das gezahlte Entgelt im Verhältnis zu dem von ihm zu tragenden Risiko unangemessen gering ist (BAG, 14.10.1993, EzA Nr. 28 a.a.O.). Das BAG, 11.6.1959, AP Nr. 9 zu § 611 BGB Haftung des Arbeitnehmers hat weiter entschieden, daß sich Arbeitgeber (des Öffentlichen Dienstes), die von der Kfz-Haftpflichtversicherung befreit sind, gegenüber Arbeitnehmern, die bei Dienstfahrten Haftpflichtschäden verursacht haben, nicht mit Erfolg auf das Fehlen der Haftpflichtversicherung berufen können.

4.3.4.2 Gegenständliche (positive) Anwendungsvoraussetzung: die „betrieblich veranlaßte" Tätigkeit.

32 Die besonderen Haftungsgrundsätze gelten nicht für Schäden, die der Arbeitnehmer außerhalb des Arbeitsverhältnisses verursacht und die seinem allgemeinen Lebensrisiko zuzurechnen sind. Für die Abgrenzung „betrieblich oder privat veranlaßte Tätigkeit" ist die bisherige Behandlung dieser Frage in der Rechtsprechung aufschlußreich (vgl. auch Denck DB 1986, 90). Im Beschluß vom 12.6.1992 vertrat der Große Senat, BAG, AP Nr. 101 § 611 BGB Haftung des Arbeitnehmers = NZA 1993, 547 die Ansicht, daß die Grundsätze über die Beschränkung der Arbeitnehmer-Haftung auch für Arbeiten gelten können, die nicht gefahrgeneigt seien. Um den Arbeitgeber aber nicht mit dem allgemeinen Lebensrisiko des Arbeitnehmers zu belasten, muß die Tätigkeit, die zu dem Schaden geführt hat, aufgrund des Arbeitsverhältnisses betrieblich veranlaßt sein. Betrieblich veranlaßt sind dabei solche Tätigkeiten des Arbeitnehmers, die ihm für den Betrieb übertragen worden sind oder die er im Interesse des Betriebes ausführt, – die in nahem Zusammenhang mit dem Betrieb und seinem betrieblichen Wirkungskreis stehen und in diesem Sinne betrieblich veranlaßt sind (vgl. BAG, 14.3.1974, AP Nr. 8 zu § 637 RVO; BAG 2.3.1971, AP Nr. 6 zu § 637 RVO). Der 8. Senat, BAG,12.10.1989, AP Nr. 98 zu § 611 BGB Haftung des Arbeitnehmers = NZA 1990, 95 hatte es für eine Haftungsbeschränkung ausreichen lassen, „daß das schadensstiftende Ereignis durch eine Tätigkeit ausgelöst wurde, die durch den Betrieb veranlaßt war und aufgrund des Arbeitsverhältnisses ausgeübt wurde". Der 3. Senat, BAG, 12.2.1985, AP Nr. 86 zu § 611 BGB Haftung des Arbeitnehmers = NZA 1986, 91 hatte sich dafür ausgesprochen, daß „alle betrieblichen Tätigkeiten einbezogen werden müssen". Aufschlußreich sind auch die Ausführungen in BAG, 21.10.1983, AP Nr. 84 zu § 611 BGB Haftung des Arbeitnehmers zur Frage, wann keine betrieblich veranlaßte Tätigkeit mehr vorliegt. In jenem Fall war der Arbeitnehmer (= Kraftfahrer) von der ihm vom Arbeitgeber vorgeschriebenen Fahrtroute abgewichen, um in der eigenen Wohnung eine Erholungspause einzulegen. Der Arbeitnehmer hatte noch eine weitere Fahrtstrecke von ca. 500 km vor sich. Der Umweg zur eigenen Wohnung belief sich auf etwa 20 km. Das BAG stellt klar: „Verfolgt ... der Arbeitnehmer mit der zum Schaden führenden Tätigkeit private Interessen, so besteht kein Grund für eine Haftungsbeschränkung. Grenzfälle können entstehen, wenn ... die Art und Weise, in der der Arbeitnehmer die aufgetragenen Tätigkeiten verichtet, durch die Verfolgung eigener Interessen des Arbeitnehmers beeinflußt wird. Nach Auffassung des Senats kommt es in diesen Fällen darauf an, ob der notwendige innere Zusammenhang zwischen der betrieblichen Tätigkeit und dem Schadensereignis durch die Wahrnehmung eigener Interessen des Arbeitnehmers derart gelöst worden ist, daß nicht mehr die Verfolgung betrieblicher Zwecke, sondern die durch Eigeninteressen des Arbeitnehmers bedingte Art und Weise ihrer Verfolgung als entscheidende Schadensursache anzusehen ist".

In Anwendung dieser Grundsätze stellt das BAG fest, daß der Schaden deswegen in Ausübung betrieblicher Tätigkeiten entstanden sei, „weil der Beklagte bei der gegebenen Fallgestaltung zumindest davon ausgehen durfte, der Umweg zur eigenen Wohnung entspreche auch den betrieblichen Interessen". In tatsächlicher Hinsicht war festgestellt worden, daß der Arbeitgeber dem

Arbeitnehmer am Schadenstag gegen 18 Uhr den Auftrag erteilt hatte, den Sattelzug noch bis Hannover zu fahren. Damals belief sich die Schichtzeit des Arbeitnehmers bereits auf 12 Std. und 27 min sowie die am Steuer verbrachte Lenkzeit auf 9 Std. und 13 min. Der Unfall ereignetete sich dann gegen 18.45 Uhr im Saarland. Die für die Abgrenzung nunmehr maßgebenden Formulierungen in BAG, 27. 9. 1994, AP Nr. 103 zu § 611 BGB Haftung des Arbeitnehmers = NZA 1994, 1083 lauten:

- „... Die Grundsätze ... gelten für alle Arbeiten, die durch den Betrieb veranlaßt sind und aufgrund des Arbeitsverhältnisses geleistet werden ...“.
- „Betrieblich veranlaßt sind dabei solche Tätigkeiten des Arbeitnehmers, die ihm arbeitsvertraglich übertragen worden sind oder die er im Interesse des Arbeitgebers für den Betrieb ausführt“

Ausschlaggebend für die Bewertung einer Tätigkeit als betriebliche Tätigkeit ist demgemäß die Wahrnehmung der dem Arbeitnehmer im Betrieb zugewiesenen Aufgabe. Darauf, ob der Arbeitnehmer in Wahrnehmung dieser Aufgabe etwa fehlerhaft und leichtsinnig oder sogar gesetzwidrig gehandelt hat, kommt es insoweit nicht an (– vgl. zur ähnlichen Rechtslage im Rahmen des § 637 RVO a.F.: BAG, 27. 6. 1975, AP Nr. 9 zu § 636 RVO). Im übrigen kann auch die Wahrnehmung betriebsverfassungsrechtlicher Aufgaben „betrieblich veranlaßt“ sein (vgl. insoweit Löwisch: „Auch die Tätigkeit als Wahlvorstand oder Betriebsrat erfolgt letztlich im betrieblichen Interesse“ in Anm. zu BAG, 3. 3. 1983, AP Nr. 8 zu § 20 BetrVG 1972; in dem Beschluß vom 3. 3. 1983 hatte das BAG bemerkt, daß die Tätigkeit eines Wahlvorstandsmitgliedes, – der mit seinem Privat-Pkw einen Unfall erlitten hatte –, „keine typische schadensgeneigte Tätigkeit“ sei).

Das LAG München, 6. 7. 1989, ZfSch 1991, 43 hat die betriebliche Veranlassung in einem Fall verneint, in dem eine Aushilfskraft (ein Schüler) aus privaten Gründen nicht unerheblich von der direkten Fahrtstrecke abgewichen war (vgl. zu diesem Fall auch noch: ArbG München, 24. 10. 1988, DB 1989,783).

Eindeutige „Schwarzfahrten“ (s. dazu Müller NJW 1986, 966) von Arbeitnehmern mit Firmenfahrzeugen sind haftungsrechtlich nicht privilegiert (vgl. Ahrens DB 1996, 937). Entsprechendes gilt für den Unfall eines Berufskraftfahrers mit dem unbefugterweise von einem Dritten gesteuerten Kfz des Arbeitgebers (LAG Köln, 27. 9. 1989, DB 1990, 51). Problematischer sind die Unfälle, die sich auf der Heimfahrt mit dem Firmenfahrzeug ereignen (s. dazu LAG München, 24. 8. 1988, NZA 1988, 218 sowie Schlachter Anm. zu

BAG AP Nr. 103 zu § 611 BGB Haftung des Arbeitnehmers). Betrieblich veranlaßt kann im übrigen nicht nur die reine Arbeits-Tätigkeit, d.h. die der Erfüllung der Hauptpflicht des Arbeitnehmers aus dem Arbeitsverhältnis dienende Tätigkeit sein. Betrieblich veranlaßt – und damit haftungsrechtlich privilegiert – können auch solche Tätigkeiten sein, die im Zusammenhang mit der Erfüllung von Neben- und sonstigen Pflichten stehen. Das Nicht-Tätigsein d.h. die reine Nichtleistung als solche, wird man jedoch nur ausnahmsweise als „betrieblich veranlaßt" ansehen können. Ahrens, DB 1996, 937 weist allerdings zutreffend daraufhin, daß auch eine Arbeitsunterbrechung im Zusammenhang mit der arbeitsvertraglich geschuldeten Tätigkeit stehen kann. Eindeutig nicht betrieblich veranlaßt sind – nach Schlachter a.a.O. – der Vertragsbruch und Verletzungen von solchen Nebenpflichten, die zeitlich vor oder nach einem wirksamen Arbeitsverhältnis zu beachten sind. Ob auch die Verletzung von Pflichten, die den Vertrauensbereich des Arbeitsverhältnisses prägen (vgl. näher zu diesen Pflichten: LAG Köln, 10.6.1994, NZA 1995, 792), betrieblich veranlaßt sein kann, ist (zumindest) zweifelhaft (vgl. dazu freilich die Ansichten von Koller SAE 1996, 7 f und Ahrens DB 1996, 937: „versehentliches Ausplaudern eines Betriebsgeheimnisses" während des Arbeitsverhältnisses).

Werden im Zusammenhang mit Einstellungsverhandlungen Probefahrten oder ähnliche Eignungs-Tests durchgeführt und kommt es hierbei zu Schäden, so fehlt es an sich an der Anwendungsvoraussetzung, die besagt, daß die „(schadensverursachende) Tätigkeit ... aufgrund des Arbeitsverhältnisses betrieblich veranlaßt sein (muß)" –, vgl. BAG, 12.6.1992, AP Nr. 101 a.a.O. Probefahrten und ähnliche Tests werden ja gerade zeitlich vor dem Beginn eines Arbeitsverhältnisses – also noch nicht aufgrund eines Arbeitsverhältnisses – durchgeführt. Hiernach müßte der Stellenbewerber, der sich einem derartigen Eignungstest unterwirft, für jeden schuldhaft verursachten Schaden haften. Zu prüfen ist in einem derartigen Fall allerdings, ob die Verhandlungspartner – gegebenenfalls konkludent – Vereinbarungen über Haftungserleichterungen getroffen haben. Zwar will bei einer Probefahrt derjenigen, der diese „ veranstaltet", d.h. sie vom Bewerber durchführen läßt, dabei entstehende Verletzungen seines Eigentums nicht von der Rechtswidrigkeit ausnehmen (vgl. BAG, 24.1.1974, AP Nr. 74 zu § 611 BGB Haftung des Arbeitnehmers). Denkbar ist jedoch, daß er mit dem Bewerber vereinbart, daß dieser nur nach den Grundsätzen haften muß, in deren Rahmen (auch) nach erfolgter Einstellung gehaftet werden müßte (vgl. in ähnlichem Zusammenhang zur Haftung des Kaufinteressenten bei Probefahrten, die im Rahmen von Kfz-Kaufverhandlungen durchgeführt werden: BGH, 7.6.1972, NJW

1972, 1363: der Kaufinteressent haftet nicht für nur leicht fahrlässig verursachte Schäden, wenn diese im Zusammenhang mit den einer Probefahrt eigentümlichen Gefahren stehen; ähnlich: BGH, 10.1.1979 = DB 1979, 691). Soweit keine vertragliche (ggfs. konkludent vereinbarte) Haftungsmilderung in diesem Sinne festgestellt werden kann, ist in derartigen Fällen auch zu erwägen, ob das Wort „aufgrund (des Arbeitsverhältnisses)" i.S. der BAG-Definition – soweit die Formulierung überhaupt eigenständige Bedeutung hat – erweiternd dahingehend ausgelegt werden kann, daß haftungsprivilegiert nicht nur solche Tätigkeiten sind, die aufgrund eines bereits bestehenden Arbeitsverhältnisse geleistet werden, sondern auch solche, die im Rahmen von Einstellungsverhandlungen mit Rücksicht auf ein beabsichtigtes Arbeitsverhältnis probeweise erbracht werden. Erwähnt werden soll hier weiter die Ansicht von Langenbucher ZfA 1997, 525f: der zweite Teil der BAG-Formel („Leistung aufgrund des Arbeitsverhältnisses") habe „keine eigenständige Bedeutung mehr" und sei „kein notwendiger Bestandteil der neu formulierten Regel der Rechtsprechung". Folgt man dieser Ansicht, dann gilt der besondere Haftungsmaßstab im bestehenden Arbeitsverhältnis ohne weiteres auch dann, wenn es um die Haftung des Bewerbers geht. Probefahrten und ähnliche Tests sind durch den Betrieb veranlaßt, denn der Bewerber führt sie (auch) im Interesse des Arbeitgebers für den Betrieb aus (– im Ergebnis ebenso bereits BAG, 24.1.1974, a.a.O., unter der Voraussetzung der „gefahrgeneigten Tätigkeit").

4.3.4.3 Subjektive Anwendungsvoraussetzung: der begünstigte Personenkreis

33 Soweit die übrigen Anwendungsvoraussetzungen erfüllt sind (– dies kann auch bei Ausübung erforderlicher Betriebsratstätigkeit der Fall sein, vgl. Löwisch Anm. zu BAG, 3.3.1983, AP Nr. 8 zu § 20 BetrVG 1972 –), sind all die Personen haftungsprivilegiert, die die Kriterien des Arbeitnehmerbegriffs erfüllen. Danach ist Arbeitnehmer derjenige, der seine Dienste aufgrund privatrechtlichen Vertrages im Rahmen einer von einem anderen (= dem Arbeitgeber –) bestimmten Arbeitsorganisation erbringt; die Eingliederung in eine fremde Arbeitsorganisation zeigt sich insbesondere darin, daß der Arbeitnehmer hinsichtlich der Zeit, des Ortes und/oder der Art der Arbeit einem Weisungsrecht des Arbeitgebers unterliegt (BAG, 21.5.1997, AP Nr. 32 zu § 5 ArbGG 1979 = NZA 1997, 1013). Nicht haftungsprivilegiert sind somit jedenfalls Personen, die weder Arbeitnehmer, noch arbeitnehmerähnliche Personen sind, – wie etwa der Dritte, dem der angestellte Fahrer das Steuer des Firmen-Kfz unbefugt überläßt (– LAG Köln, 27.9.1989, NZA 1990, 482), oder der Rheinlotse in dem Fall, den der BGH im Urteil, 28. 9. 1972, AP Nr. 1 zu § 611 BGB Lotse entschieden hat. Haftungsprivilegiert sind allerdings regelmäßig auch nicht die arbeitnehmerähnlichen Personen – vgl. zu diesem Personenkreis § 5 I 2 ArbGG, § 12a TVG, § 2 II Nr. 3 ArbSchG und § 2 BUrlG sowie BAG, 16. 7. 1997, AP Nr. 37 zu § 5 ArbGG 1979 = NZA 1997, 1126). Es fehlt die – vom BAG jedenfalls eigenständig formulierte – Anwendungsvoraussetzung „aufgrund eines Arbeitsverhältnisses“; außerdem formuliert das BAG, 27. 9. 1994, a. a. O., seine Grundsätze ausdrücklich nur für „Tätigkeiten des Arbeitnehmers“. Aus den eben zitierten gesetzlichen Bestimmungen ergibt sich, daß dem Gesetzgeber das Problem der arbeitnehmerähnlichen Personen und hier insbesondere auch die haftungsrechtliche Problematik bekannt ist. Der Gesetzgeber hat sich in Kenntnis dieser Problematik dafür entschieden, die Geltung formellen und materiellen Arbeitsrechtes nur nach näherer Maßgabe des von ihm in Kraft gesetzten positiven Gesetzesrechts anzuordnen. Außerhalb der §§ 5 I 2 ArbGG, 12a TVG, 2 11 Nr. 3 ArbSchG und 2 BUrlG sind deswegen an sich arbeitsrechtliche Bestimmungen auf arbeitnehmerähnliche Personen nicht anzuwenden (– anders für die §§ 74b II und 75a HGB: BAG, 21. 1. 1997, AP Nr. 44 zu § 611 BGB Konkurrenzklausel –). Dies gilt wohl auch für die richterrechtlichen Haftungsgrundsätze. Die Haftung der arbeitnehmerähnlichen Personen ist bereits in der Vergangenheit Diskussionsgegenstand in Rechtsprechung und Literatur gewesen (vgl. insoweit die Nachweise bei Blomeyer/MünchAR § 57 Rz 67 FN 282). So hat das LAG Berlin entschieden, daß die Grundsätze über die Haftungserleichterung nicht ohne weiteres auf arbeitnehmerähnliche Personen zu übertragen seien (DB 1991, 1080 = AfP 1990, 336 mit Anm. Gersch). Folgt man allerdings Blomeyer a. a. O., dann kann auch für eine arbeitnehmerähnliche Person eine Haftungsbeschränkung „analog § 254 BGB“ in Betracht kommen, „wenn sie eine einem Arbeitnehmer vergleichbare Stellung innehat“ (ähnlich Künzl, Kasseler Handbuch zum AR S. 1043 Rz 254; Koller SAE 1996, 8).

Die Haftung des Arbeitnehmers ist nicht beschränkt, soweit er als mitversicherter berechtigter Fahrer Begünstigter aus einem geschäftsplanmäßigen Regreßverzicht des Kfz.-Haftpflichtversicherers ist (vgl. bei Rz 31 sowie BGH, 5. 2. 1992, NZA 1992, 688). Haftungsprivilegiert sind an sich – da sie den Arbeitnehmerbegriff erfüllen – die leitenden Angestellten des § 5 III BetrVG und des § 14 II KSchG.

Die gegenteilige frühere Rechtsprechung des BGH (Urteil vom 14. 2. 1985, VersR 1985, 693) ist allerdings insoweit noch von Bedeutung als es um den Umfang der Sorgfaltsanforderungen und das Merkmal der „Gefahrgeneigtheit“ geht, das ja bei der Festlegung der konkreten Haftungsquote im Rahmen der Abwägung der Gesamtumstände weiter eine Rolle spielen kann. Zur Zeit der Geltung der früheren richterrechtlichen Haftungsgrundsätze hatte der BGH, 7.10.1969, AP Nr. 51 zu § 611 BGB Haftung des Arbeitnehmers unter Bezugnahme auf BGH 25.2.1969, VersR 1969, 474 an sich unmißverständlich ausgeführt, daß „sich leitende Angestellte auf diese arbeitsrechtliche Haftungserleichterung nicht berufen (können)". Nach dem Verständnis des BAG, 11.11.1976, AP Nr. 80 zu § 611 BGB Haftung des Arbeitnehmers war freilich damit jedoch – bereits damals – „nicht gesagt, daß ein leitender Angestellter nie in den Genuß einer Haftungserleichterung kommen könne". Dieser Aussage des BAG ist jedenfalls für die neuen Haftungsgrundsätze bzw. soweit es um das allgemeine Betriebsrisiko des Arbeitgebers geht, zuzustimmen. Für besondere Risiken, die der Arbeitgeber nur unter Einsatz der besonderen Sachkenntnis des (leitenden) Angestellten zu beherrschen in der Lage ist, kann eine andere, weiter differenzierende Betrachtungsweise geboten sein (vgl. Peifer ZfA 1996,77 und – speziell zur Haftung des leitenden Krankenhausarztes –: Fahrenhorst NZA 1991, 545).

Nicht-haftungsprivilegiert sind die sog. Organvertreter und die Personen in leitender Stellung im Sinne des § 5 I 3 ArbGG, des § 5 II Nr. 1 und 2 BetrVG sowie des § 14 I KSchG. Diese Personen leisten ihre Dienste nicht „aufgrund eines Arbeitsverhältnisses" (– s. zu deren Haftung: Klumpp, Aktuelle Fragen ...). Abgesehen von den Fällen vertraglicher Haftungsbeschränkung kann dieser Personenkreis als haftungsprivilegiert allenfalls von der oben zitierten Literaturmeinung (Koller, Blomeyer, Künzl) angesehen werden, die darauf abstellt, ob der Schädiger eine einem Arbeitnehmer vergleichbare Stellung innehat und deswegen entsprechend schutzbedürftig ist.

Der BGH, 10.7.1973, AR-Blattei Leitarbeitsverhältnis E 7, hat entschieden, daß die Grundsätze über die Haftungseinschränkung (bei gefahrgeneigter Arbeit) auch bei einem Leiharbeitsverhältnis gegenüber Schadenersatzansprüchen des entleihenden Arbeitgebers Anwendung finden (– ebenso BGH, 22.5.1978, VersR 1978, 819; vgl. auch BAG, 15.2.1974, AP Nr. 7 zu § 637 RVO).

Haftungsprivilegiert sind auch die Auszubildenden i.S. der §§ 3 ff BBiG. Dies folgt aus § 3 II BBiG. Weder aus den Bestimmungen des BBiG, noch aus Wesen und Zweck des Berufsausbildungsvertrages ergibt sich, daß die richterrechtlichen Haftungsgrundsätze insoweit nicht anwendbar sein sollen (vgl. BAG, 7.7.1970, AP Nr. 59 zu § 611 BGB Haftung des Arbeitnehmers; LAG Rheinland-Pfalz, 13.12.1989, LAGE Nr. 8 zu § 611 BGB gefahrgeneigte Arbeit; hier wurde freilich grobe Fahrlässigkeit bejaht/Überholen einer Autokolonne).

4.3.5 Die Anwendung der richterrechtlichen Haftungsgrundsätze.

4.3.5.1 Die Haftung nach dem modifizierten Verschuldensprinzip (Trichotomie).

Grund und Umfang der Haftung es Arbeitnehmers hängen von seinem Verschulden ab. Insoweit stellt das „Verschulden“ (– s. dazu im einzelnen Deutsch RdA 1996, 1 –) das zentrale Merkmal der Arbeitnehmerhaftung dar. *34*

4.3.5.1.1 Volle Haftung bei Vorsatz

- Definition: Vorsatz ist Wissen und Wollen des (rechtswidrigen) Erfolgs.

Bei Vorsatz hat der Arbeitnehmer den gesamten Schaden zu tragen. Dies gilt aber nur dann, wenn sich der Vorsatz nicht lediglich auf die Pflicht-, Rechtsgut- oder Schutzgesetzverletzung bezieht, sondern auch auf den Schaden (vgl. Deutsch RdA 1996, 3). Aus diesem Grunde muß – beispielsweise – der Arbeitnehmer, der zwar vorsätzlich gegen eine Anweisung des Arbeitgebers verstößt und dadurch einen Schaden verursacht, dann nicht voll haften, wenn sich der Vorsatz nicht auch zugleich auf die Schadenszufügung als solche richtete (vgl. LAG Berlin, 22.10.1984, DB 1985, 339) – und sich sein Verhalten auch nicht als grob fahrlässig darstellt. Insoweit gilt hier ähnliches wie im unmittelbaren Anwendungsbereich des § 254 BGB (s. dazu bei Rz 45). Dazu hat das BAG, 18.6.1970, AP Nr. 57 zu § 611 BGB Haftung des Arbeitnehmers entschieden, daß lediglich dann, wenn der Vorsatz auf Seiten des Schädigers die Schädigung selbst mitumfaßt, sich dieser (- „mindestens in aller Regel“ -) nicht auf § 254 BGB berufen könne. Vorsatz liegt insoweit aber nicht nur in den Fällen der Schädigungsabsicht und des sogenannten direkten Vorsatzes (dolus directus) vor, sondern auch dann, wenn der Arbeitnehmer – wie im Falle des „bedingten Vorsatzes“ (dolus eventualis) – den Schaden als möglich voraussieht und ihn für den Fall seines Eintritts billigend in Kauf nimmt. In der Rechtsprechung wurde Vorsatz u.a.

- bejaht von

BGH, 31.1.1978, AP Nr. 61 zu Art. 9 GG Arbeitskampf und ArbG Hagen, 23.1. 1991, AP Nr. 118 zu Art. 9 GG Arbeitskampf, dagegen

- verneint von

BAG, 27.6.1975, AP Nr. 9 zu § 636 RVO, BAG, 31.10.1991, SGb 1992, 503 (– s. dazu im einzelnen bei Rz 71 –), BAG, 28.2.1991, NZA 1991, 597 und BAG, 23.6.1988, AP Nr. 94 zu § 611 BGB Haftung des Arbeitnehmers = NZA 1989, 181.

Im Urteil vom 23. 6. 1988 führt das BAG aus, daß bei einer Trunkenheitsfahrt im Verkehr die Voraussetzungen eines (auch nur) bedingten Vorsatzes in der Regel nicht vorliegen würden; insoweit sei eben erforderlich, daß der Schädiger den als möglich vorgestellten Erfolg auch in seinen Willen aufnehme und mit ihm für Fall seines Eintritts einverstanden sei. Insbesondere für Fälle der Mankohaftung (s. dazu Rz 48) ist wichtig, daß allein der Umstand, daß der Arbeitnehmer eine ihm anvertraute Sache oder Geldmenge nicht herausgeben kann, noch nicht ohne weiteres auf eine vorsätzliche Schädigung schließen läßt. Will der Arbeitgeber geltendmachen, der Arbeitnehmer habe den Schaden vorsätzlich herbeigeführt – so daß jede Haftungsmilderung ausscheide – muß er in einem Fall – wie ihn das BAG, 22. 5. 1997, 1280 = NZA 1997, 1280 = DB 1998, 135 beurteilt hat (s. dazu bei Rz 49) – einen Sachverhalt vortragen, aus dem sich unzweifelhaft ergibt, daß der Arbeitnehmer die Sache entweder vernichtet oder sich zugeeignet hat.

4.3.5.1.2 Volle Haftung in aller Regel bei grober Fahrlässigkeit

35 Auch bei grober Fahrlässigkeit muß der Arbeitnehmer in aller Regel den gesamten Schaden tragen. „In aller Regel" bedeutet, daß hier Haftungserleichterungen nicht generell ausgeschlossen sind. Bereits im Urteil vom 18. 1. 1972, AP Nr. 69 zu § 611 BGB Haftung des Arbeitnehmers hatte das BAG angenommen, daß ein Arbeitnehmer trotz grober Fahrlässigkeit nicht voll hafte, wenn der Arbeitgeber sich sein eigenes, das Betriebsrisiko erhöhendes Verhalten entgegenhalten lassen müsse (- Anweisung, einen schweren Wagen zu benutzen, mit dem der Arbeitnehmer nicht hinreichend vertraut war; vgl. auch BGH, 11. 11. 1969, AP Nr. 52 zu § 611 BGB Haftung des Arbeitnehmers; BAG, 3. 2. 1970, AP Nr. 53 zu § 611 BGB Haftung des Arbeitnehmers; Hübsch BB 1998, 690). Insbesondere in Fällen, in denen Arbeitnehmer „teure Fahrzeuge des Arbeitgebers zu führen oder wertvolle Maschinen zu bedienen haben, kann es im Einzelfall geboten sein, die Schadenersatzpflicht des Arbeitnehmers auch bei grober Fahrlässigkeit nicht unerhebl. herabzusetzen. Ob eine Entlastung des Arbeitnehmers in Betracht kommt und wie weit sie zu gehen hat, ist aufgrund einer Abwägung zu entscheiden, die der Tatrichter nach Feststellung aller dafür maßgebenden Umstände (§ 286 ZPO) nach § 287 ZPO vornehmen muß. Beim Arbeitnehmer dürfte neben der Höhe des Arbeitsentgelts und weiteren mit seiner Leistungsfähigkeit zusammenhängenden Umständen (z.B. Familienverhältnisse) insbesondere der Grad des Verschuldens eine Rolle spielen. Dabei wird es auch darauf ankommen, ob das die Schadenersatzpflicht begründende Verschulden sich nur auf die Vertragspflichtverletzung (§§ 280, 286 BGB) bzw. Rechtsgutverletzung (§ 823 BGB) erstreckt oder

auch den entstandenen Schaden mit umfaßt. Beim Arbeitgeber wird ein durch das schädigende Ereignis eingetretener hoher Vermögensverlust um so mehr dem Betriebsrisiko zuzurechnen sein, als dieser einkalkuliert oder durch Versicherung (ohne Rückgriffsmöglichkeit gegen den Arbeitnehmer, vgl. BAG, 24. 11. 1987 AP Nr. 92 zu § 611 BGB Haftung des Arbeitnehmers) deckbar ist. Als einkalkuliert wird ein Schaden insoweit anzusehen sein, wie mit seinem Ersatz durch den Arbeitnehmer mit Rücksicht auf dessen durch seinen Verdienst begrenzte Leistungsfähigkeit in der Regel nicht zu rechnen ist" (so BAG, 12. 10. 1989, AP Nr. 97 zu § 611 BGB Haftung des Arbeitnehmers; in diesem Fall ging es um einen Schaden in Höhe von DM 110.195,15, den ein Busfahrer – nach der Darstellung des Arbeitgebers – durch einen sog. Rotlicht-Verstoß verursacht hatte: Einfahren in die Kreuzung, nachdem die Verkehrsampel bereits 5, 96 Sekunden lang „rot" gezeigt hatte). Nach diesen Grundsätzen hat das BAG, 23. 1. 1997, NZA 1998, 140 = BB 1998, 107 dem Fahrer eines 30 t schweren Enteiser- Fahrzeugs eine Haftungserleichterung zugebilligt. Dieser hatte die Arbeit alkoholisiert und in übermüdetem Zustand angetreten (BAK: 1,41 Promille); er verdiente monatlich DM 3.500,– brutto = ca. DM 2.500,– netto. Der vom Fahrer verursachte Schaden belief sich auf DM 150.000,–. Das LAG München (= Urteil vom 21. 9. 1995 -4 Sa 1114/94 -) hatte entschieden, daß der Fahrer dem Arbeitgeber hierauf Schadensersatz lediglich in Höhe von DM 20.000,– leisten müsse. Diese Entscheidung hat das BAG revisionsrechtlich nicht beanstandet. Das LAG Rheinland-Pfalz, 2. 11. 1995, LAGE Nr. 11 zu § 611 BGB gefahrgeneigte Arbeit hat entschieden:

Ein infolge Alkoholeinfluß von 2,15 ‰ verursachter Verkehrsunfall ist durch grobe Fahrlässigkeit verursacht. Auch bei grober Fahrlässigkeit kann wegen der Höhe des Schadens eine Haftungsbeschränkung bei betrieblich veranlaßten Schäden erfolgen. Eine Schadenshöhe von ca. 37.000,– DM allein rechtfertigt aber nicht die Annahme, daß durch die Begleichung eine Existenzgefährdung eintritt und deswegen eine Haftungsbeschränkung geboten ist.

Keine Haftungserleichterung hat das BAG, 25. 9. 1997, NZA 1998, 310 = DB 1998, 476 der Narkose-Ärztin gewährt, die bei einer Bluttransfusion Blut der falschen Blutgruppe verabreichte und dadurch den Tod der Patientin herbeiführte. Zur Begründung stellte das BAG darauf ab, daß im Einzelfall Haftungserleichterungen deshalb ausscheiden können, weil der Arbeitnehmer – hier die Narkose-Ärztin – mit besonders grober („gröbster") Fahrlässigkeit handelte. Im konkreten Fall sei eine Haftungsmilderung auch nicht im Hinblick auf die Höhe des eingetretenen Schadens angezeigt (- die Ärztin wurde zur Zahlung von DM 110.418,10 verurteilt; wegen der Haftung eines leitenden Krankenhausarztes gegenüber dem Krankenhausträger wird auf Fahrenhorst

NZA 1991, 544 verwiesen; ausführlich zur Haftung des angestellten Arztes: Annuß, Die Haftung ..., S. 129 ff).

• Definition:

Der Rechtsbegriff der groben Fahrlässigkeit ist erfüllt, wenn gegen die im Verkehr erforderliche Sorgfalt in ungewöhnlichem Maße verstoßen wird. Erforderlich ist dabei eine besonders grobe und auch subjektiv unentschuldbare Pflichtverletzung, die das gewöhnliche Maß der Fahrlässigkeit im Sinne des § 276 I 2 BGB erheblich übersteigt. Der Schädiger muß das außer acht gelassen haben, was in der gegebenen Situation jedem einleuchtet (BAG, 11. 8. 1988, AP Nr. 7 zu § 611 BGB Haftung des Arbeitnehmers; BGH, 19. 12. 1979, NJW 1980, 887). Folgend soll diese Definition anhand von Fällen aus der Rechtsprechung, in denen grobe Fahrlässigkeit geprüft wurde, näher erläutert werden.

• LAG Düsseldorf, 18. 2. 1988, ZfS 1989, 418.

– Sachverhalt:

Der Arbeitnehmer (= Beklagter) war bei dem Arbeitgeber als Taxifahrer beschäftigt. Der Arbeitgeber hatte das als Taxi eingesetzte Fahrzeug bei der Klägerin (= Versicherungsgesellschaft) kaskoversichert. Während einer betrieblich veranlaßten Fahrt mit dem Taxi rauchte der Arbeitnehmer; dabei fiel ihm Glut aus der brennenden Zigarette auf die Hose und auf den Fahrersitz. Ohne das Fahrzeug anzuhalten, versuchte der Arbeitnehmer die Glut von der Hose zu entfernen. Dadurch wurde er von dem übrigen Verkehrsgeschehen abgelenkt und fuhr auf den vor ihm fahrenden Pkw auf. Bei dem Unfall wurde (auch) das bei der Klägerin versicherte Taxi erheblich beschädigt. Die Klägerin erbrachte die vertragsgemäßen Versicherungsleistungen an den Arbeitgeber und nahm den Arbeitnehmer in Regress. Sie verlangt von dem Arbeitnehmer Schadensersatz abzüglich der Selbstbeteiligung des Arbeitgebers und eines Abzuges „neu für alt“.

– Entscheidung und Entscheidungsgründe:

Das LAG gab der Klage gemäß § 15 II AKB ,§ 67 VVG in Verbindung mit den Grundsätzen der pVV statt, da es das Verhalten des Arbeitnehmers als grobe Fahrlässigkeit wertete. Eine Reflexbewegung (-, die herabfallende Zigarettenglut zu entfernen,-) scheide aus, denn:

„von einem erfahrenen Kraftfahrer, wie es der Beklagte als Kraftfahrer ist, der auch während der Fahrt raucht, muß erwartet werden, daß er auf eine derartige, leicht mögliche und vorhersehbare Gefahrlage gefaßt ist und ihr sachgerecht begegnet“.

Und weiter:

„Eine Haftungserleichterung kommt dem Beklagten nicht zugute, da die Schadensursache durch ein Handeln gesetzt wurde, das nicht mit der zu verrichtenden Tätigkeit notwendig zusammenhing – und im übrigen ein Verschuldensgrad vorliegt, der es nicht gerechtfertigt erscheinen läßt, dem Arbeitgeber eine Mithaftung aufzuerlegen“.

Ebenso hat das ArbG Düsseldorf, 14. 9. 1989, ZfS 1989, 418 in einem ähnlich gelagerten Fall grobe Fahrlässigkeit des Arbeitnehmers bejaht:

„Wirft der Fahrer (= Arbeitnehmer) eine brennende Zigarettenkippe während der Fahrt aus dem Fenster und wird diese zurückgeweht (– in den Fahrzeuginnenraum auf die Jacke des Fahrers -) und dadurch der Fahrer abgelenkt, so liegt, wenn das Fahrzeug (hier: Taxi) von der Fahrbahn abkommt, grobe Fahrlässigkeit vor“; vgl. zu diesem Problemkreis auch OLG Karlsruhe, 30. 4. 1992, NJW 1992, 3246 = NZV 1992, 367; LG Saarbrücken, 14. 1. 1986, ZfS 1986, 277; LG Aachen, 15. 11. 1984, VersR 1986, 282 = ZfS 1986, 153; OLG Hamm, 24. 11. 1989, ZfS 1990, 166.

- Es kommt auch dadurch zu Unfällen, daß der Fahrer am Steuer einschläft (= „einnickt“).

Insoweit hat das BAG, 29. 6. 1964, AP Nr. 33 zu § 611 BGB Haftung des Arbeitnehmers entschieden, daß es (zwar) in aller Regel ein grobes Verschulden darstelle, wenn ein Fahrer wegen Übermüdung am Steuer einschlafe. Die Übermüdung trete selten so plötzlich ein, daß der Fahrer nicht noch die notwendigen Schritte unternehmen könnte, um einen Unfall abzuwenden. Im konkret entschiedenen Fall hat das BAG allerdings festgestellt, daß für das Einschlafen des Fahrers nicht eine Übermüdung, sondern „ein besonderer Umstand“ ursächlich gewesen sei. Als solcher komme nach Lage des Falles nur in Betracht, daß „Dämpfe oder Abgase entstanden“ seien und den Fahrer beeinträchtigt hätten. Dem Urteil vom 29. 6. 1964 kann wohl nicht entnommen werden, daß das BAG den Anscheinsbeweis für die Voraussetzungen der groben Fahrlässigkeit für zulässig erachtet (– anders läßt sich dagegen das Urteil vom 13. 3. 1968, BAG AP Nr. 42 zu § 611 BGB Haftung des Arbeitnehmers deuten, – s. dazu Rz 108 a. E. sowie Worzalla NZA 1991, 170).

Allerdings sind die Gerichte für Arbeitssachen nicht selten gezwungen, in freier richterlicher Überzeugungsbildung vor allem bezüglich der (subjektiv-) personalen Seite aus äußeren Beweisanzeichen auf innere Tatsachen zu schließen (§ 286 ZPO). Dies stellt aber noch keine Anwendung der Regeln über den Anscheinsbeweis dar (vgl. BGH, 5. 2. 1974, NJW 1974, 948). In derartigen Fällen muß der Tatrichter die Überzeugung erlangen – will er grobe Fahrlässigkeit bejahen –, daß der betreffende Arbeitnehmer nicht nur bei der – jedem Kraftfahrer obliegenden – Pflicht zu ständiger, scharfer Selbstbeobachtung versagt, – sondern sich über Umstände, die die Gefahren des „Einnickens“ erkennbar machten, in einer Weise hinweg gesetzt habe, die sein Verhalten als besonders vorwerfbar und damit sein Verhalten als ein besonders grobes erscheinen lassen (so: BGH a.a.O.). Solche besonderen, den Vorwurf der groben Fahrlässigkeit rechtfertigenden Umstände lagen in dem Fall nicht vor, den das OVG Rheinland-Pfalz, 21.8.1991, DÖD 1992, 286 entschieden hat; in dieser Entscheidung heißt es u.a. unter Bezugnahme auf BGH, 5.2.1974, NJW 1974, 948:

„... Allein aus dem Vorliegen eines objektiv groben Pflichtverstoßes kann jedoch nicht ohne weiteres auf ein entsprechendes grobes Verschulden geschlossen werden ...“.

- Schutzbehauptung „Augenblicksversagen“ (?)

Gelegentlich (z.B. bei „Rotlicht“-Verstößen von Kraftfahrern) wird versucht, den Vorwurf der groben Fahrlässigkeit mit (etwa) folgender Einlassung abzuwenden: es handele sich wegen eines Augenblickversagens um einen Ausnahmefall, bei dem das Verhalten des Fahrers eine minderschwere Beurteilung verdiene. Der Fahrer habe die Ampel ständig beobachtet und subjektiv den Eindruck gehabt, diese zeige fortwährend grünes Licht, so daß der Fahrer der Meinung gewesen sei, die Kreuzung überqueren zu dürfen. Dies sei so zu erklären, daß der Fahrer kurzfristig geistesabwesend gewesen sei, denn sonst hätte er das Umspringen des Ampellichts von „grün“ auf „gelb“ und „rot“ bemerken müssen. In der Tat haben Instanzgerichte verschiedentlich grobe Fahrlässigkeit deswegen verneint, weil der Handelnde nur für einen Augenblick versagt habe (vgl. OLG Hamm VersR 1990, 1230; VersR 1991, 223 und 1368; OLG Frankfurt/Main VersR 1992, 230; OLG Köln VersR 1991, 1266). Demgegenüber hat der BGH, 8.7.1992, NJW 1992, 2418 entschieden, daß ein Augenblicksversagen allein noch kein Grund ist, den Schuldvorwurf der groben Fahrlässigkeit herabzustufen, wenn (im übrigen) die objektiven Merkmale der groben Fahrlässigkeit gegeben sind.

„Von einem durchschnittlich sorgfältigen Kraftfahrer kann und muß verlangt werden, daß er an die Kreuzung jedenfalls mit einem Mindestmaß an Konzentration heranfährt, das es ihm ermöglicht, die Verkehrssignalanlage wahrzunehmen und zu beachten. Er darf sich nicht von weniger wichtigen Vorgängen und Eindrücken ablenken lassen“ (BGH a.a.O.; vgl. auch OLG Hamm VersR 1988, 1260; OLG Köln NJW-RR 1991, 480). Im konkreten Fall hatte die Fahrerin das geforderte Maß an Konzentration (auch) subjektiv unentschuldbar nicht aufgebracht. Nach der Rechtsprechung des BGH kann vom äußeren Geschehensablauf und vom Ausmaß des objektiven Pflichtverstoßes auf innere Vorgänge und deren gesteigerte Vorwerfbarkeit geschlossen werden. Mangels entlastender Umstände zog der BGH a.a.O. den Schluß, daß die Fahrerin auch subjektiv unentschuldbar handelte, als sie die auf „rot" geschaltete Ampel unbeachtet ließ und mit unverminderter Geschwindigkeit in die Kreuzung einfuhr.

- BGH, 8.2.1989, NJW 1989, 1354:

Die vom BGH geforderten „besonderen Umstände", – die das Verhalten in einem milderen Lichte erscheinen lassen –, können dagegen dann gegeben sein, wenn das Augenblicksversagen seine Ursache in einer Konzentrationsschwäche hat, die darauf beruht, daß der Handelnde dauernd mit einer bestimmten Tätigkeit beschäftigt ist, die ständige Konzentration erfordert. Auf diese Begründung einer Schuldminderung geht die oben zitierte BGH-Entscheidung vom 8.2.1989 zurück, bei der eine zur Routine gewordene Handhabung eines Ladekranes zu beurteilen war.

- BAG, 11.8.1988, AP Nr. 7 zu § 611 BGB Gefährdungshaftung:

In diesem Fall (= Auffahrunfall) verursachte der Arbeitnehmer auf der Transit-Autobahn in der früheren DDR dadurch einen Verkehrsunfall, daß er – mit einem Transporter/Lkw mit Sattelaufleger – von hinten auf einen Pkw auffuhr. Das Vorliegen grober Fahrlässigkeit wurde u.a. wie folgt begründet: der Arbeitnehmer habe vom Führerhaus seines Lkw aus eine besonders gute Möglichkeit gehabt, das Verkehrsgeschehen, das sich in seinem Blickfeld abspielte, zu beobachten; die einzige von ihm zu verlangende Reaktion hätte darin bestanden, rechtzeitig zu bremsen, nachdem er gesehen hatte, daß einer der vor ihm fahrenden Pkw plötzlich seine Geschwindigkeit verminderte. Daraus, daß der Arbeitnehmer nicht früh genug reagiert habe, könne geschlossen werden, daß der Kläger (= Arbeitnehmer) in hohem Maße unaufmerksam gefahren sei. Auch habe der Arbeitnehmer einen zu geringen Sicherheitsabstand eingehalten. Schließlich habe der Arbeitnehmer Umstände – insbesondere subjektiver Art –, die seine grobe Fahrlässigkeit ausschließen könnten, nicht geltend gemacht.

- Soweit es um derartige Umstände geht, ist das BAG-Urteil, 22.2.1972, AP Nr. 70 zu § 611 BGB Haftung des Arbeitnehmers bedeutsam.

Sachverhalt:

Der Arbeitnehmer (ein Taxifahrer) fuhr an einem Januar-Abend mit dem im Eigentum des Arbeitgebers stehenden Pkw (Taxi) von Frankfurt in Richtung Rhein-Main-Flughafen. Es herrschte starker Nebel mit einer Sichtweite von

20 bis 30 Meter. Gegen 20.45 Uhr kam der Arbeitnehmer in einer nach rechts verlaufenden Kurve von der Fahrbahn ab und fuhr in eine Schonung. Dadurch entstand an dem Pkw Totalschaden. Vor der Kurve hatte der Arbeitnehmer noch zwei andere Pkw überholt. Das BAG a.a.O. bejahte das Vorliegen grober Fahrlässigkeit. Insoweit komme es zwar auch auf die subjektive Seite an. Die in diesem Rahmen zu berücksichtigenden Umstände seien aber nur solche, die mit dem Unfall selbst in Zusammenhang stünden und geeignet seien auf ihn selbst einzuwirken (- etwa: jugendliches Alter, mangelnde Erfahrung, Übermüdung, Eilauftrag). „Solche Umstände, die entweder belastender oder entlastender Art sind, müssen von demjenigen vorgetragen werden, der sich zu seinen Gunsten darauf berufen will“. Im zu entscheidenden Fall sei in dieser Richtung jedoch nichts vom Arbeitnehmer vorgetragen worden. Ergänzend ist darauf hinzuweisen, daß das BAG im Urteil vom 11. 8. 1988 (AP Nr. 7 a.a.O.) dem Arbeitnehmer nicht nur die Darlegungslast, sondern auch die Beweislast für das Vorliegen besonderer (entlastender) Umstände aufbürdet.

- Grobe Fahrlässigkeit wurde weiter u.a. in folgenden Fällen geprüft:

- Einfahren bei „rot“ in eine Kreuzung, wenn der Lkw-Fahrer kurz vor der Ampel vom Arbeitgeber über eine Funksprechanlage angerufen und in ein Gespräch verwickelt wurde (LAG Köln, 29. 1. 1997, LAGE Nr. 23 zu § 611 BGB Arbeitnehmerhaftung).

- Ermöglichen eines Diebstahls (von Fahrscheinen und Fahrgeld) durch Busfahrer (LAG Hamm, 13. 5. 1991, NZA 1991, 900).

- Unfallverursachung infolge Trunkenheit eines Arbeitnehmers (BAG, 23. 6. 1988, AP Nr. 94 zu § 611 BGB Haftung des Arbeitnehmers; LAG Bremen, 11. 5. 1984, AP Nr. 9 zu § 286 ZPO; s. dazu auch oben bei Rz 35 – am Anfang –).

- Festfahren in einer zu niedrigen Unterführung (- ohne Beachtung der Durchfahrtshöhe; BAG, 23. 3. 1983, AP Nr. 82 zu § 611 BGB Haftung des Arbeitnehmers; LAG München, 24. 8. 1988, NZA 1989, 218; LAG Köln, 17. 6. 1993, LAGE Nr. 10 zu § 611 BGB gefahrgeneigte Arbeit; LAG Bremen, 31. 1. 1979, VersR 1980, 1182).1;

- Weitere Rechtsprechung im Zusammenhang mit Verkehrs-Unfällen ist nachgewiesen bei Nägele/Schmidt BB 1993, 1797 (1801) und Klimke DB 1986, 114 ff, 117 f (s. speziell zu den Risiken eines Berufskraftfahrers aus arbeitsrechtlicher Sicht auch: Eberlein BB 1989 621; Worzalla NZA 1991, 166).

Soweit es um sonstige Bereiche geht, wird auf den oben genannten Fall der Narkoseärztin verwiesen sowie auf:

- BAG, 14. 11. 1991, AP Nr. 10 zu § 611 BGB Gefährdungshaftung des Arbeitgebers: ein Journalist verbreitet über einen anderen eine unwahre negative Tatsache.
- BAG, 1. 12. 1988, AP Nr. 96 zu § 611 BGB Haftung des Arbeitnehmers: ein Bauleiter gestattet die Durchführung von Arbeiten, mit denen von den genehmigten Plänen in für die Sicherheit und Standfestigkeit des Bauwerks erheblicher Weise abgewichen wird.

Verneint hat die Rechtsprechung grobe Fahrlässigkeit

- bei der Flugbegleiterin, die bei einem Flug keinen Reisepaß mit sich führte (- BAG, 16. 2. 1995, AP Nr. 106 zu § 611 BGB Haftung des Arbeitnehmers = NZA 1995, 565: „Angesichts eines durch ständige Wiederholung zur Routine werdenden Verhaltens kann das einmalige Vergessen der Kontrolle nach Vollständigkeit der Papiere nicht als eine ungewöhnlich hohe Sorgfaltspflichtverletzung angesehen werden ..."),
- bei dem Kfz-Mechaniker, der im Zusammenhang mit einer Reparatur pflichtwidrig nur neun von insgesamt 11 Leitungen zwischen einer Zugmaschine und dem Auflieger abgekoppelt hatte (– LAG Köln, 7. 5. 1992, DB 1992, 2093 = NZA 1992, 1032),
- bei dem Auszubildenden, der mit dem Mercedes seines Lehrherrn bei witterungsbedingt glatter Strecke – von der Fahrbahn abgekommen war und einen Totalschaden verursacht hatte (BAG, 24. 11. 1987 - 8 AZR 332/82 -), sowie
- bei der Kassiererin eines Großmarktes, die statt des Betrages von DM 750,— (= zutreffender Preis) nur DM 7, 50 in die Kasse eingetippt hatte (BAG, 19. 3. 1992, EzA Nr. 26 zu § 611 BGB gefahrgeneigte Arbeit; s. dazu auch bei Rz 36 und Rz 44).

4.3.5.1.3 Haftungsquotelung bei „normaler" Fahrlässigkeit

- Definition: Fahrlässigkeit ist die Außerachtlassung der im Verkehr erforderlichen Sorgfalt (§ 276 I 2 BGB). *36*

Sie setzt idR die Voraussehbarkeit und die Vermeidbarkeit des (rechtlich mißbilligten) Erfolgs voraus. Bei der bewußten Fahrlässigkeit ergibt sich das Problem der Abgrenzung vom bedingten Vorsatz (s. oben Rz 34). Der „nur" bewußt fahrlässig Handelnde kennt zwar die Gefahrenlage, – vertraut aber auf den Nichteintritt des Erfolges (– keine Inkaufnahme/Billigung des Erfolgseintritts –). Der unbewußt fahrlässig Handelnde hätte die – von ihm nicht erkannte – Erfolgsmöglichkeit bei Anwendung gehöriger Sorgfalt voraussehen und sich entsprechend anders verhalten können und müssen.

Bei „normaler" Fahrlässigkeit (– in der Rspr. bisweilen auch als „nichtschwere Schuld", „leichte" oder „mittlere" Fahrlässigkeit oder „mittleres Verschulden" bezeichnet –) ist der Schaden in aller Regel zwischen Arbeitgeber und Arbeitnehmer quotal zu verteilen.

In dem bereits oben bei Rz 35 erwähnten Fall der Flugbegleiterin hat das BAG, 16.2.1995 aaO., den Grad des Verschuldens selbst bestimmt, – dabei normale Fahrlässigkeit festgestellt und zur Abgrenzung zur „leichtesten" Fahrlässigkeit (= „geringes Verschulden") ausgeführt: „Bereits der Umstand, daß das Vergessen des Reisepasses ... nach dem Abflug irreparabel ist und zu einem folgenreichen Verstoß gegen Einreise-Vorschriften führt, schließt es regelmäßig aus, die unterbliebene Kontrolle als geringes Verschulden anzusehen. Anhaltspunkte dafür, daß die Klägerin die Kontrolle unterließ, weil sie überlastet war oder sich in einer Konfliktsituation befand, sind nicht ersichtlich".

Den Verschuldensmaßstab als solchen hat das BAG in der zitierten Entscheidung nicht näher erläutert, sondern vorausgesetzt. Insoweit ist gemäß § 276 I 2 BGB zunächst von einem objektiv-typisierenden („abstrakten") Maßstab auszugehen. Jeder hat für die auf seinem Platz – von einem Vertreter dieser Berufsgruppe oder dieses Auftretens – geforderte Sorgfalt einzustehen (Deutsch RdA 1996, 3) – also dafür, daß er die zur Leistungserbringung erforderlichen Kenntnisse und Fähigkeiten besitzt. Die z.B. an einen Hilfsarbeiter, Bauwerker oder ähnliche Kräfte zu stellenden Anforderungen unterscheiden sich von denen, die an einen Polier, technischen Angestellten oder an einen Ingenieur zu stellen sind. Es kommt auf die jeweils vereinbarte vertragliche Stellung, die Tätigkeits- und ggfs. auch die Altersgruppe an (vgl. Blomeyer MünchAR § 57 Rz 10). Es ist zu fragen, welche Sorgfalt ein – mit dem Schädiger vergleichbarer – besonnener und gewissenhafter – Berufsangehöriger im fraglichen Zeitpunkt und in der konkreten Situation beachtet hätte. Soweit zur Fahrlässigkeit auch der Vorwurf gehört, der Schädiger habe anders handeln müssen und können, bedingt dies an sich die Berücksichtigung subjektiver Elemente auch bei „einfacher" (= normaler) Fahrlässigkeit. Bisweilen findet in der Rechtsprechung allerdings der Gesichtspunkt der individuell-subjektiven Sorgfalt nur im Bereich der groben Fahrlässigkeit Berücksichtigung. Wegen der Berücksichtigung der sog. „inneren" Sorgfalt in der Rechtsprechung des BGH wird verwiesen auf die Urteile vom 11.3.1986, VersR 1986, 766 und vom 20.10.1987, NJW 1988, 909.

Im Einzelfall kann freilich bereits die Übernahme einer Tätigkeit als solche einen Schuldvorwurf begründen, – nämlich dann, wenn der Arbeitnehmer bei der Einstellung eine Tätigkeit übernimmt, der er nicht gewachsen ist (– z.B. wegen mangelnder Fahrpraxis, vgl. BAG, 24.1.1975, AP Nr. 74 zu § 611 BGB Haftung des Arbeitnehmers). Peifer (AR-Blattei 870 Haftung ... Rz 55) billigt dem Arbeitnehmer in einem derartigen Fall keine Haftungserleichterung zu, – hält es allerdings im Einzelfall für naheliegend, nach einem Mitverschulden des Arbeitgebers im klassischen Sinne zu fragen.

Soweit es speziell um die (mangelnde) Berufserfahrung des Arbeitnehmers geht, ist weiter auf BAG, 7.7.1970, AP Nr. 58 zu § 611 BGB Haftung des Arbeitnehmers zu verweisen. Das BAG hat dort entschieden: „... selbst dann, wenn objektiv von einem mittleren Verschulden des Klägers auszugehen wäre, könnte sich die Beklagte in ihrem Verhältnis zum Kläger auf dessen mangelnde Berufserfahrung und fehlende Unterrichtung hinsichtlich der Verhaltensweise beim Abkippen nicht berufen ...“

(– hier war ein Lkw bei einem Abkipp-Vorgang umgekippt und erheblich beschädigt worden; s. zu diesem Fall weiter unten bei Rz 37).

Aufschlußreich ist weiter BAG,19.3.1992,EzA Nr. 26 zu § 611 BGB gefahrgeneigte Arbeit: eine Kassiererin hatte bei einem Kunden 4 durch Scanner einzulesende Artikel und ein Sonderangebot (= Videorecorder zum Preis von DM 750,—) in die Kasse einzugeben. An Stelle des Betrages von DM 750,— gab die Kassiererin nur den Betrag von DM 7,50 ein. Das BAG teilte die Ansicht des Berufungsgerichts, die Kassiererin habe nicht grob fahrlässig gehandelt. Eine zu einem gänzlichen Haftungsausschluß führende leichteste Fahrlässigkeit liege aber gleichfalls nicht vor. Zu den originären Pflichten einer Kassiererin gehöre es, den Preis korrekt einzugeben und die Daten zu kontrollieren. Die Verletzung dieser Pflicht begründe den Haftungstatbestand. Zwar treffe den Arbeitgeber die Beweislast für das Vorliegen einer mittleren Fahrlässigkeit. Hier sei die Klägerin (= Kassiererin) jedoch bereits der Pflicht zu einem substantiierten Bestreiten nicht nachgekommen. Der Sachvortrag der Klägerin habe substantiierte Darlegungen über ein erhöhtes Kundenaufkommen oder sonstige, einen Zeitdruck konkret begründende Umstände vermissen lassen. In dem Fall AP Nr. 63 zu § 611 BGB Haftung des Arbeitnehmers hat das BAG, 18.12.1970, – unter Berücksichtigung der konkreten Umstände des Einzelfalles – verneint, daß ein Anscheinsbeweis dafür spreche, daß ein LKW-Fahrer mit mindestens mittlerer Schuld gehandelt habe. Für die

Beurteilung des Verschuldens gilt – nach Peifer AR-Blattei 870 Rz 44 – der Grundsatz der Relativität des Urteils über das Verschulden (vgl. BAG, 28.4.1970, AP Nr. 55 zu § 611 BGB Haftung des Arbeitnehmers).

4.3.5.1.4 Keine Haftung bei „leichtester" Fahrlässigkeit und bei fehlendem Verschulden

37 So kann z.B. bei einem Personalleiter, der einen Arbeitnehmer in die Vergütungsordnung des BAT „einzugruppieren" hat und dabei eine objektiv unrichtige Eingruppierung vornimmt, das haftungsbegründende Verschulden fehlen (– vgl. BAG, 9.2.1983, AP Nr. 49 zu §§ 22, 23 BAT 1975). Soweit es um den – dem BGB fremden – Begriff der „leichtesten" Fahrlässigkeit geht, ist es der Rechtsprechung wohl noch nicht gelungen, eine entsprechende Definition zu finden (vgl. Deutsch RdA 1996, 4). Hinsichtlich der Terminologie, ist darauf zu achten, daß das BAG (vgl. Urteil vom 29.6.1964 AP Nr. 66 zu § 611 BGB Haftung des Arbeitnehmers) – wenn es von „geringer" oder „leichtester" Schuld spricht - „leichteste Fahrlässigkeit" meint (– und nicht nur leichte Fahrlässigkeit). Fälle, in denen die Rechtsprechung das Vorliegen „leichtester Fahrlässigkeit" konkret festgestellt hat, sind selten (vgl. dazu den Hinweis von v. Hoyningen-Huene BB 1989,1893 Fn 66 auf das eben zitierte BAG-Urteil vom 29.6.1964) In den Urteilen vom 7.7.1970 und 18.12.1970, AP Nrn. 58 und 62 zu § 611 BGB Haftung des Arbeitnehmers hat das BAG die Würdigung des (jeweiligen) Berufungsgerichts, das Verschulden des angestellten Fahrers sei nur als „geringe Schuld" bzw. „leichteste" Fahrlässigkeit zu bewerten, nach näherer Maßgabe der Entscheidungsgründe nicht beanstandet (– ähnlich das BAG, 17.7.1997,NZA 1997, 1345 = DB 1998, 1238 im Forstarbeiter-Fall).

Steht ein Sorgfaltsverstoß des Arbeitnehmers fest, so gelangt das BAG im allgemeinen nur dann zur Feststellung leichtester Fahrlässigkeit, wenn besondere, den Arbeitnehmer entlastende Umstände feststellbar sind (– etwa Zeitdruck durch erhöhtes Kundenaufkommen bei einer Kassiererin oder Überlastung, Konfliktsituation,- deren Vorliegen in BAG, 16.2.1995, AP Nr. 106 zu § 611 BGB Haftung des Arbeitnehmers verneint wurde, s.o. Rz 35).

In dem Geldtransporter-Fall (s. bei Rz 34 a.E., 49) hat das BAG, 22.5.1997, a.a.O. zu der Frage Stellung genommen, wie die Pflichtwidrigkeit eines (nebenberuflichen) Geldtransportfahrers zu beurteilen ist, der sich u.a. so eingelassen hatte, die (später) verschwundene Geldkassette an seinen Vorgesetzten, den Einsatzleiter B., zum Weitertransport in die Zentrale des Arbeitgebers übergeben zu haben. Selbst wenn eine derartige Übergabe an einen Mitarbeiter nach den Anweisungen des Betriebsleiters verboten gewesen sein sollte (– dies hatte der Arbeitgeber behauptet –), würde die darin liegende Pflichtwidrigkeit des Arbeitnehmers – so die Ansicht des BAG – als verhältnismäßig gering anzusehen sein. Sollte die Behauptung des Arbeitnehmers zutreffen, würde ein Schadensersatzanspruch des Arbeitgebers gegen den Arbeitnehmer ausscheiden. In der Regel müsse ein Arbeitnehmer nicht mit dem Verlust einer wertvollen Sache rechnen, wenn er sie an seinen Vorgesetzten weitergebe.

4.3.5.2 Die Beteiligung des Arbeitnehmers an den Schadensfolgen im einzelnen

Hat der Arbeitnehmer mit normaler Fahrlässigkeit den Schaden verursacht, so *38*
ist dieser in aller Regel zwischen Arbeitgeber und Arbeitnehmer quotal zu verteilen. Diese Quotelung ist – in Ausnahmefällen (s. dazu Rz 35) – unter Umständen sogar bei grober Fahrlässigkeit des Arbeitnehmers vorzunehmen. Ob und ggfs. in welchem Umfang der Arbeitnehmer an den Schadensfolgen zu beteiligen ist, richtet sich im Rahmen einer Abwägung der Gesamtumstände nach Billigkeits- und Zumutbarkeitsgesichtspunkten. Das BAG, 27. 9. 1994, AP Nr. 103 zu § 611 BGB Haftung des Arbeitnehmers nennt insoweit zunächst Schadensanlaß und Schadensfolgen. Weiter werden als Abwägungsmerkmale folgende Umstände, denen je nach Lage des Einzelfalles ein unterschiedliches Gewicht beizumessen ist, aufgeführt:

- der Grad des dem Arbeitnehmer zur Last fallenden Verschuldens,
- die Gefahrgeneigtheit der Arbeit,
- die Höhe des Schadens,
- ein vom Arbeitgeber einkalkuliertes oder durch Versicherung deckbares Risiko,
- die Stellung des Arbeitnehmers im Betrieb und
- die Höhe des Arbeitsentgelts, in dem möglicherweise eine Risikoprämie enthalten ist.

Nur „unter Umständen“ können „auch“ zu berücksichtigen sein:

- die persönlichen Verhältnisse des Arbeitnehmers (wie die Dauer seiner Betriebszugehörigkeit, sein Lebensalter, seine Familienverhältnisse) und
- sein bisheriges Verhalten.

Im Hinblick auf die Vielfalt möglicher Schadensursachen versteht der Große Senat seine Aufzählung der möglichen Abwägungsmerkmale nicht als abschließend. Diese Verfahrensweise höchstrichterlicher Rechtsfortbildung birgt möglicherweise die Gefahr in sich, daß den Tatsachengerichten eine konturlose Gesamtabwägung ermöglicht wird. Aus Gründen der Rechtssicherheit und der Vorhersehbarkeit gerichtlicher Entscheidungen muß dieser Gefahr möglichst wirksam begegnet werden. Sowohl bei der Heranziehung weiterer Abwägungsmerkmale als auch bei der Anwendung der vom BAG bereits genannten Merkmale sollte deswegen im Rahmen der Schadensquotelung unbedingt auf die grundsätzlichen Erwägungen Bedacht genommen werden, die den Großen Senat, 27. 9. 1994, a. a. O., veranlaßt haben, das Arbeitnehmer-Haftungsrecht über die frühere Rechtsprechung hinaus den betrieblichen Gegebenheiten anzupassen. Insoweit hat das BAG im Rahmen der entsprechenden Anwendung des § 254 BGB bei der Verteilung des Haftungsrisikos vor allem auf

- das dem Arbeitgeber zuzurechnende Betriebsrisiko sowie die Befugnis des Arbeitgebers zur
  - Organisation des Betriebes

  und
  - zur Gestaltung der Arbeitsbedingungen

  sowie
  - die sich hieraus ergebende Verantwortung des Arbeitgebers abgestellt.

Das Merkmal „Betriebsrisiko" versteht das BAG hier in einem besonderen haftungsrechtlichen Sinn (– nicht etwa in der ihm sonst zukommenden Bedeutung des Lohnzahlungsrisikos bei Unmöglichkeit der Arbeitsleistung). Im Rahmen dieses Merkmals kann vor allem die Gefährlichkeit der Produktionsanlagen, der Produktion selbst und der hergestellten Produkte dem Arbeitgeber zuzurechnen sein. Das weiter genannte Merkmal (Organisations- und Gestaltungsverantwortung des Arbeitgebers) verdeutlicht das BAG wie folgt:

„Kraft seiner Organisationsbefugnis kann der Arbeitgeber Bedingungen schaffen, beibehalten oder verändern, z.B. Gefahrenmomenten entgegenwirken, durch bessere Überwachung oder Sicherheitsvorkehrungen. Durch den Abschluß einer Versicherung kann er sein Risiko häufig absichern".

Das Merkmal „Arbeitsverdienst" des Arbeitnehmers beziehungsweise das Verhältnis des Arbeitsentgelts zum Schadensrisiko der Tätigkeit spielt eine besondere Rolle im Bereich der groben Fahrlässigkeit. Haftungserleichterungen sind auch in diesem Bereich nicht ausgeschlossen. Bei der durchzuführenden Abwägung aller Umstände kann es im Einzelfall entscheidend darauf ankommen, daß das Arbeitsentgelt in einem deutlichen Mißverhältnis zum Schadensrisiko steht. In dem am 23. 1. 1997 entschiedenen Streitfall hat das BAG NZV 1997, 352 = AuR 1997, 119 = NZA 1998, 140 einen – nach Ansicht des Gerichts besonders deutlichen Fall eines derartigen Mißverhältnisses bejaht. Zu den entsprechenden tatrichterlichen Feststellungen des LAG München (= Urteil vom 21.9.1995 – 4 Sa 1114/94 –) führt das BAG im Rahmen seiner revisionsrechtlichen Überprüfung aus:

„Ein Arbeitgeber, der einfache Arbeitnehmer mit der Bedienung teuerster Maschinen beauftragt, muß sich dieses von ihm veranlaßte Risiko im Rahmen einer gerechten Risikoverteilung im Arbeitsverhältnis zurechnen lassen. Andererseits hat das Landesarbeitsgericht auch berücksichtigt, daß der Beklagte in besonderer Weise grob fahrlässig handelte indem er trotz arbeitsvertraglichen Alkoholverbots im alkoholisierten Zustand seine Arbeit antrat und das wertvolle Enteiserfahrzeug fuhr. Das Landesarbeitsgericht hat daher zu Recht besondere Anstrengungen des Beklagten verlangt, den Schaden (teilweise) wiedergutzumachen. Dabei hat das Landesarbeitsgericht allerdings darauf hingewiesen, daß der Beklagte angesichts seiner Einkommensmöglichkeiten nicht auf Dauer in seiner wirtschaftlichen Existenz gefährdet werden dürfe. Dem Beklagten könne bei einem monatlichen Bruttoverdienst von 3.500,00 DM (oder etwa 2.500,00 DM netto) lediglich ein Schadensersatzbetrag von 20.000,00 DM zugemutet werden. Der Beklagte müsse bis zu fünf Jahre Abzahlungen leisten, um diesen Schadensersatzbetrag einschließlich der verlangten Zinsen zu leisten. Die Klägerin könne daher vom Beklagten nicht mehr als 20.000,00 DM Schadensersatz verlangen. Diese Ausführungen halten sich im Rahmen der vom Großen Senat des Bundesarbeitsgerichts und von dem erkennenden Senat aufgestellten Grundsätze zur Arbeitnehmerhaftung und sind daher revisionsrechtlich nicht zu beanstanden".

4.3.5.3 Die Gesamtabwägung der Umstände in den vier Urteilen des achten BAG-Senats vom 24.11.1987.

Diese Urteile, – in denen die zuvor von den jeweiligen Berufungsgerichten vorgenommene Gesamtabwägung unter revisionsrechtlichen Vorgaben überprüft wurde –, werden hier deswegen näher dargestellt, weil sich daran die Rechtsprechung der Instanzgerichte in der Folgezeit weitgehend orientiert hat (s. dazu auch Walker NZA 1988, 753). In allen 4 Fällen fiel bei der Abwägung aller für den Haftungsumfang maßgebenden Umstände zu Lasten des Arbeitgebers ins Gewicht, daß dieser für das Unfallfahrzeug keine Kaskoversicherung abgeschlossen hatte.

4.3.5.3.1 Der Fall des Auszubildenden – 8 AZR 332/82 –

Relativ knapp gehalten ist die revisionsrechtliche Würdigung in dem Auszu- *39*
bildenden-Fall – BAG, 24.11.1987 – 8 AZR 332/82 – n.v.

Diesem Urteil lag folgender Sachverhalt zugrunde:

Der Arbeitgeber (Kl.), Inhaber eines Elektrohandwerksbetriebes, hatte dem am 28. 8. 1962 geborenen Beklagten, einem Auszubildenden (– Beginn der Lehre: 1. 11. 1978), einen PKW für die Fahrt zur 60 km entfernten Baustelle zur Verfügung gestellt. Der Pkw hatte einen Zeitwert von DM 5.015,— und einen Wiederbeschaffungswert von DM 5.900,—. Die Fahrerlaubnis besaß der Beklagte seit dem 25. 9. 1980. Bei der Fahrt vom 17. 12. 1980 kam der Beklagte mit dem PKW des Klägers von der Fahrbahn ab und geriet in den Straßengraben. An dem PKW entstand wirtschaftlicher Totalschaden. Der PKW war nicht kaskoversichert. Mit seiner Schadensersatz-Klage beanspruchte der Kläger von dem Beklagten Ersatz (1.) des Fahrzeugschadens von DM 5.500,— und (2.) des sonstigen Vermögensschadens von DM 743,78.

Das Arbeitsgericht wies die Klage insgesamt ab, weil dem leicht fahrlässigen Verhalten des Beklagten ein Mitverschulden des Arbeitgebers gegenüberstehe, das die Haftung des Beklagten ausschließe. Das LAG Hamm, 7. 4. 1982 – 15 Sa 1027/81 – änderte das Urteil des Arbeitsgerichts dahingehend ab, daß es den Beklagten zur Zahlung von DM 670,98 verurteilte. Dieser Betrag setzt sich wie folgt zusammen:

- DM 650,— (= hypothetische Selbstbeteiligung einer Kaskoversicherung, die der Arbeitgeber hätte abschließen können),
- DM 312,18(= weiterer Vermögensschaden; nämlich: DM 885,— Differenz zwischen Wiederbeschaffungs- und Zeitwert,
  + DM 313,70 Sachverständigenkosten,
  + DM 50,— An- u. Abmeldekostenpauschale
  = DM 1.248,70, – davon 1/4-Anteil = DM 312,18);

DM 962,18. In Höhe von DM 291,20 hatte der Beklagte wirksam aufgerechnet, so daß sich die Urteilssumme in Höhe von DM 670,98 ergab. Das LAG hat das Verschulden des Beklagten als fahrlässig gewertet und angenommen, daß der Beklagte den Unfallschaden zu 1/4 zu tragen habe; bei der Festlegung dieser Haftungsquote wurde darauf abgestellt, daß der Beklagte kein Berufskraftfahrer war, erst seit kurzem die Fahrerlaubnis besaß und sich noch in Ausbildung befand. Allerdings sei der Arbeitgeber verpflichtet gewesen, für den Pkw eine Kasko-Versicherung mit einer Selbstbeteiligung von DM 650,— abzuschließen. In dieser Höhe sei dem Beklagten ein Ersatz des Fahrzeugschadens zuzumuten. Diese und die weiteren Ausführungen des LAG hielten der revisionsrechtlichen Nachprüfung stand. Das LAG hatte u.a. weiter angenommen, daß bei dem Wiederbeschaffungswert des PKW von DM 5.900,—, der der Nettoausbildungsvergütung des Beklagten für ein Jahr entsprochen habe, dem Kläger entgegenzuhalten sei, es unterlassen zu haben, eine Kaskoversicherung mit der am meisten verbreiteten Selbstbeteiligung von DM 650,— abzuschließen. Durch eine Begrenzung der Haftung auf diesen Betrag sei der Beklagte gegen eine existenzbedrohende Gefährdung geschützt.

4.3.5.3.2 Der Fall der Taxifahrerin – 8 AZR 590/82 –

- In dem Taxifahrerin-Fall vom 24. 11. 1987 – 8 AZR 590/82 – n. v. ging es um 40
  eine Taxifahrerin, die auf regennasser Fahrbahn mit dem Fahrzeug (Mercedes 200 D) nach links von der Fahrbahn abgekommen war. (Auch) hier hatte der Arbeitgeber das Fahrzeug nicht kaskoversichert. Das LAG Hamm, 29. 9. 1982 – 15 Sa 678/82 – hatte als Berufungsgericht darauf abgestellt, daß das Fahrzeug im Unfallzeitpunkt noch einen Wiederbeschaffungswert von mehr als DM 9.000,— hatte und somit das Jahreseinkommen der Arbeitnehmerin (– ‚die durchschnittlich DM 700,— netto mtl. verdiente' –) überstieg. Die daraus vom LAG gezogene Schlußfolgerung, dem Arbeitgeber sei der Abschluß einer Kaskoversicherung mit Selbstbeteiligung von DM 1.000,— zumutbar gewesen, wurde vom BAG nicht beanstandet.

Die beiden anderen Urteile, die der 8. Senat am 24. 11. 1987 verkündet hat, sind – auch amtlich – veröffentlicht worden, so daß insoweit folgende Hinweise genügen sollen:

4.3.5.3.3 Der Fall des Aushilfswachmannes – 8 AZR 66/82 –

- In BAG – 8 AZR 66/82 – AP Nr. 92 zu § 611 BGB Haftung des Arbeitnehmers 41
  ging es um einen Aushilfswachmann der mit einem VW Golf D des Arbeitgebers bei regnerischem Wetter rückwärts gegen eine Laterne gefahren war.

Das Unfallfahrzeug hatte noch einen Zeitwert von DM 8.000,—. Hierauf hatte das LAG ebenso abgestellt wie darauf, daß der Kläger zu den Arbeitnehmern des beklagten Arbeitgebers gehörte, die nur nebenberuflich bzw. stundenweise tätig waren und entsprechend wenig verdienten. Daraus wurde abgeleitet, daß bei einer derartigen „Mitarbeiterstruktur" des Arbeitgebers eine höhere Schadensbeteiligung des Arbeitnehmers als in Höhe der mittleren Kaskoselbstbeteiligung (hier: DM 650,—) wegen des Mißverhältnisses zwischen Verdienst und Haftungsrisiko nicht sachgerecht sei. Diesen Ausführungen stimmte das BAG im Ergebnis zu.

4.3.5.3.4 Der Fall des Aushilfsfahrers/Studenten – 8 AZR 524/82 –

- In BAG – 8 AZR 524/82 – AP Nr. 93 zu § 611 BGB Haftung des Arbeit- 42
  nehmers ging es um einen als Aushilfsfahrer beschäftigten Studenten.

Dieser beging mit dem nicht-kaskoversicherten Funkmietwagen seines Arbeitgebers eine Vorfahrtsverletzung und stieß deswegen mit einem anderen PKW zusammen. Der Arbeitgeber verlangte Ersatz des an dem Funkmietwagen entstandenen Schadens in Höhe von DM 8500,—. Das BAG entschied, daß der Student den Schaden nur in Höhe von DM 2.000,— zu ersetzen habe. Das BAG teilte die Ansicht des Berufungsgerichts, daß im Hinblick auf den Zeitwert des Fahrzeuges eine Kaskoversicherung mit der höchstmöglichen Selbstbeteiligung von DM 2.000,— vom Arbeitgeber hätte verlangt werden können und müssen und daß das verbleibende Risiko von DM 2.000,— dem Arbeitnehmer im Hinblick auf den Verdienst eines Kraftfahrers zumutbar gewesen sei.

Zwar hat das BAG in diesen 4 Fällen dem Arbeitgeber jeweils mittelbar bzw. als Obliegenheit den Abschluß einer Kaskoversicherung mit der Maßgabe abverlangt, daß es den Nicht-Abschluß einer solchen Versicherung im Rahmen der Verteilung der Verantwortlichkeit für den entstandenen Schaden zum Nachteil des Arbeitgebers berücksichtigt hat. Daraus läßt sich jedoch nicht der Schluß ziehen, daß regelmäßig oder im Zweifel eine Pflicht des Arbeitgebers zum Abschluß einer Kaskoversicherung anzunehmen ist (vgl. dazu Brox Anm. zu BAG AP Nrn. 92 und 93 § 611 BGB Haftung des Arbeitnehmers).

Dies verdeutlicht BAG, 12.10.1989, AP Nr. 97 zu § 611 BGB Haftung des Arbeitnehmers = NZA 1990, 97).

In diesem Urteil bezeichnet das BAG folgende Annahme des Berufungsgerichts als zutreffend:

der Arbeitgeber müsse sich nicht schon deshalb einen Teil des Schadens zurechnen lassen, weil er keine Kaskoversicherung für das Fahrzeug (Bus) abgeschlossen hatte, das bei einem Unfall beschädigt worden war. Zu dem Unfall war es – nach der Behauptung des Arbeitgebers – deswegen gekommen, weil der Arbeitnehmer mit dem Bus in den Kreuzungsbereich eingefahren war, obwohl die Verkehrsampel in seiner Richtung bereits mehrere Sekunden lang „rot" gezeigt hatte.

Hervorzuheben ist, daß in den 4 Urteilen des 8. Senats vom 24.11.1987 die Arbeitnehmer im Rahmen des internen Schadensausgleichs mit der vollen Höhe der fiktiven Kaskoselbstbeteiligung belastet wurden. Der Ausgleich ist in derartigen Fällen also nicht so vorzunehmen, daß etwa (auch noch) die fiktive Selbstbeteiligung entsprechend der Haftungsquote zwischen Arbeitgeber und Arbeitnehmer aufgeteilt wird (vgl. speziell dazu BAG, 24.11.1987, AP Nr. 93 a.a.O., dort a.E.). Eine quotale Verteilung hat allerdings – so Arens BB 1988, 1599 – hinsichtlich der von einer Kaskoversicherung nicht erstattbaren

Schadenspositionen zu erfolgen. Zum Fahrzeugschaden, der im Rahmen einer Kaskoversicherung ersetzt würde, gehören nach BAG, 24. 11. 1987 – 8 AZR 332/82 –, freilich auch die Abschleppkosten (– vgl. BGH, 12. 1. 1982, DB 1982, 1057).

4.3.5.4 Weitere Anwendungspraxis (Rechtsprechung)

• Weitere Anwendungspraxis: *43*

– In dem Fall der Kassiererin – BAG, 19. 3. 1992, s.o. bei Rz 36 haftete die Arbeitnehmerin dem Arbeitgeber anteilmäßig zu 2/3. Das BAG betont dabei, daß die Verteilung der Verantwortlichkeit für einen entstandenen Schaden in erster Linie Sache tatrichterlicher Würdigung sei. Hinsichtlich der zu Lasten des Arbeitgebers in die Abwägung einzustellenden Betriebsgefahr fiel (konkret) ins Gewicht, daß er durch die Betriebsorganisation den Verkaufsvorgang praktisch vollständig auf die Kassiererin abwälzte. Zu Lasten der Arbeitnehmerin fiel ins Gewicht, daß die manuelle Eingabe nur im Ausnahmefall zu leisten war und hierbei ein höheres Sorgfaltsmaß – als bei reinen Routinevorgängen – verlangt werden kann.

– In dem Fall der Flugbegleiterin – BAG, 16. 2. 1995, s.o. bei Rz 35 haftete die Arbeitnehmerin dem Arbeitgeber unter Berücksichtigung der Grundsätze der Haftungsbeschränkung und eines Mitverschuldens des Arbeitgebers zu einem Drittel des eingetretenen Schadens. Die Besonderheit dieses Falles besteht allerdings darin, daß die Parteien vergleichsweise Einigkeit darüber erzielt hatten, daß im Falle der Haftung der Arbeitnehmerin (dem Grunde nach) diese Haftungsquote (1/3:2/3) anzunehmen sei.

– In dem Fall des landwirtschaftlichen Praktikanten hat das BAG 14. 10. 1993, EzA Nr. 28 zu § 611 BGB gefahrgeneigte Arbeit festgestellt, daß der Schaden zwischen den Parteien gleichmäßig (im Verhältnis 50: 50) zu teilen ist. Der Praktikant erhielt eine Ausbildungsvergütung von monatlich DM 200,— netto zuzüglich Kost und Logis. Vor Beginn des Praktikums hatte er eine Haftpflichtversicherung abgeschlossen, die mögliche Schäden aus der betrieblichen Tätigkeit ersetzt. Nach Ansicht des BAG führt das Bestehen einer privaten Haftpflichtversicherung dazu, daß bei der internen „Betriebsrisikoverteilung“ nicht zugunsten des Arbeitnehmers berücksichtigt werden kann, daß das gezahlte Entgelt im Verhältnis zu dem von ihm zu tragenden Risiko unangemessen gering ist. Zu dem Schaden (an Traktor und Anhänger) war es u.a. deswegen gekommen, weil der Praktikant eine an der Anhängerdeichsel angebrachte Auflaufbremse außer Betrieb gesetzt hatte und später vergaß die arretierte Bremse zu lösen. Das BAG führt aus, daß das Berufungsgericht

„besondere Umstände", die eine andere Verteilung (– als eine solche von 50:50 –) rechtfertigen könnten, nicht festgestellt habe.

– Die Haftungsquote des alkoholisierten Fahrers (BAK = 1,41 Promille) in dem Enteiserfahrzeug-Fall (s. bei Rz 35) belief sich auf 13,33 % (= DM 20.000,— von DM 150.000,— Schaden). Das BAG, 23. 1. 1997, NZA 1998, 140 = BB 1998, 107 nahm hier einen „besonders deutlichen Fall eines Mißverhältnisses zwischen Arbeitsentgelt und Haftungsrisiko" an.

4.3.5.5 Das Kriterium der „Gefahr- oder Schadensgeneigtheit" der Tätigkeit

44 Das Kriterium der Gefahr- oder Schadensgeneigtheit der Tätigkeit ist zwar nicht mehr Voraussetzung für die Anwendung der Grundsätze über die Beschränkung der Arbeitnehmer-Haftung. Die Rechtsprechung mißt der Gefahrgeneigtheit aber bei der Bestimmung der Höhe eines vom Arbeitnehmer zu leistenden Schadensersatzes weiterhin Gewicht bei. Mit dieser einschränkenden Maßgabe kann insoweit die frühere Rechtsprechung zu den Voraussetzungen der Gefahrgeneigtheit auch heute noch zur Bestimmung der Gefahrgeneigtheit herangezogen werden. Grundlegend sind diese Voraussetzungen in dem Beschluß des Großen Senats – BAG, 25. 9. 1957, AP Nr. 4 zu §§ 898, 899 RVO = BAGE 5, 1 – wie folgt umschrieben worden (vgl. Peifer, AR-Blattei – Stand 1990 – Haftung des Arbeitnehmers I E. I 3a):

Eine Arbeit gilt als gefahr- bzw. schadensgeneigt, wenn

- die Eigenart der zu leistenden Dienste es mit großer Wahrscheinlichkeit mit sich bringt,
- daß auch einem sorgfältigen Arbeitnehmer gelegentlich Fehler unterlaufen,
- die zwar – für sich betrachtet – jedesmal vermeidbar sind,
- mit denen aber angesichts der menschlichen Unzulänglichkeit als mit einem typischen Abirren der Dienstleistung erfahrungsgemäß zu rechnen ist.

In dem Ausgangsfall des Beschlusses vom 25. 9. 1957 a.a.O. war ein Arbeitnehmer mit dem Dienstwagen während einer dienstlich veranlaßten Fahrt von der vereisten Straße abgekommen und gegen einen Baum geprallt. Grundlegend sind auch die Aussagen in den Urteilen

- BAG, 29. 9. 1961, AP Nr. 26 zu § 611 BGB Haftung des Arbeitnehmers und
- BAG, 11. 9. 1975, AP Nr. 78 zu § 611 BGB Haftung des Arbeitnehmers.

Im Urteil vom 29. 9. 1961 a.a.O. bestätigte das BAG die bereits im Urteil vom 3. 3. 1960, AP Nr. 22 zu § 611 BGB Haftung des Arbeitnehmers vertretene

Auffassung, wonach das Fahren von Kraftfahrzeugen nicht stets gefahrgeneigte Arbeit sei (– etwa dann nicht, wenn der Kraftfahrer bei gutem Wetter auf einer verkehrsarmen Nebenstraße mit guter Fahrbahn fährt).

In dem Urteil vom 11. 9. 1975 a.a.O. entschied das BAG, daß eine Haftungsbeschränkung auch dann in Betracht komme, wenn ein Arbeitnehmer eigenmächtig eine Arbeit übernommen hat, für die er keine ausreichenden Vorkenntnisse besitzt. Zur Begründung des geltendgemachten Schadensersatzanspruchs hatte der Arbeitgeber u.a. vorgetragen, daß der Arbeitnehmer (= ein „Kohlenkarrer") das „Abschlammen" eines Kessels übernommen habe, obwohl ihn der (für diese Tätigkeit zuständige –) Kesselwärter zuvor ausdrücklich ermahnt gehabt habe, die Kessel nicht selbst zu bedienen. Voraussetzung für die Anwendung des Haftungsprivilegs soll – in einem derartigen Fall – die berechtigte Annahme des Arbeitnehmers sein, sein sofortiges Eingreifen sei erforderlich, um einen unmittelbar drohenden Schaden abzuwenden. Nimmt der Arbeitnehmer eine solche akute Notlage irrtümlich an, obwohl sie objektiv nicht gegeben ist, so soll es – so BAG a.a.O. – weiter darauf ankommen, ob der Irrtum auf einem Verschulden des Arbeitnehmers beruht.

Die beschränkte Arbeitnehmerhaftung kann auch dann in Frage kommen, wenn der Arbeitnehmer in Ausführung seiner Arbeit Überlegungen anstellt und Hilfsmaßnahmen trifft, um einer neuen Situation zu begegnen. Ist an dieser typisch, daß in der Rückschau der Entschluß des Arbeitnehmers unzweckmäßig oder sogar falsch war, solches aber gerade in derartigen Situationen vorkommt, dann liegt eine schadensgeneigte Arbeit vor. Die umständebedingte geringe Schuld des Arbeitnehmers, der eine objektive Fehlentscheidung trifft, kann dazu führen, ihn haftungsfrei zu lassen. Untätigkeit kann dabei eher vorwerfbar sein als aktives Eingreifen, auch wenn die Mittel unrichtig gewählt waren (BAG, 26. 11. 1969, AP Nr. 50 zu § 611 BGB Haftung des Arbeitnehmers). In diesem Fall hatte ein Raupenfahrer versucht, eine 24 t schwere Baumaschine (Raupe) aus einem Sumpfloch herauszuwinden. Zu diesem Zwecke hatte er das Seil der Seilwinde um einen Hochspannungsmast gelegt, – der schließlich bei der Bergungsaktion beschädigt wurde.

Bereits diese Fälle belegen, daß es in einem gewissen Rahmen in der Entscheidungskompetenz der Tatsachen-Instanzen (ArbG und LAG) liegt, ob Gefahrgeneigtheit angenommen wird oder nicht. Aufgrund konkreter oder situationsgebundener Betrachtung ist nach den Umständen des jeweiligen Einzelfalles tatrichterlich festzustellen, ob eine Gefahr- oder Schadensgeneigtheit bestanden hat (vgl. Peifer a.a.O.). Diese Betrachtungsweise kann dazu führen, daß eine Gefahrgeneigtheit in Fällen folgender Art zu verneinen ist:

- LAG Mannheim, 3.4.1973, NJW 1973, 1996:

– Sachverhalt: der als Bote/Geldtransportfahrer bei dem Arbeitgeber beschäftigte Arbeitnehmer hatte für den Arbeitgeber bei der Bank einen Betrag in Höhe von DM 10.000,— abgehoben. Den Geldbetrag verwahrte er in einer dazu bestimmten Geldtasche, die er unter dem Beifahrersitz des Dienstwagens verstaute. Auf der Weiterfahrt nahm er einen Dritten (= N.) mit. Dieser entwendete die Geldtasche samt Inhalt, ohne daß es der Arbeitnehmer zunächst bemerkte.

– Aus den Gründen:

Der Bote hat sich dem Grunde nach schadensersatzpflichtig gemacht, weil er nicht darauf geachtet hat, daß N. das Fahrzeug unter Mitnahme der Geldtasche verließ. Als ihm dabei die Geldtasche gestohlen worden sei, habe der Arbeitnehmer die schadensgeneigte Tätigkeit des Führers eines Kfz (gerade) nicht ausgeübt. Der Geldtransport als solcher berge eine Gefahr i.S. von BAGE 5, 1 nicht in sich.

- Auf der gleichen Linie liegt die Entscheidung des – LAG Bremen, 5.1.1955, AP Nr. 3 zu § 611 BGB Haftung des Arbeitnehmers-„Filialleiter"-Fall.

– Sachverhalt: der Arbeitgeber nahm den Arbeitnehmer auf Schadensersatz wegen eines Fehlbetrages des Warenlagers eines Zweiggeschäftes beziehungsweise wegen eines Fehlbetrages in der Lagerkasse in Anspruch. Der Arbeitgeber betreibt einen Einzelhandel mit Tabak-Erzeugnissen. Er hatte den Arbeitnehmer als Verkäufer für das Zweiggeschäft eingestellt, das der Arbeitnehmer selbständig und alleine zu führen hatte. In den Gründen wird unter Bezugnahme auf RAG ARS 41, 58 ausgeführt: "Nur bei sehr umfangreichen Kassengeschäften und großen Umsätzen in Gestalt zahlloser kleiner Einzelbeträge werden ... Fehlgriffe des Arbeitnehmers durch ein typisches Abirren infolge allgemeiner menschlicher Unzulänglichkeit als ein nach Treu und Glauben notwendiger Anlaß zur Herabminderung der Verantwortung angesehen werden können". Ein solcher Fall liege hier aber nicht vor: „Es handelt sich um ein gewöhnliches Ladengeschäft kleineren Umfangs, dessen Umsätze der Beklagte (= Arbeitnehmer) ohne Schwierigkeiten überblicken konnte. Im übrigen zeige der ungewöhnlich hohe Fehlbetrag deutlich, daß es sich keineswegs um eine Verursachung durch verständliche Versehen oder Irrtümer bei der Warenausgabe oder bei der Entgegennahme der Bezahlung (also etwa um Wechselirrtümer oder um ein Verzählen) handeln könne. Dann weiter: „Eine Beschränkung der Mankohaftung eines Filialleiters kann ... nur dort rechtlich begründet werden, wo sich aus der besonderen Art der betriebenen Geschäfte oder aus der vom Arbeitgeber geforderten Art der Geschäftsführung eine besondere Schadensneigung ergibt". In dem Kassiererin-Fall BAG, 19. 3. 1992, EzA Nr. 26 zu § 611 BGB gefahrgeneigte Arbeit, hatte das LAG Hamburg, 10. 1. 1991 – 7 Sa 79/90 –, als Berufungsgericht verneint, daß der Schaden in Ausübung gefahrgeneigter Tätigkeit verursacht worden sei (– die Kassiererin eines Großmarktes hatte an Stelle des Kaufpreises von DM 750,— nur DM 7,50 in die Kasse eingegeben).

- BAG, 3. 8. 1971, AP Nr. 66 zu § 611 BGB Haftung des Arbeitnehmers.

Sachverhalt: der Arbeitgeber (= Eigentümer eines Ritterguts, zu dem ein Waldbestand von 360 ha gehörte) nahm den Arbeitnehmer (= angestellter Revierförster) auf Schadensersatz wegen eines Waldbrandes in Anspruch. Der Waldbrand war durch eine Waldarbeiterkolonne verursacht worden, die der Arbeitnehmer zu leiten hatte. Das BAG führt aus, daß hier von einer gefahrgeneigten Tätigkeit des Revierförsters keine Rede sein könne. Dessen Tätigkeit habe sich darauf beschränkt, die notwendigen Anordnungen an die Waldarbeiterkolonne zu geben. Daß er dies in irgendeiner Notsituation getan hätte, habe er nicht vorgetragen. Die Tätigkeit des Revierförsters sei eben eine andere als die der Mitglieder der Waldarbeiterkolonne. Ob deren Tätigkeit (= Verbrennen von Schlagabraum) eine gefahrgeneigte Tätigkeit sei, bedürfe keiner Entscheidung, denn an dem Verbrennen selbst sei der Revierförster ja nicht beteiligt gewesen. Demgegenüber hatte der Arbeitnehmer (letztlich erfolglos) geltend gemacht, daß derjenige, der Personen mit gefahrgeneigter Arbeit Weisungen zu erteilen habe, bereits deswegen ebenfalls eine gefahrgeneigte Tätigkeit ausübe; bei anderer Betrachtungsweise werde ein einheitlicher Arbeitsvorgang unzulässigerweise auseinander gerissen.

Eine eher (einheitliche) Gesamtbetrachtungsweise ergibt sich aus BAG, 14. 10. 1993, EzA Nr. 28 zu § 611 BGB gefahrgeneigte Arbeit:

"... Das Außerbetriebsetzen der Auflaufbremse, das Abstellen des Fahrzeuganhängers und die spätere Weiterfahrt stehen in unmittelbarem Zusammenhang mit den vom Beklagten zu verrichtenden Arbeiten ...".

Zu dem Schaden war es hier dadurch gekommen, daß der Beklagte (= ein landwirtschaftlicher Praktikant) vergessen hatte, eine von ihm zuvor arretierte Auflaufbremse zu lösen.

- Nicht unproblematisch ist, inwieweit leitende Angestellte gefahrgeneigte Tätigkeiten auszuüben haben.

Der BGH hat in drei Urteilen leitenden Angestellten die Berufung auf haftungsmildernde Grundsätze versagt. Das BGH-Urteil vom 25. 1. 1969 = VersR 1969, 474 befaßt sich mit dem Leiter einer Kreditabteilung und das vom

14.2.1985, VersR 1985, 693 mit dem Geschäftsführer einer Innungskrankenkasse. Das Urteil des BGH, 7.10.1969, AP Nr. 51 zu § 611 BGB Haftung des Arbeitnehmers behandelt den Fall, in dem ein Justitiar in seinem Aufgabengebiet versagt hatte (= mangelhafte Beratung). In diesem Urteil führt der BGH u.a. aus:

„Auch gewissen Bürotätigkeiten haftet unter Umständen die Neigung an, zu Schäden und Verlusten zu führen, – wie die Mankohaftung eines Angestellten, Kassierers, Buchhalters, Kalkulators und dergleichen ...“. Damit lasse sich aber die Tätigkeit, die im zu entscheidenden Fall dem Justitiar oblag, nicht vergleichen: Die Justitiar-Tätigkeit – so der BGH a.a.O. – „kann nicht mittels (oft ermüdender und schon deshalb häufig schadensgeneigter) Routine erledigt werden, sondern erfordert in aller Regel eine gewissenhafte Prüfung und Überlegung und vor allem ein ruhiges Nachdenken unter Einsatz der besonderen Fachkenntnisse und Erfahrungen...“. Von einem typischen Abirren der (Justitiars-)Tätigkeit könne nicht gesprochen werden.

Unter Bezugnahme auf die beiden BGH-Urteile vom 25.2.1969 und vom 7.10.1969 – jeweils a.a.O. – führt das BAG, 11.11.1976, AP Nr. 80 zu § 611 BGB Haftung des Arbeitnehmers aus, daß (damit) „nicht gesagt“ sei, „daß ein leitender Angestellter nie in den Genuß einer Haftungserleichterung kommen könne, gleichgültig, welche Tätigkeit er verrichte“. Im Urteil vom 14.10.1970 AP Nr. 60 zu § 611 BGB Haftung des Arbeitnehmers hatte das BAG allerdings betont, daß die leitende Stellung eines Angestellten, – der als Prokurist die Geschäfte des Unternehmens nahezu selbständig führte –, nicht ohne Einfluß auf das Ausmaß seiner Sorgfaltspflicht und seines Pflichtenkreises sein könne.

Nach Ansicht des BAG, 11.11.1976, AP Nr. 80 zu § 611 BGB Haftung des Arbeitnehmers kann sich die Überwachung einer Baustelle als gefahrgeneigte Arbeit darstellen, wenn sie unter erschwerenden Umständen durchgeführt werden muß. Folgende Begründung des Berufungsgerichts hielt das BAG für überzeugend: „Schon die Größe und Unübersichtlichkeit der Baustelle mit Rohbauarbeiten an zwei Hochhäusern zu 12 und 14 Geschossen mache eine intensive Bauaufsicht schwierig. Darüberhinaus sei die Baustelle nur unzureichend mit Arbeitskräften besetzt gewesen, – und zwar sowohl in quantitativer wie auch in qualitativer Hinsicht ... Und schließlich habe der Kläger (= Arbeitnehmer) von Anfang an unter Zeitdruck gestanden, weil der Beklagte (= Arbeitgeber) mit den Bauarbeiten schon bei Arbeitsantritt des Klägers in Verzug gewesen sei und der Bauherr nachdrücklich mit Konventionalstrafen für den Fall gedroht habe, daß der zeitliche Rückstand nicht aufgeholt werde“. Außerdem führt das BAG selbst noch zusätzliche Umstände an (- als „weitere

Gefahrenquellen“: „... schon Maßabweichungen vorhanden ... Bei dieser Sachlage waren Anschlußfehler nur bei großer Aufmerksamkeit zu vermeiden ...“).

Anderer Ansicht war das BAG, 12.10 1989, AP Nr. 98 zu § 611 BGB Haftung des Arbeitnehmers. Dort wurde die (konkrete) Baustellen-Überwachungstätigkeit eines Bauführers (Maurermeisters) nicht als gefahrgeneigt angesehen (vgl. zu diesem Fall,- der zu der Entscheidung BAG (GS), 27. 9. 1994, a.a.O., geführt hat –, auch BAG, 16. 2. 1995 – 8 AZR 741/87 –, BB 1995, 465 sowie den Hinweis von Hübsch BB 1998, 690 bei I. 1. darauf, daß sich die Parteien dieses Verfahrens nach fast 16 Jahre andauerndem Rechtsstreit am 13. 1. 1997 vor dem LAG Nürnberg dahingehend gerichtlich verglichen haben, daß der Bauführer DM 8.000,— an den Arbeitgeber (Kläger) zahlt; dieser hatte zuletzt noch Schadensersatz in Höhe von DM 80.000,— gefordert.

4.3.6 *Das Mitverschulden des Arbeitgebers*

Hat der Geschädigte selbst den Schaden in zurechenbarer Weise mit ausgelöst *45* bzw. bei der Schadensentstehung „mitgewirkt“, dann kann er nicht uneingeschränkt Schadensersatz vom Schädiger verlangen. Die Verpflichtung zum Ersatz sowie der Umfang des Ersatzes hängen insoweit von den Umständen ab, – insbesondere davon, inwieweit der Schaden vorwiegend von dem einen oder dem anderen Teil verursacht worden ist – § 254 BGB. Bei dem in dieser Vorschrift genannten „Verschulden“ handelt es sich nicht um ein solches i.S. des § 276 BGB, sondern um eine Obliegenheit i.S. eines „Verschuldens gegen sich selbst“. Gemeint ist ein vorwerfbarer Verstoß gegen Gebote des eigenen wohlverstandenen Interesses. Eine Obliegenheit ist ein schuldrechtl. Verhältnis mit dem Inhalt, daß jemand durch sein Verhalten, zu dem er nicht verpflichtet ist, einen rechtl. Nachteil für sich vermeiden kann (vgl. Hadding/Hammen Anm. zu BAG AP Nr. 53 zu § 74 HGB).

In dem Schäfermeister-Fall hat das BAG, 3. 11. 1970, AP Nr. 61 zu § 611 BGB Haftung des Arbeitnehmers klargestellt, wie zu verfahren ist, wenn ein Mitverschulden des Arbeitgebers bei der Entstehung des Schadens mitgewirkt hat:

„Wenn das LAG zu der Ansicht kommt, der Bekl. habe mit mittlerer Fahrlässigkeit gehandelt, so wird es den Schaden unter Berücksichtigung aller in Betracht kommenden Umstände zwischen den Parteien aufzuteilen haben. Dabei ist zunächst auf seiten des ArbN das Verschulden und auf seiten des ArbGeb. in analoger Anwendung des § 254 BGB das Betriebsrisiko zu berücksichtigen. Das Verschulden des ArbN und das von dem ArbGeb. zu vertretende Betriebsrisiko sind gegeneinander abzuwägen, und es ist eine entsprechende Quotelung des Schadens vorzunehmen.

Ist unter Berücksichtigung dieser beiden Faktoren eine Quotelung erfolgt, dann wird das LAG weiter in direkter Anwendung des § 254 BGB prüfen müssen, inwieweit den ArbGeb. ein Mitverschulden trifft. Hierbei wird wiederum insbes. auch die Frage eine Rolle spielen müssen, ob der Kl., als er eine Warnung des Bekl. unterließ, schuldhaft zur Entstehung des Schadens beigetragen hat. Kommt das LAG zu dem Ergebnis, daß der Kl. den Schaden mitverursacht und mitverschuldet hat, dann wird es je nach dem Grad des Mitverschuldens eine weitere Quotelung des Schadens vornehmen müssen."

Insbesondere in der Fällen der sog. Mankohaftung (s. bei Rz 48) ist zu prüfen, ob der Arbeitgeber seiner Verpflichtung, den Schaden zu verhüten, oder zu mindern, genügend nachgekommen ist (vgl. BAG, 26. 1. 1971, AP Nr. 64 zu § 611 BGB Haftung des Arbeitnehmers). Notwendige Anweisungen müssen erteilt und erforderliche Überwachungen müssen durchgeführt werden.

Sicherungsvorkehrungen müssen getroffen und Organisationsmängel vermieden werden (vgl. LAG Mannheim, 3. 4. 1973, NJW 1973, 1997). Das BAG, 18. 6. 1970, AP Nr. 57 zu § 611 BGB Haftung des Arbeitnehmers hat entschieden, daß § 254 BGB in der Regel dann anzuwenden ist, wenn auf Seiten des Arbeitgebers Organisationsmängel einschließlich unzureichender Kontrollmaßnahmen festzustellen sind (s. weitere Beispiele aus der Rspr. bei von Hoyningen-Huene BB 1989, 1839 FN 68 bis 70). Der Arbeitgeber muß dem Arbeitnehmer einwandfreie Arbeitsmittel (Geräte, Material, Werkzeuge u. ä.) zur Verfügung stellen. Er darf nicht zu einer Überforderung oder Übermüdung des Arbeitnehmers beitragen (Blomeyer MünchAR § 57 Rz 60). Unter Umständen – nach näherer Maßgabe des § 254 II 1 BGB – muß der Arbeitgeber den Arbeitnehmer auch auf die Gefahr des Eintritts eines ungewöhnlich hohen Schadens hinweisen (– für den konkreten Fall bejahend: ArbG München, 24. 10. 1988, DB 1989, 783,- dagegen verneinend: LAG München, 6. 7. 1989, NZV 1990, 477 = ZfSch 1991, 43; es ging um die Überführung eines Mercedes 560 SL durch einen 19-jährigen Schüler zu einem Stundenlohn von DM 8,50 / bei einem eingetretenen Schaden in Höhe von DM 41.630,—). Hat der Arbeitnehmer bei Dienstantritt äußerlich erkennbare alkoholbedingte Ausfallerscheinungen, kann es den Vorwurf eines Mitverschuldens begründen, wenn der Arbeitgeber dem Arbeitnehmer gleichwohl Arbeit zuweist. Zur Durchführung regelmäßiger Alkoholkontrollen im Betrieb ist der Arbeitgeber jedoch nicht ohne weiteres verpflichtet (vgl. BAG, 23. 1. 1997, NZA 1998, 140). Verneint hat das BAG, 14. 10. 1983, 83, EzA Nr. 28 zu § 611 BGB gefahrgeneigte Arbeit das Vorliegen eines sog. Überwachungsverschuldens in dem dort entschiedenen Fall: „... Der volljährige Beklagte (war) in den Aufgabenkreis eingewiesen. Vor diesem Hintergrund bestand keine Veranlassung, jede seiner Tätigkeiten zu beaufsichtigen. Tatsachen, die Anhaltspunkte für eine gesteigerte Überwachungspflicht ... ergeben könnten, sind nicht festgestellt ...". In dem Flugbegleiterin-Fall hat das BAG, 16. 2. 1995, AP Nr. 106 zu § 611 BGB Haftung des Arbeitnehmers bei der Haftungsquote deswegen ein Mitverschulden des Arbeitgebers berücksichtigt, weil das Luftfahrtunternehmen keinerlei Kontrolle zur Überprüfung der Einreisedokumente der Flugbegleiterin vorgenommen hatte.

Das Verschulden Dritter muß sich der Arbeitgeber nach Maßgabe der §§ 254 II 2 und 278 BGB zurechnen lassen. Eine derartige Zurechnung hat das BAG, 11.9. 1975, AP Nr. 78 zu § 611 BGB Haftung des Arbeitnehmers bejaht. Dort ging es um die – einem Kesselwärter obliegende – Pflicht zur Überwachung und Aufsicht. Ggfs. muß sich der Arbeitgeber (sogar) vorsätzliches Verhalten anderer Personen, für die er – etwa gemäß § 31 BGB – einzustehen hat, als Mitverschulden zurechnen (vgl. BAG, 19. 2. 1998 – 8 AZR 645/96 – unter Bezugnahme auf BGH, 8. 10. 1991, NJW 1991, 3208 = DB 1991, 2430). Liegt ein mitwirkendes Verschulden vor, ist vor der Festlegung der Haftungsquote im Rahmen einer Abwägung insbesondere das Ausmaß der (jeweiligen) Verursachung und der Grad des Verschuldens zu berücksichtigen. Insoweit ist es anerkanntes Recht, daß sich der Schädiger auf § 254 BGB zum mindesten in aller Regel dann nicht berufen kann, wenn er vorsätzlich gehandelt und der Vorsatz die Schädigung mitumfaßt hat (vgl. BAG, 18. 6. 1970 und 26. 1. 1971, AP Nr. n 57 und 64 zu § 611 BGB Haftung des Arbeitnehmers). Im Rahmen des § 254 BGB ist auch der Gesichtspunkt der präventiven Schadensbegrenzung relevant. Aus diesem Grunde stellt sich die Frage, ob und inwieweit den Arbeitgeber die Obliegenheit trifft, das Schadensrisiko zu versichern. So hat das LAG Mannheim, 3. 4. 1973, NJW 1973, 1996 in dem Fall des Geldboten (s. bei Rz 44) den Abschluß einer Transportversicherung für angezeigt gehalten. Das LAG Bremen, 31. 1. 1979, DB 1979, 1235 = VersR 1980, 1182 hat angenommen, daß es die Fürsorgepflicht dem Arbeitgeber gebiete, den angestellten Kraftfahrer gegen existenzgefährdende Schadensersatzansprüche durch Abschluß einer Kaskoversicherung mit Selbstbeteiligung zu schützen (vgl. auch OLG Stuttgart, 19. 12. 1979, NJW 1980, 1169 sowie 13. 5. 1980, VersR 1981, 46; LAG Niedersachsen, 6. 9. 1982, MDR 1983, 169). Das Problem „Arbeitnehmerhaftung, und Kaskoversicherung" wird näher erörtert von Sommer NZA 1990, 837 (vgl. zur Versicherbarkeit des Schadensrisikos auch Hübsch BB 1998, 690). In BAG, 1. 12. 1988, AP Nr. 2 zu § 840 BGB wurde die Pflicht zum Abschluß einer Betriebshaftpflichtversicherung verneint (– beachte dazu aber auch LAG Köln, 7.5.92, NZA 1992, 1032).

In dem Fall des Omnibusfahrers. dem ein Rotlichtverstoß vorgeworfen wurde, hat das BAG, 12.10.1989, AP Nr. 97 zu § 611 BGB Haftung des Arbeitnehmers festgestellt, daß sich der dortige Arbeitgeber nicht schon deshalb einen Teil des Schadens zurechnen lassen müsse, weil er keine Kaskoversicherung für den Bus abgeschlossen hatte. Zur Begründung bezieht sich das BAG auf sein Urteil, 24.11.1987, AP Nr. 92 zu § 611 BGB Haftung des Arbeitnehmers. Dort heißt es u.a.:

„Daß eine bestimmte Versicherung geeignet ist, die Haftung des Arbeitnehmers zu beschränken, besagt noch nicht, daß der Arbeitgeber dem Arbeitnehmer gegenüber gehalten ist, sie abzuschließen. Jedenfalls gilt dies für die Kaskoversicherung, eine Sachversicherung, die nicht dem Schutz gegen eine Inanspruchnahme durch Dritte dient (zur Verpflichtung des Arbeitgebers in diesem Fall vgl. BAG 19, 51 = AP Nr. 39 zu § 611 BGB Haftung des Arbeitnehmers), sondern durch die der Eigentümer sich gegen Beschädigung oder Zerstörung seiner eigenen Sache schützt. Ob der Arbeitgeber den Arbeitnehmer gegenüber zum Abschluß einer Kaskoversicherung verpflichtet ist, ergibt sich im Einzelfall aus dem Arbeitsvertrag oder dem das Arbeitsverhältnis gestaltenden normativen Bestimmungen. Fehlt es insoweit an Regelungen, so besteht eine Verpflichtung des Arbeitgebers gegenüber dem Arbeitnehmer auf Abschluß einer Kaskoversicherung nicht. Der Arbeitnehmer hat dann auch keinen Anspruch darauf, ohne weiteres so gestellt zu werden, als ob eine Kaskoversicherung bestünde, es sei denn, dies wiederum sei besonders vereinbart (so z.B. § 5 Abs. 3 des MTV für die gewerblichen Arbeitnehmer des privaten Omnibusgewerbes NRW vom 7.4.1986). Der Arbeitnehmer ist vielmehr durch die Haftungserleichterungen, die ihm nach den Grundsätzen des innerbetriebl. Schadensausgleichs zugute kommen, angemessen geschützt (vgl. BAG 20, 352, 358 = AP Nr. 2 zu § 67 VVG [zu 4 der Gründe])".

Hiernach ist auf der Grundlage der ständigen BAG-Rechtsprechung festzuhalten. daß der Arbeitgeber gegenüber dem Arbeitnehmer, der ein betriebseigenes Kfz zu fahren hat, nicht verpflichtet ist, eine Kfz-Kasko-Versicherung abzuschließen, wenn sich dies nicht aus dem Arbeitsvertrag oder den das Arbeitsverhältnis gestaltenden normativen Bestimmungen ergibt. Allerdings – und diese Einschränkung ist für die Praxis wichtig – kann bei der Abwägung aller für den Haftungsumfang maßgebenden Umstände doch letztlich zu Lasten des Arbeitgebers ins Gewicht fallen, daß dieser für das Unfallfahrzeug keine Kaskoversicherung abgeschlossen hatte. Dies kann im Ergebnis dazu führen, daß der Arbeitnehmer nur in Höhe der Selbstbeteiligung haftet, die bei Abschluß einer Versicherung zu vereinbaren gewesen wäre (s. dazu näher bei BAG a.a.O.).

Die Höhe der Selbstbeteiligung, die bei Versicherungsabschluß „zu vereinbaren gewesen wäre“ (BAG a.a.O.) hängt wiederum von den Umständen des Einzelfalles ab. In den vier BAG-Urteilen vom 24.11.1987 (s. dazu Rz 39 bis 42) sind folgende – zuvor von den jeweiligen Berufungsgerichten angenommene – Selbstbeteiligungen revisionsrechtlich nicht beanstandet worden:

- – 8 AZR 590/82 –: DM 1.000.— (bei einem Unfall-Kfz Mercedes 200 D mit einem Wiederbeschaffungswert „von mehr als DM 9.000.—“);
- – 8 AZR 332/82 –: DM 650,— (bei einem Mercedes 200 mit einem Zeitwert von DM 5.015,—);
- – 8 AZR 524/82 –: DM 2.000,— (bei einem Funkmietwagen „im Hinblick auf den Zeitwert“) und
- - 8 AZR 66/82 –: DM 650,— (bei VW Golf Diesel mit Zeitwert von DM 8.000,—).

4.3.7 Die Abdingbarkeit der richterrechtlichen Haftungsgrundsätze.

4.3.7.1 Tarifvertragliche Haftungsregelungen

Peifer, ZfA 1996, 74, bezeichnet die vom Großen Senat des BAG AP Nr. 103 zu § 611 BGB Haftung des Arbeitnehmers entwickelten (neuen) Haftungsgrundsätze als „unabdingbar“ bzw. „zwingend“ (– ähnlich Schölzel BR 1996 Heft 5 S. 108 unter 6. „Abdingbarkeit und Betriebsvereinbarung“). Er führt in einem Beispielsfall an, daß (u.a.) in einem Tarifvertrag festgelegt wird, daß für Schäden bis zu DM 1.000,— bei Verschulden voll zu haften ist. Peifer hält diese Bestimmung für grundsätzlich unwirksam, weil sie den richterrechtlichen Haftungsgrundsätzen widerspricht, die bei leichtester Fahrlässigkeit die völlige Enthaftung und bei normaler Fahrlässigkeit eine nur anteilige Haftung vorsehen. Anders wäre in einem derartigen Fall nur dann zu entscheiden, wenn sich in den (übrigen) Arbeitsbedingungen des Arbeitnehmers ein die praktische Konkordanz zu dieser „Sockelhaftung“ herstellender Gegenwert feststellen ließe (z.B. Mankogeld). Für die Auffassung von Peifer spricht, daß die Gerichte für Arbeitssachen die Kompetenz für sich in Anspruch nehmen, Tarifverträge auch darauf zu überprüfen, ob sie insbesondere gegen die Verfassung, die guten Sitten oder „tragende Grundsätze des Arbeitsrechts“ verstoßen (vgl. Schaub § 200 II 3 m.w.N. in Fn 23/24). Insoweit können die richterrechtlichen Haftungsgrundsätze durchaus als „tragende Grundsätze des 46

Arbeitsrechts" verstanden werden. (Auch) verstehen Peifer a.a.O. und Dieterich NZA 1996, 676 den verfassungsrechtlichen Begründungsschritt des Großen Senats im Beschluß vom 27.9.1994 a.a.O. so, daß damit zum Ausdruck gebracht werden sollte, daß eine volle Arbeitnehmerhaftung ohne Rücksicht auf das Betriebsrisiko des Arbeitgebers nicht mit der verfassungsrechtlichen Gewährleistung der Berufsfreiheit und der allgemeinen Handlungsfreiheit vereinbar wäre. In der siebten Auflage seines Arbeitsrechtshandbuches (dort § 52 VI 3 e S. 311) bezeichnete Schaub die Grundsätze über den richterrechtlichen Schadensausgleich allerdings noch als „nicht zwingend". Auch nach Ansicht von Löwisch/Rieble § 1 TVG Rz 244 a.E. kann die Arbeitnehmerhaftung durch Tarifvertrag abweichend vom Richterrecht ausgestaltet werden. Dörner/Wildschütz S. 1295 Rz 134 halten gesetzesvertretendes Richterrecht – unter Bezugnahme auf BAG, 31.3.1966, AP Nr. 54 zu § 611 BGB Gratifikation – für „regelmäßig tarifdispositiv". Demgegenüber führen Löwisch/Rieble a.a.O. Grundl. Rz 26 aus, daß auch das gesetzesvertretende Richterrecht die Tarifmacht durch zwingende Regelungen beschneiden kann. In rechtstatsächlicher Hinsicht ist festzustellen, daß die Tarifvertragsparteien die Möglichkeit, die Haftung des Arbeitnehmers tariflich zu regeln, nur vereinzelt (– so etwa im Bereich des öffentlichen Dienstes) genutzt haben (vgl. Peifer AR-Blattei, Stand 15.7.1990, I Übersicht E I 1b). Derartigen tariflichen Regelungen kann die rechtliche Geltung auch dann nicht grundsätzlich abgesprochen werden, wenn sie zu Ungunsten des Arbeitnehmers von den richterrechtlichen Haftungsgrundsätzen abweichen. Dies ergibt sich aus der tarifautonomen Normsetzungskompetenz der Tarifvertragsparteien. Dem Regelungskatalog des § 1 I TVG läßt sich keine Einschränkung des Inhalts entnehmen, die Tarifvertragsparteien dürften die Haftung des Arbeitnehmers nicht abweichend vom Richterrecht regeln. Für tarifliche Regelungen der Haftung streitet – wie auch sonst für Tarifverträge – eine Richtigkeitsgewähr dahingehend, daß eine richterliche Inhalts- oder Billigkeitskontrolle (– mit der Fragestellung: ist die Regelung angemessen und ausgewogen? –) zu unterbleiben hat. Bei tariflichen Regelungen spricht die Vermutung für einen sachgerechten Interessenausgleich (vgl. BAG, 16.9.1993, AP Nr. 42 zu § 622 BGB = NZA 1994, 221). Zwar streitet für die Frage der Rechtmäßigkeit der eben erwähnte Grundsatz (Richtigkeitsgewähr) nicht. Insoweit gelten vielmehr die allgemeinen Grundsätze, die regeln wie bei Normenkollisionen zu verfahren ist. In diesem Zusammenhang wird im Beschluß des Großen Senats vom 27.9.1994 ausdrücklich als „unabdingbar" aber nur die Berücksichtigung des Betriebsrisikos bezeichnet (unter Ziffer III 2 des Beschlusses). Soweit keine sonstigen Verstöße gegen höheres Recht vorliegen, wird man daher einer tariflichen Regelung der Haftung nur dann die Geltung absprechen können, wenn hierbei das

Betriebsrisiko des Arbeitgebers überhaupt nicht berücksichtigt worden ist. Eine derartige einseitige Belastung des Arbeitnehmers mit dem vollen Haftungsrisiko (– ohne Rücksicht auf das Betriebsrisiko des Arbeitgebers –) wäre in der Tat mit dem Grundgesetz nicht vereinbar. Mit dieser einschränkenden Maßgabe sind die richterrechtlichen Haftungsgrundsätze wohl doch (– entgegen den anders klingenden Formulierungen im Beschluß vom 27. 9. 1994) als tarifdispositiv anzusehen (– im Ergebnis ebenso: Ahrens DB 1996, 938). Eine weitergehende „tariffeste“ Geltung dieser Haftungsgrundsätze läßt sich mit dem Hinweis auf die sogenannte Schutzpflicht – Rechtsprechung des Bundesverfassungsgerichts (– vgl. dazu BVerfG. 19. 10. 1993, AP Nr. 35 zu Art. 2 GG = NJW 1994, 36) nicht begründen. Einen schützenden Eingriff der Gerichte, um einen angemessenen Ausgleich der Grundrechtspositionen „beider Vertragspartner“ zu ermöglichen, hält das Bundesverfassungsgericht bei strukturellen Ungleichgewichtslagen für geboten. Man mag darüber streiten können, ob dieser Begriff („strukturelles Ungleichgewicht“) den Anforderungen des rechtsstaatlichen Bestimmtheitsgebotes entspricht. Bejaht man die Frage, dann kann jedenfalls im Verhältnis der Tarifvertragsparteien – und unter Zugrundelegung der ständigen Rechtsprechung des BAG zur Richtigkeitsgewähr tariflicher Regelungen (BAG, 21. 3. 1991 und 23. 1. 1992 = NZA 1991,797 und NZA 1992, 742) – ein derartiges Ungleichgewicht nicht festgestellt werden. Däubler (Tarifvertagsrecht Rz 916f) hält die Grundsätze über die Arbeitnehmerhaftung insofern für tarifdispositiv als das Risiko des einzelnen Arbeitnehmers verringert werden kann (– generelle Beschränkung der Haftung auf Vorsatz und grobe Fahrlässigkeit, – wie vom BAG vorübergehend in den beiden Urteilen, 23. 3. 1983 und 21. 10. 1983, AP Nrn. 82 und 84 zu § 611 BGB Haftung des Arbeitnehmers vertreten). Dagegen verneint Däubler die Frage, ob die Haftung erweitert werden kann. Allenfalls Einzelfragen – wie die quotenmäßige Verteilung bei mittlerer Fahrlässigkeit – könnten tariflich geregelt werden. Ansonsten fehle den Tarifparteien das Mandat, den einzelnen Beschäftigten einer Schadenshaftung auszusetzen, die er nach staatlichem Recht nicht zu tragen habe und die für ihn existenzgefährdende Dimensionen annehmen könne.

4.3.7.2 Einzelvertragliche Haftungsregelungen

- Anders verhält es sich dagegen bei einzelvertraglichen Haftungsregelungen, *47*
  die zum Nachteil des Arbeitnehmers von den richterrechtlichen Haftungsgrundsätzen abweichen (vgl. auch dazu Ahrens a.a.O. sowie Preis S. 463ff, der u.a. auf die Notwendigkeit transparenter Vertragsgestaltung hinweist).

In diesen Fällen stellt sich zunächst die Frage, ob diese – bei einseitig vorformulierten Haftungsregelungen – überhaupt Vertragsinhalt geworden sind (Stichwort: „Kleingedrucktes“). Hier ist nach näherer Maßgabe der höchstrichterlichen Rechtsprechung zu beachten, daß sogenannte überraschende Klauseln in Formular-Arbeitsverträgen, mit denen der Verwender seinen Vertragspartner „überrumpelt“ bzw. „übertölpelt“, nicht Vertragsbestandteil werden; in seinem Urteil vom 29. 11. 1995, AP Nr. 1 zu § 3 AGB-G = NZA 1996, 702 hat das BAG zwar unentschieden gelassen, ob sich dies aus § 3 AGB-G analog oder aus einem entsprechenden allgemeinen Rechtsgedanken in Verbindung mit § 242 BGB ergibt. Obwohl § 23 AGB-G eine Anwendungsbereichsausnahme für das Gebiet des Arbeitsrechts enthält, sind die §§ 3ff AGB-G geeignet, im Rahmen der gerichtlichen Billigkeitskontrolle maßstabsbildend zu wirken (vgl. LAG Saarland NZA 1988, 164 = DB 1987, 2416), – so etwa

- § 4 AGB-G: – Vorrang der Individualabrede – (s. dazu BGH, NJW 1994, 1656).
- § 5 AGB-G: – Unklarheitenregel – (BAG, 14. 6. 1995,NZA 1995, 1034 = DB 1995, 2273),
- § 11 Nr. 15b AGB-G: – vorformulierte (beweislaständernde) Tatsachenbestätigungen – (BAG, 16. 3. 1994, NZA 1994, 937 = DB 1994, 1726).

Wegen der arbeitsgerichtlichen Inhaltskontrolle nach § 242 BGB wird weiter auf die Anm. von Wiedemann AP Nr. 18 zu § 611 BGB Ausbildungsbeihilfe zu BAG, 16. 3. 1994, NZA 1994, 937 sowie auf Busemann AR-Lexikon – Richterrecht – verwiesen.

Haftungsregelungen im Zusammenhang mit Mankovereinbarungen werden bei Rz. 52 behandelt (s. dort). Soweit es um die allgemeinen Grundsätze der inhaltlichen Überprüfung einzelvertraglicher Haftungsregelungen geht, gelten die dortigen Ausführungen hier entsprechend. In diesem Rahmen dürfte auch die oben (Rz 46) erwähnte Schutzpflicht-Rspr des BVerfG zu berücksichtigen sein sowie die vom Großen Senat des BAG angenommene „zwingende“ bzw. „unabdingbare“ Geltung seiner Haftungsgrundsätze (vgl. Peifer ZfA 1996, 74 f). Gleichwohl spricht einiges dafür, – (auch) bei formularmäßiger Vereinbarung - modifizierende und konkretisierende Regelungen im Arbeitsvertrag nicht für grundsätzlich unzulässig zu halten. Eine etwaige Unzulässigkeit kann sich – als Rechtsfolge – letztlich doch nur aus dem Gesetz (– §§ 134, 138 BGB unter Umständen auch aus §§ 242, 315 BGB in Verbindung mit den maßstabsbildenden Bestimmungen des AGB-G –) ergeben, – wobei ggfs. (bei „strukturellen Ungleichgewichtslagen“) die zitierten Bestimmungen des einfachen Rechts im Lichte des Verfassungsrechts (insbesondere Art. 2, 12 und 14 GG) auszulegen sind. Nach Preis (Grundfragen der Vertragsgestaltung S. 464f) stellen die richterrechtlichen Haftungsgrundsätze keine Fortbildung zwingenden Rechts dar, sondern (lediglich) eine Ersetzung des dispositiven „Alles-oder-Nichts-Prinzips" des BGB. Preis spricht von einem richterrechtlichen Haftungsmodell bzw. von einem dispositiven Leitbild, von dem durch Vertrag prinzipiell – bis zu den in den §§ 276, 138 BGB bzw. § 242 BGB gezogenen Grenzen abgewichen werden könne. Dem dürfte zuzustimmen sein. Anzumerken ist freilich, daß die Habilitationsschrift von Preis (Grundfragen) in den Jahren 1992/1993 erschienen ist, – also noch vor der Entscheidung des Großen Senats vom 27. 9. 1994, AP Nr. 103 zu § 611 BGB Haftung des Arbeitnehmers, in der von der „unabdingbaren Berücksichtigung des Betriebsrisikos" (des Arbeitgebers) die Rede ist.

Beispielsfall:
Ein Arbeitgeber (Taxiunternehmer), der für seine Fahrzeuge eine Vollkaskoversicherung abgeschlossen hatte, vereinbarte mit seinem Arbeitnehmer (Fahrer), daß dieser bei allen selbstverschuldeten Unfällen den Schaden bis zu einer Höhe von DM 250,— selbst tragen müsse.

Das LAG Düsseldorf, 24. 11. 1965, BB 1966, 80, hat diese Vereinbarung als zulässig angesehen und in seinem Urteil u.a. betont, daß es sich bei der Vorschrift des § 276 BGB „nicht um zwingendes sondern um nachgiebiges Recht handelt"; durch Vertrag – so das LAG a.a.O. – „kann also ... sowohl ein milderer, als auch ein strengerer Haftungsrahmen vorgesehen sein, als ihn für schadensgeneigte Tätigkeiten die herrschende Ansicht vorsieht".

Zwei weitere Fälle aus der Rechtsprechung sind mit folgenden Leitsätzen veröffentlicht worden:

– ArbG Marburg, 1. 7. 1969, AuR 1970, 158:

Die Rechtsgedanken über die beschränkte Arbeitnehmerhaftung haben zwingende Wirkung, weil sie Gewohnheitsrecht geworden sind. Eine Vereinbarung mit dem Arbeitnehmer über dessen Vollhaftung ohne Rücksicht auf den Verschuldensgrad ist sittenwidrig und folglich nach § 138 BGB nichtig. Eine Ausnahme wäre nur dann vorstellbar, wenn dem übernommenen außergewöhnlichen Risiko ein entsprechender Ausgleich im Lohn gegenüberstehen würde.

– LAG Frankfurt, 5. 9. 1969, DB 1970, 888:

Die Parteien eines Arbeitsvertrages können zur Frage der Arbeitnehmerhaftung einzelvertragliche Abreden treffen. Dies gilt auch für die Fälle der schadengeneigten Arbeit.

Eine solche Haftungsvereinbarung ist jedoch gemäß § 138 BGB nichtig, wenn der Arbeitnehmer ohne Rücksicht auf den Grad seines Verschuldens für den gesamten Schaden einstehen soll, den er bei Verrichtung gefahrgeneigter Arbeit verursacht, sofern nicht gleichzeitig ein angemessener wirtschaftlicher Ausgleich für die Übernahme eines solchen Risikos seitens des Arbeitgebers gewährt wird.

4.3.7.3 Haftungsregelungen in Betriebsvereinbarungen

47a Insoweit sind zunächst die sich aus den §§ 77 III und 87 I Einleitungssatz BetrVG ergebenden Schranken zu beachten. Im übrigen dürfte eine Betriebsvereinbarung, die die Haftungsgrundsätze zum Nachteil der Arbeitnehmer modifiziert, (jedenfalls) dann unwirksam sein, wenn sie ausschließlich eine Belastung der Arbeitnehmer bewirkt (vgl. FKHE BetrVG § 77 Rz. 60 m.w.N.; BAG, 5.3.1959, AP Nr. 26 zu § 611 BGB Fürsorgepflicht; BAG, 6.8.1991, AP Nr. 52 zu § 77 BetrVG 1972; Kreutz GK-BetrVG § 77 Rz 300).

4.3.8 Die Mankohaftung (= die Haftung für Kassen- und Warenfehlbestände)

4.3.8.1 Allgemeines und Fallgruppen

48 Das „Manko" (italien.) ist an sich der Betrag, der bei einer Schluß-Abrechnung fehlt. Er stellt die Differenz zwischen einem Soll- und Ist-Bestand dar. Mit dem Begriff „Mankohaftung" werden verschiedene Fallgruppen umschrieben, in denen der Arbeitnehmer für einen Schaden in Höhe des Mankos haften soll. Die Haftungsproblematik ergibt sich, wenn dem Arbeitnehmer ein bestimmter Bestand an Geld, Waren oder Arbeitsmitteln anvertraut worden ist und sich später – insbesondere am Ende eines Abrechnungszeitraumes – ein Fehlbetrag oder eine Fehlmenge ergibt (– etwa wie in dem Verkaufsfahrer-Fall BAG, 26.1.1971, AP Nr. 64 zu § 611 BGB Haftung des Arbeitnehmers). Im Anschluß an Reinecke ZfA 1976, 216 f lassen sich vier Fallgruppen unterscheiden:

- Kassenfehlbeträge: es muß sich um „echte" (effektive, – nicht nur um buchmäßige –) Fehlbeträge handeln. Sie können durch unberechtige Entnahmen des Kassenführers, des Arbeitgebers selbst, anderer Arbeitnehmer oder außenstehender Dritter entstehen, – aber auch dadurch, daß bei den Ein- und Ausgaben falsch gezählt oder übertragen wird.
- Transportverluste: der Arbeitnehmer liefert ihm zum Transport übergebene Geldbeträge oder „Gegenstände" (i.S. des allgemeinen Sprachgebrauchs) nicht oder nicht vollständig ab.

- Warenverluste in Geschäften und Lagern: als Ursachen kommen hier (– auch -) Verzählen, Wiegeverluste, Schwund und Verderb in Betracht.
- Verlust von Arbeitsgeräten, Werkzeugen und dergleichen: Verschleiß und Verlieren kommt hier ebenso als Schadensursache in Betracht wie unberechtigtes Beiseiteschaffen.

4.3.8.2 Darlegungs-und Beweislast

Soweit es um die Verteilung der Darlegungs- und Beweislast geht (– s. dazu ausführlich Hansen AuR 1968, 295), läßt sich allgemein sagen, daß der Arbeitgeber für Bestandsverstärkungen, – also für die zugeflossenen Einnahmen bzw. Wareneingänge, darlegungs- und beweispflichtig ist, – der Arbeitnehmer dagegen für die (Berechtigung der) Bestandsminderungen, – d.h. dafür daß der Geld- oder Warenbestand bestimmungsgemäß für betriebliche Zwecke verwendet wurde (vgl. Reinecke a.a.O.; BAG,21.6.1966, AP Nr. 2 zu § 1 ErstattG). Seine eigenen Buchungen muß der Arbeitnehmer (zunächst) gegen sich gelten lassen. Behauptet er, daß verbuchte Einnahmen weder der Kasse, noch ihm selbst zugeflossen seien, ist er dafür – bei entsprechendem Bestreiten des Arbeitgebers – beweispflichtig. Entsprechendes gilt, wenn er behauptet, er habe es versehentlich oder irrtümlich unterlassen, für betriebliche Zwecke vorgenommene Ausgaben zu verbuchen. Bisweilen wendet die Rechtsprechung hier auch die §§ 280, 282 BGB an. Insoweit gibt es Fälle, in denen der Arbeitgeber eine Tatsachenlage geschaffen hat, nach der er nicht Besitzer der (später) fehlenden Sache bzw. Geldbeträge war. War bei einer derartigen Fallgestaltung der Arbeitnehmer Alleinbesitzer, kann der Arbeitnehmer unter Umständen für eingetretene Fehlbestände wegen zu vertretenden Unmöglichkeit nach § 280 BGB haften. Nach der Rechtsprechung des BAG ist es insoweit nicht ausgeschlossen, daß im Rahmen eines Arbeitsverhältnisses die Vorschriften über die Verwahrung (§ 688 BGB) und den Auftrag (§§ 675, 663, 665 ff. 672 ff BGB) Anwendung finden. *49*

In dem Geldtransportfahrer-Fall hat das BAG, 22.5.1997 = NZA 1997, 1279 = DB 1998, 135 jedoch das Vorliegen einer Tatsachenlage, die die Anwendung der zitierten Vorschriften rechtfertigen könnte, verneint. Der Beklagte (= Arbeitnehmer/Geldtransportfahrer) hafte nicht deswegen auf Schadensersatz, weil ihm die Herausgabe der Geldkassette infolge eines Umstandes unmöglich geworden sei, den er zu vertreten hätte. In diesem Fall ging es um die Frage, ob der Arbeitnehmer einen Schaden in Höhe von DM 126.000,— wegen einer verschwundenen Geldkassette zu ersetzen hat.

Verneint hat das BAG,29. 1. 1985, AP Nr. 87 zu § 611 BGB Haftung des Arbeitnehmers die (analoge) Anwendung des Auftrags- und Verwahrungsrechts in Verbdg. mit § 280 BGB auch in dem Kundendienstmonteur-Fall. In diesem Fall war aus einem Kundendienstwagen ein Gerät (Video-Recorder) entwendet worden. Der Arbeitnehmer war am Nachmittag des 6. 11. 1979 mit dem firmeneigenen VW-Bus des Arbeitgebers zu Kundenbesuchen unterwegs. In dem Firmenwagen befand sich – außer Werkzeugen und Ersatzteilen – u.a. auch ein Video-Recorder, der an einen Kunden ausgeliefert werden sollte. Der Arbeitnehmer führte zunächst Reparaturarbeiten in der Wohnung eines anderen Kunden aus. Nach Rückkehr zum Firmenwagen stellte der Arbeitnehmer fest, daß der Video-Recorder fehlte. Der Arbeitnehmer wurde vom Arbeitgeber auf Ausgleich (= Zahlung) des entstandenen Schadens in Höhe von ca. DM 1.600,— in Anspruch genommen. Als Anspruchsgrundlage kam zunächst § 280 I BGB in Betracht (= vom Schuldner zu vertretende Unmöglichkeit,- hier: der Herausgabe des Videogerätes). Das BAG beschränkt für Fälle der vorliegenden Art den persönlich-gegenständlichen Anwendungsbereich des § 280 I BGB auf „wirtschaftlich selbständig Handelnde“. Ungeschriebene Anwendungsvoraussetzung ist, daß dem Arbeitnehmer

- „ein Kassen- oder Warenbestand in der Weise übertragen wurde, daß er allein Zugang zu ihm hatte und selbständig darüber disponieren konnte“.

Diese Voraussetzung verneinte das BAG deswegen, weil dem Arbeitnehmer, soweit er Geräte und Werkzeuge mitzuführen hatte, keine wirtschaftlich selbständige Tätigkeit übertragen war. Dadurch unterscheide sich der Arbeitnehmer von einem Verkaufsfahrer, dem zu Beginn der Fahrt eine bestimmte Warenmenge übergeben werde, die er umsetzen und über deren Verbleib er nach Ende der Fahrt Rechnung legen solle. Des weiteren kam allerdings noch eine Haftung aus positiver Vertragsverletzung (pVV, §§ 280, 286 BGB analog) in Betracht. Insoweit war (auch) der Fernsehtechniker verpflichtet, die ihm vom Arbeitgeber überlassenen Geräte und Werkzeuge sicher zu verwahren. Dieser arbeitsvertraglichen Sorgfaltspflicht genügte der Arbeitnehmer vorliegend dadurch, daß er den Wagen während der Zeit, in der er diesen verließ, um bei Kunden Reparaturen durchzuführen, ordnungsgemäß verschlossen hielt. In diesem Zusammenhang hatte die in den Vorinstanzen durchgeführte Beweisaufnahme nur zu einem völlig unklaren Beweisergebnis geführt. Auf dieses Beweisergebnis ließ sich nicht die Feststellung stützen, der Arbeitnehmer habe seine Pflicht, den Wagen verschlossen zu halten, verletzt. Eine Beweiserleichterung aus dem Gesichtspunkt des ersten Anscheins (Anscheinsbeweis) billigte das BAG dem Arbeitgeber nicht zu: im Hinblick auf die Viefalt der Diebstahlsmethoden gebe es keine tatsächliche Vermutung dafür, daß ein Fahrzeug, aus dem etwas gestohlen wurde, unverschlossen gewesen sei. Auch sei § 282 BGB auf den objektiven Tatbestand der Vertragspflichtverletzung nicht anwendbar (– und zwar weder unmittelbar, noch analog –). Schließlich könne hier auch von einer größeren Beweisnähe des Arbeitnehmers nicht die Rede sein. Die Bestimmung des § 282 BGB besagt, daß die Beweislast den Schuldner trifft, wenn streitig ist, ob die Unmöglichkeit der Leistung die Folge eines vom Schuldner zu vertretenden Umstandes ist.

Das BAG, 6.6.1984, AP Nr. 1 zu § 11a TV Ang Bundespost = NZA 1985, 183) hat § 282 BGB in folgendem Fall zu Lasten des Arbeitnehmers analog angewandt: die Arbeitnehmerin (= Angestellte im Schalterdienst der Post) hatte alleinigen Zugang zur Kasse. Während des Zeitraumes, in dem sie für den Kassenbestand verantwortlich war, befand sich der Kassenschlüssel (= Erstschlüssel) in ihrem alleinigen Gewahrsam. Während der Tätigkeit der Arbeitnehmerin ergab sich ein festgestellter Kassenfehlbetrag von DM 983,54. Das BAG gab dem Erstattungsbegehren des Arbeitgebers statt, obwohl die Umstände, die zu dem Fehlbetrag bei Kassenabschluß geführt hatten, unaufgeklärt waren. Zur Begründung verweist das BAG darauf, daß die Arbeitnehmerin hier – in entsprechender Anwendung des § 282 BGB – gehalten gewesen sei, zumindest eine hinreichende Wahrscheinlichkeit für einen konkreten Geschehensablauf darzutun, der die Wertung ermögliche, der Kassenfehlbestand sei jedenfalls nicht auf eine grob fahrlässige Pflichtverletzung zurückzuführen. Diese Darlegung sei der Arbeitnehmerin nicht gelungen. Sie habe nur eine theoretische Möglichkeit aufgezeigt. Die Möglichkeit eines Nachschlüsseldiebstahls liege hier – so hatte bereits das Berufungsgericht ausgeführt – so fern, daß sie außer Betracht bleiben müsse. Außer Betracht bleiben konnte – nach Ansicht des BAG – der im Tresor der OPD befindliche Zweitschlüssel. Die bloß theoretische Möglichkeit krimineller Einwirkungen Dritter genüge nicht zur Verneinung der – vom BAG bejahten – Beweislast-Umkehr. Eine andere Betrachtungsweise liefe im Ergebnis auf einen völligen Haftungsausschluß des Kassenverwalters bei unaufklärbaren Kassenfehlbeträgen hinaus. Auf den Rechtsgedanken des § 282 BGB darf jedoch erst zurückgegriffen werden, wenn unstreitig oder bewiesen ist, daß der Kassenführer die Gefahr eines Kassenfehlbestandes allein beherrscht hat. Seiner Beweislast für den objektiven Tatbestand der Pflichtverletzung des Arbeitnehmers genügt der Arbeitgeber, wenn er den buchmäßigen Kassenfehlbestand und den alleinigen Zugang des Arbeitnehmers zur Kasse nachweist. Erst wenn dieser Beweis geführt ist, stellt sich die Verschuldensfrage.

4.3.8.3 Haftungserleichterung bei Mankohaftung ?

50 Das Eingreifen von Haftungserleichterungen in derartigen Fällen ist in der Vergangenheit von der Rechtsprechung nicht immer geprüft worden (vgl. Kraft NZA 1989, 783). Insoweit ist z.B. auf den Busfahrer-Fall zu verweisen (= BAG, 28.9.1989, EzA Nr. 54 zu § 611 BGB Arbeitnehmerhaftung = NZA 1990, 847): der Arbeitgeber, der ein Bus-Unternehmen betreibt, verlangt von dem Arbeitnehmer (= Busfahrer) den Betrag von DM 470,—; hierbei handelt es sich um vom Arbeitnehmer eingenommene Fahrgelder. Der Arbeitnehmer beruft sich darauf, das Geld sei während seiner Frühstückspause aus dem verschlossenen Bus gestohlen worden. Ihn treffe kein Verschulden an dem Diebstahl. Dieser Einlassung ist das BAG nicht gefolgt: der Arbeitnehmer habe das gestohlene Geld zu ersetzen, weil er es nicht ordnungsgemäß verwahrt habe. Der Arbeitnehmer habe den Diebstahl fahrlässig ermöglicht. Der Arbeitnehmer sei arbeitsvertraglich verpflichtet gewesen, das eingenommene Geld ordnungsgemäß, d.h. so zu verwahren, daß es normalerweise nicht gestohlen werden konnte. Dadurch, daß er die Sicherung des Geldes unterlassen habe, habe der Arbeitnehmer die im Verkehr erforderliche Sorgfalt verletzt (§ 276 I 2 BGB). Der Arbeitnehmer habe das Geld, – bei dem es sich ausschließlich um Banknoten gehandelt habe –, notfalls mitnehmen müssen, – als er in die Pause gegangen sei. Dem Arbeitnehmer hätte sich auch ohne entsprechenden Hinweis seines Arbeitgebers aufdrängen müssen, daß er das Geld – indem er es ungesichert im Bus liegen ließ, der mit einem einfachen Vierkantschlüssel geöffnet werden konnte, – der Diebstahlsgefahr aussetzte (vgl. zu einem ähnlich gelagerten Fall: LAG Hamm, 13.5.1991, NZA 1991, 900).

Soweit überhaupt die Möglichkeit der Haftungserleichterung problematisiert wurde, wurde bisweilen darauf abgestellt, daß die im Zusammenhang mit der Verwahrung von Geld oder Waren geschuldete Tätigkeit nicht "gefahrgeneigt" sei; vgl. dazu die bei Rz 44 zitierten Entscheidungen (- seinerzeit stellte die Gefahrgeneigtheit der Tätigkeit noch eine Voraussetzung für die Anwendung der Haftungsgrundsätze im Rahmen des innerbetrieblichen Schadensausgleichs dar). Reinicke ZfA 1976, 238 meint in der Rechtsprechung das Bestreben erkennen zu können, durch eine extensive Anwendung des § 254 BGB die durch Nicht-Anwendung der Grundsätze über die Haftung bei gefahrgeneigter Arbeit und eine zu frühzeitige Beweislastumkehr drohenden unbilligen Ergebnisse zu korrigieren (– ähnlich Pauly BB 1996, 2039). Pauly a.a.O. spricht sich dafür aus, die neuen Grundsätze des innerbetrieblichen Schadensausgleiches auch bei der „mankogeneigten Arbeit" anzuwenden. In dieser weit formulierten These wird man Pauly nicht ohne weiteres zustimmen können. Anwendungsvoraussetzung der neuen Haftungsgrundsätze ist, daß die Tätigkeit die zu dem Schaden – hier also zu dem Manko – geführt hat, „durch den Betrieb veranlaßt und aufgrund des Arbeitsverhältnisses geleistet worden" ist; „betrieblich veranlaßt" sind nur solche Tätigkeiten, die dem Arbeitnehmer arbeitsvertraglich übertragen worden sind oder die er (zumindest) „im Interesse des Arbeitgebers für den Betrieb ausführt". Das Vorliegen dieser Anwendungsvoraussetzungen darf – gerade auch in Manko-Fällen – nicht einfach unterstellt werden. Akzeptiert man allerdings (– so wohl Blomeyer MünchAR § 57 Rz 85 –), daß Bestandsverluste durch Verwiegen, Verzählen, Verrechnen und ähnliche, betrieblich veranlaßte Tätigkeiten beim Umgang mit Waren- oder Geldbeständen zum allgemeinen Schadensrisiko des Arbeitgebers gehören, dann kann sich der Arbeitnehmer bei Schäden, die er durch derartige Tätigkeiten verursacht, gegenüber dem Arbeitgeber auf Haftungserleichterungsgrundsätze berufen. Problematisch bleiben aber die Fälle, in denen gerade nicht feststeht, daß der Fehlbetrag oder die Fehlmenge durch eine Tätigkeit verursacht worden ist, die dem Arbeitnehmer arbeitsvertraglich übertragen worden ist oder die er im Interesse des Arbeitgebers für den Betrieb ausgeführt hat (vgl. BAG, 27.9.1994, AP Nr. 103 zu § 611 BGB Haftung des Arbeitnehmers, dort ganz a.E.). Gerade in den Fällen der Manko-Haftung muß Bedacht darauf genommen werden, daß die Fehlmenge bzw. der Fehlbetrag im Einzelfall ja durchaus auch einmal auf einer vorsätzlichen Schädigung beruhen kann – oder auf sonstigen, nicht durch den Betrieb veranlaßten Tätigkeiten des Arbeitnehmers. Um eine unbillige Zurücksetzung von Arbeitgeber-Interessen (– vgl. dazu bereits LAG Bremen, 5.1.1955, AP Nr. 3 zu § 611 BGB Haftung des Arbeitnehmers; aber auch Bleistein DB 1971, 2114) zu vermeiden, dürfte es deswegen richtig sein, die Anwendung von Haftungserleichterungen von der Feststellung abhängig zu machen, ob die schadensverursachende (= das Manko herbeiführende) Tätigkeit des Arbeitnehmers durch den Betrieb veranlaßt war und aufgrund des Arbeitsverhältnisses geleistet wurde. Für das tatsächliche Vorliegen einer haftungsprivilegierten Tätigkeit dürfte (weiterhin) der Arbeitnehmer darlegungs- und beweispflichtig sein, denn er strebt ja die Anwendung ihm günstiger, vom positiven Gesetzesrecht (BGB) abweichender Haftungsgrundsätze an (vgl. zur früheren Rechtslage: LAG Berlin, 28.10.1976, BB 1977, 194). Das ArbG Nürnberg, 11.6.1997, NZA-RR 1998, 59 hat – unter Bezugnahme auf Stoffels, AR-Blattei Haftung des Arbeitnehmers II Rz 69; Blomeyer Münch. HB AR § 57 Rz 87; LAG Baden-Württemberg, 29.8.1958, AR-Blattei ES 870 Nr. 11 – entschieden, daß „die Fälle der Mankohaftung tatbestandsmäßig vom innerbetrieblichen Schadensausgleich erfaßt werden"; die Haftung einer Kassiererin richte sich nach diesen Grundsätzen; die an die Kassiererin gerichteten besonderen Sorgfaltsanforderungen müßten (jedoch) in die Verschuldensbeurteilung einfließen. In diesem Fall war es u.a. deswegen zu einem unstreitigen Kassenfehlbestand in Höhe von DM 5000,— gekommen, weil die Kassiererin zum bloßen Geldwechseln (von zunächst fünf 200,— DM-Scheinen) eine „Geldbombe" geöffnet und sie dadurch dem Zugriff Dritter ausgesetzt hatte; nach der Einlassung der Kassiererin wurde sie Opfer eines „Trickdiebstahls" bzw. von „Trickbetrügern". Daß der Schaden im Rahmen einer betrieblichen Tätigkeit eingetreten sei, hat das ArbG Nürnberg a.a.O. wie folgt begründet: Der Arbeitgeber habe zwar behauptet, die Kassiererin habe rein aus Gefälligkeit außerhalb ihrer arbeitsvertraglichen Pflichten und Rechte gehandelt. Dies sei jedoch unerheblich. Der Schaden sei jedenfalls anläßlich ihrer Tätigkeit im Betrieb erfolgt.

In der vom ArbG Nürnberg zitierten Entscheidung des LAG Baden-Württemberg, 29. 8. 1958, ging es (freilich) um einen Kalkulator im Baugewerbe, dem die Preisberechnung für Bauleistungen oblag.

In dem Geldtransportfahrer-Fall (s. oben bei Rz 49) hat das BAG, 22. 5. 1997 = NZA 1997, 1279 entschieden, nach den Grundsätzen der Arbeitnehmerhaftung richte sich. ob und gegebenenfalls in welche Höhe der Beklagte Schadensersatz zu leisten habe. Das LAG Frankfurt/Main, 4. 11. 1987, LAGE Nr. 10 zu § 611 BGB Arbeitnehmerhaftung hatte sich mit der Frage zu befassen, inwieweit ein als Lagerleiter tätiger technischer Angestellter für die Folgekosten eines Schlüssel-Verlustes (= DM 1713,90 für die Auswechslung einer Hauptschließanlage mit insgesamt 27 Einzelschlössern) aufkommen muß. Der Arbeitnehmer hatte an einem Arbeitstag gegen 11.30 Uhr einen ihm ständig anvertrauten Schlüssel in die Innenseite der Tür vom Lager zur Werkstatt gesteckt und sich entfernt. Als er gegen 11.45 Uhr dorthin zurückkam, war der gesamte Schlüsselbund (mit Schlüsseln) verschwunden; der Schlüsselbund wurde auch anschließend nicht mehr gefunden. Das LAG verneinte das Vorliegen einer gefahrgeneigten Arbeit, - wandte aber auch nicht die vom BAG entwickelten besonderen Grundsätze zur Mankohaftung an. Das LAG ließ die allgemeinen Haftungsgrundsätze zur positiven Vertragsverletzung (pVV, s. bei Rz 24) zur Anwendung kommen. Es wertete die vorübergehende Unachtsamkeit des Arbeitnehmers als „gewöhnliche" Fahrlässigkeit. Hinreichende Anhaltspunkte für eine grob fahrlässige Verhaltensweise würden nicht vorliegen. Auf dieser Grundlage könne der Arbeitgeber den Arbeitnehmer „allenfalls bis zur Hälfte des ... nachweislich erwachsenen Schadens in Anspruch nehmen". Würde der beklagte Arbeitnehmer in vollem Umfang mit den Folgekosten des Schlüssel-Verlustes belastet, dann würde dies dem Grundsatz von Treu und Glauben sowie der dem Arbeitgeber obliegenden Fürsorgepflicht widersprechen.

4.3.8.4 Weitere Fälle aus der Rechtsprechung

Festzuhalten ist, daß der auf Schadensersatz klagende Arbeitgeber die allgemeinen Anspruchsvoraussetzungen einer Vertragspflichtverletzung (pVV) und/oder einer unerlaubten Handlung (§ 823 ff BGB) dann vortragen muß, wenn weder eine Fallgestaltung gegeben ist, für die nach der Rechtsprechung besondere Rechtsgrundsätze gelten (s. Rz 49), noch die Haftungsfrage in zulässiger Weise einzel- oder kollektivvertraglich geregelt ist (s. dazu bei Rz 52). *51*

- In dem Fall einer Verkaufsstellenverwalterin hat das BAG, 13.2.1974, AP Nr. 77 zu § 611 BGB Haftung des Arbeitnehmers aufgezeigt, welche Anforderungen im einzelnen an die Darlegung

- einer unerlaubten Handlung,
- eines Schadens und
- der Schadensverursachung

zu stellen sind. Während der Beschäftigung der Arbeitnehmerin fanden Kontroll-Inventuren statt. Aufgrund des Ergebnisses dieser Inventuren behielt der Arbeitgeber von den Bezügen der Arbeitnehmer für zwei Monate insgesamt ca. DM 1.060,— ein. Die auf Zahlung des einbehaltenen Betrages gerichtete Klage hatte weitgehend Erfolg. Das BAG betont, daß die Verwendung von Computern bei der Aufstellung und Verwertung von Inventuren grundsätzlich nicht zu einer Minderung der Anforderungen führen kann, die nach den Bestimmungen des Verfahrensrechts und des materiellen Rechts an die Geltendmachung von Schadensersatzansprüchen zu stellen sind. Dem Arbeitgeber sei bereits die Darlegung nicht gelungen, ob und inwieweit der von ihm behauptete Fehlbetrag ein Warenmanko, ein Geldmanko oder ein Waren- und Geldmanko darstelle. Der unsubstantiierte Vortrag reiche (auch) zur Darlegung der Tatbestandsmerkmale der Unterschlagung (§ 246 StGB) und der Untreue (§ 266 StGB) nicht aus. Weiter genüge es nicht, einfach einen "buchmäßigen Schaden" zu behaupten; vielmehr müsse vom Arbeitgeber als Gläubiger im einzelnen dargelegt werden, wie sich die von ihm behauptete Vermögenseinbuße als Schaden im Sinne des § 249 BGB im einzelnen darstelle. Schließlich habe der Arbeitgeber darzulegen und gegebenenfalls zu beweisen, daß der eingeklagte Schaden (Geld- oder Warenmanko) im Sinne adäquater Kausalität von dem Arbeitnehmer verursacht worden sei. Da sich Aufrechnung und Widerklage des Arbeitgebers wegen Nichterfüllung der genannten Anspruchsvoraussetzungen als unbegründet darstellten, konnte das BAG im Urteil vom 13.2.1974 dahingestellt sein lassen, ob der Arbeitgeber auch noch das Verschulden der Arbeitnehmerin darlegen und im Bestreitensfall hätte beweisen müssen oder ob sich die in Anspruch genommene Verkaufsstellenverwalterin nach § 282 BGB hätte exkulpieren müssen. Das BAG zitiert in diesem Zusammenhang sein Urteil vom 2.4.1958, AP Nr. 5 zu § 549 ZPO, das die leitsatzmäßige Aussage enthält, die Bestimmungen der §§ 282, 285 BGB seien auf das Arbeitsverhältnis nicht anwendbar.

• Weitere Beispiele aus der Rechtsprechung:

– BAG, 27.2.1970, AP Nr. 54 zu § 611 BGB Haftung des Arbeitnehmers:

unter welchen Voraussetzungen haftet der Leiter einer Gaststätte für Abrechnungsdifferenzen, wenn keine verschließbare Kasse vorhanden ist und auch andere Personen Zugang zur Kasse haben ?

– BAG, 30.9.1970, AP Nr. 3 zu § 56 ZPO:

der Arbeitgeber verlangt von einer Buchhalterin/Kassiererin DM 16.723,60 mit der Begründung, diese habe ohne Genehmigung betriebliche Gelder in diesem Umfang für betriebsfremde Zwecke entnommen. Nach Ansicht des BAG mußte in diesem Fall die Arbeitnehmerin beweisen, an wen sie das Geld ausgezahlt hatte. Außerdem mußte sie nachweisen, daß sie das Geld für betriebliche Zwecke verausgabt hatte. – Zur Frage der Darlegungs- und Beweislast, wenn der Geschäftsführer einer Gesellschaft einen Kassenfehlbetrag ersetzen soll, äußert sich der BGH, 8.7.1985, NJW 1986, 54.

4.3.8.5 Vereinbarungen über die Mankohaftung (Mankoabreden)

52 Bei unternehmerischer Betätigung gibt es – vom allgemeinen Wirtschafts- oder Betriebsrisiko (vgl. dazu BAG, 10.10.1990 , AP Nr. 47 zu § 138 BGB = NZA 1991, 264) abgrenzbare – besondere Risiken, die der Arbeitgeber nur unter Einsatz der speziellen Sachkenntnisse bestimmter Arbeitnehmer beherrschen kann (vgl. Peifer ZfA 1996, 77). Anders als beim allgemeinen Betriebsrisiko, das der Arbeitgeber grundsätzlich nicht im Sinne einer Vollhaftung auf den Arbeitnehmer abwälzen kann, ist bei der Übertragbarkeit besonderer Risiken eine differenzierte Betrachtungsweise geboten. Mit der bisherigen Rechtsprechung ist davon auszugehen, daß es dem Arbeitnehmer – aufgrund der Privatautonomie und der Vertragsfreiheit – unbenommen ist für ein solches (besonderes) Risiko einzustehen. Der Arbeitnehmer kann im Rahmen einer sogenannten Mankoabrede eine Art vertraglicher Garantiehaftung eingehen. Nach näherer Maßgabe der folgenden Darstellung können die Arbeitsvertragsparteien vor allem eine den Eigenarten des Betriebes und der Beschäftigung angepaßte Beweislastverteilung zu Ungunsten des Arbeitnehmers regeln oder eine vom Verschulden des Arbeitnehmers unabhängige Haftung für Fehlmengen und Fehlbeträge, die ausschließlich in seinem Arbeits- und Kon-

trollbereich entstanden sind. Wegen der weitreichenden Folgen für den Arbeitnehmer ist jedoch zunächst zu fordern, daß die Mankoabrede ausdrücklich als solche vereinbart wird. Alleine daraus, daß ein Arbeitnehmer die Leitung eines Betriebes oder etwa sonst „die volle Verantwortung" übernommen hat, folgt noch nicht zugleich, daß damit auch eine Mankoabrede in Sinne einer Garantiehaftung abgeschlossen wurde (vgl. BAG, 12. 8. 1959, AP Nr. 1 zu § 305 BGB). Für eine wirksame Einbeziehung in den Arbeitsvertrag dürften die Anforderungen entsprechend gelten, die das BAG, 29. 11. 1995, AP Nr. 1 zu § 3 AGB-G für eine vertragliche Ausschlußfrist formuliert hat. Die Mankoabrede darf nicht „kleingedruckt" – als sog. Überraschungsklausel – an einer unerwarteten Stelle im Text untergebracht werden. Im übrigen hängt die Wirksamkeit der Abrede jedenfalls auch davon ab, ob dem – vom Arbeitnehmer eingegangenen – erhöhten Risiko (insbesondere) durch Zahlung eines Mankogeldes ein angemessener wirtschaftlicher Ausgleich gegenübersteht (so bereits: BAG, 9. 4. 1957 und 27. 2. 1970 AP Nrn. 4 und 54 zu § 611 BGB Haftung des Arbeitnehmers; Preis, Grundfragen ..., S. 465f: s. auch bei Rz 47). Die Zahlung eines Mankogeldes alleine muß aber nicht immer ausreichen, um einer Mankoabrede Rechtswirksamkeit zu verleihen. So ist – trotz Zahlung eines Mankogeldes – eine Mankovereinbarung, nach der eine Verkäuferin unabhängig vom Verschulden anteilig für einen Fehlbestand haften sollte, in BAG, 22. 11. 1973, AP Nr. 67 zu § 626 BGB für den Fall als sittenwidrig i. S. des § 138 BGB bezeichnet worden, daß die Verkäuferin die nicht in ihrer Schicht eingesetzten Verkäuferinnen nicht in zumutbarer Weise überwachen konnte und dem Arbeitgeber dieser Umstand bekannt war. Im entschiedenen Fall belief sich die „Fehlgeldentschädigung" der Arbeitnehmerin auf (zuletzt) DM 40,— monatlich; in der Verkaufsstelle wurden täglich Waren im Werte vom ca. DM 2.500,— umgesetzt.

Der wirtschaftliche Ausgleich, der im Zusammenhang mit Mankoabreden zu zahlen ist, muß angemessen sein. Die Frage der Angemessenheit ist unter Berücksichtigung der Umstände des Einzelfalles zu beantworten. Es kommt vor allem auf die Art und Umstände der Beschäftigung und das konkret übernommene Risiko an. Ein wichtiger Anhaltspunkt kann auch der Durchschnitt der erfahrungsgemäß zu erwartenden Fehlmengen bzw. Fehlbeträgen sein (vgl. Künzl, KasselerHB 2.1 S. 1050 Rz 283/286).

In dem oben bei Rz 50 erwähnten Urteil, 11. 6. 1997, NZA-RR 1998, 59 bejaht das ArbG Nürnberg (– u. a. auch unter Bezugnahme auf BAG, 29. 1. 1985, AP Nr. 87 zu § 611 BGB Haftung des Arbeitnehmers) zunächst die grundsätzliche Zulässigkeit der von ihm beurteilten Mankoabrede; diese sah vor, daß „Mankobeträge, die bei (den) täglichen Abrechnungen (der Kassiererin) entstehen ... aus eigenen Mitteln in voller Höhe auszugleichen (sind)“. Die Kassiererin erhielt monatlich ein Mankogeld in Höhe von DM 30,— netto. Dieser Betrag entsprach dem Durchschnitt der erfahrungsgemäß zu erwartenden Fehlbeträge. Die Mankoabrede – so die Ansicht des ArbG Nürnberg a.a.O. – erfasse jedoch nicht Fehlbeträge, die durch eine vorsätzlich begangene Straftat Dritter entstanden seien. Diese – sich gemäß den §§ 133, 157 BGB ergebende – Auslegung gelte jedenfalls dann, wenn der Schaden (– wie hier: DM 5.000,— –) ungewöhnlich hoch sei. Für derartige Schäden hafte die Kassiererin nicht verschuldensunabhängig. Eine verschuldensunabhängige Garantieübernahme hätten die Parteien nicht vereinbart. Ob eine derartige Klausel – wäre sie vereinbart worden – überhaupt (rechtlichen) Bestand haben könnte, hält das ArbG Nürnberg unter Hinweis auf BAG, 13.2.1974, AP Nr. 77 zu § 611 BGB Haftung des Arbeitnehmers für zweifelhaft.

Schiek BB 1997, 310 verweist den Arbeitgeber zur Sicherung von Schadensersatzansprüchen aus Mankovereinbarungen (– die in Formulararbeitsverträgen mit Verkaufsfahrern enthalten sind –) „auf die am wenigsten einschneidenden Sicherungsmittel“.

4.3.9 Die Haftung bei Schlechterfüllung sonstiger Pflichten

Im Vordergrund der bisherigen Darstellung stand die Haftung für Schäden, die sich aus der Schlechterfüllung der Arbeitspflicht ergeben oder die doch im Zusammenhang mit der Arbeitsleistung verursacht werden. Während des Arbeitsverhältnisses treffen den Arbeitnehmer aber – über die Arbeitspflicht (= Hauptpflicht) hinaus – auch noch sonstige Pflichten (= insbesondere sogenannte Nebenpflichten).

4.3.9.1 Haftungserleichterung auch bei Verletzung sonstiger Pflichten ?

53 Früher war umstritten, inwieweit das arbeitsrechtliche Haftungsprivileg dem Arbeitnehmer auch bei der Verletzung von sonstigen Pflichten bzw. von Nebenpflichten zu Gute kommen konnte. Das Haftungsprivileg war an die Ausübung gefahren- bzw. schadensgeneigter Tätigkeiten geknüpft. Eine derartige Tätigkeit muß im Zusammenhang mit der Beachtung und Erfüllung von sonstigen Pflichten nicht notwendigerweise gegeben sein. Seit der Entscheidung des Großen Senats des BAG, 27.9.1994, AP Nr. 103 zu § 611 BGB Haftung des Arbeitnehmers = NZA 1994, 1083 wird an dem Kriterium der Gefahrgeneigtheit der Arbeit als Voraussetzung einer Beschränkung der Haftung des Arbeitnehmers nicht mehr festgehalten. Vielmehr gelten die Grundsätze über die Haftungsbeschränkung für alle Arbeiten, die durch den Betrieb veranlaßt sind und aufgrund des Arbeitsverhältnisses geleistet werden, – auch wenn diese Arbeiten nicht gefahrgeneigt sind. Nach der so definierten Voraussetzung des Haftungsprivilegs kommt eine Haftungsbeschränkung unter Umständen auch bei Neben- oder Schutzpflicht-Verletzungen in Betracht. So kann insbesondere die sich aus § 242 BGB ergebende Schadensabwendungspflicht dem Arbeitnehmer im Einzelfall Tätigkeiten abverlangen, die durch den Betrieb veranlaßt sind und aufgrund des Arbeitsverhältnisses geleistet werden (müssen).

4.3.9.2 Sonstige Pflichtverletzungen

Verletzt der Arbeitnehmer dagegen (Loyalitäts-) Pflichten, die insbesondere den Vertrauensbereich der Vertragspartner prägen, kommt eine Haftungsprivilegierung nicht in Betracht, weil die hier zu fordernde gegenständliche Anwendungsvoraussetzung (s. Rz 31) nicht erfüllt ist.

4.3.9.2.1 Verstoß gegen Wettbewerbsverbot

- So trifft den Arbeitnehmer die Pflicht, dem Arbeitgeber während des rechtlichen Bestandes des Arbeitsverhältnisses keinen Wettbewerb zu machen. *54*

Für kaufmännische Angestellte ergibt sich dies aus § 60 I HGB und für die übrigen Arbeitnehmer in ähnlichem Umfang aus der Treuepflicht (§ 242 BGB). Insoweit haftet der Arbeitnehmer allgemeinen Grundsätzen entsprechend. Bei einem Wettbewerbsverstoß des Arbeitnehmers kann dem Arbeitgeber nach näherer Maßgabe von BAG, 12.5.1972, AP Nr. 6 zu § 60 HGB gemäß § 242 BGB ein Anspruch auf Auskunft und Rechnungslegung zustehen. (s. dazu auch bei Rz 94; beachte LAG Berlin, 15.6.1992, NZA 1993, 271).

Der Arbeitnehmer schuldet Auskunft, sobald er dem Arbeitgeber erheblichen Anlaß gegeben hat zu vermuten, der Arbeitnehmer habe gegen das Wettbewerbverbot verstoßen. Soweit hiernach Auskunft geschuldet wird, erstreckt sich die Auskunftspflicht auf alle Angaben, die Voraussetzung einer etwaigen Schadensersatzforderung des Arbeitgebers sein können. Im übrigen setzt der Schadensersatzanspruch des Arbeitgebers Verschulden (§ 276 BGB) des Arbeitnehmers voraus,- wobei hier § 282 BGB entsprechend anwendbar sein dürfte. Die Ersatzpflicht erfaßt den adäquat-kausal verursachten Schaden (s. dazu Rz 29). Es gelten insoweit die allgemeinen Grundsätze (§§ 249 ff BGB); s. Rz 17ff und 29). Zu ersetzen ist – je nachdem wie der Arbeitgeber sein

Wahlrecht gemäß § 61 I HGB ausgeübt hat – insbesondere auch der entgangene Gewinn (vgl. insoweit BGH, 24. 10. 1995, BB 1996, 75 – Verletzung eines Kundenschutzabkommens –) sowie Kosten, die dadurch entstanden sind, daß der Arbeitgeber andere Angestellte zur Schadensabwehr und Schadensminderung einsetzt (– z. B Gehaltsanteile, Spesen, Übernachtungs- und Fahrtkosten; vgl. BAG, 24. 4. 1970, AP Nr. 5 zu § 60 HGB). Die Grundsätze über die Vorteilsausgleichung sind anwendbar. Ist dem Arbeitnehmer im Zusammenhang mit einem Wettbewerbsverstoß gleichzeitig eine vorsätzliche sittenwidrige Schädigung des Arbeitgebers vorzuwerfen, können sich Schadensersatzansprüche auch aus § 826 BGB und § 1 UWG ergeben. Die Ansprüche gemäß § 61 I HGB verjähren in 3 Monaten von dem Zeitpunkt an, in welchem der Arbeitgeber Kenntnis von dem Abschluß des Geschäfts erlangt, – und ohne Rücksicht auf diese Kenntnis in 5 Jahren von dem Abschluß des Geschäfts an (§ 61 II HGB).

4.3.9.2.2 Verstoß gegen Verschwiegenheitspflicht

55 • Nach näherer Maßgabe des Arbeitsvertrages (in Verbindung mit § 242 BGB) und gesetzlicher Bestimmungen (§§ 1, 17ff UWG, §§ 823,826 BGB) treffen den Arbeitnehmer während des Arbeitsverhältnisses vertragliche und gesetzliche Verschwiegenheitspflichten (vgl. Dannecker BB 1987, 1614; Preis/Reinfeld AuR 1989, 361).

Bei schuldhafter Verletzung dieser Pflichten kann der Arbeitnehmer zum Schadensersatz verpflichtet sein. Wegen der Besonderheiten der Schadensberechnung (ggfs.: Lizenzanalogie/hypothetischer Unterlizenzaufschlag) wird auf BAG, 24. 6. 1986, AP Nr. 4 zu § 611 BGB Betriebsgeheimnis = NZA 1986, 781 verwiesen. Haftungserleichterungen kommen in derartigen Fällen im allgemeinen nicht in Betracht (– a. A. wohl für den Fall, daß ein Arbeitnehmer im Kundengespräch seine Verschwiegenheitspflicht fahrlässig verletzt: Ahrens DB 1996, 937).

4.3.9.2.3 Annahme von Schmiergeldern

56 Die dem Arbeitnehmer obliegende Loyalitäts- oder Treuepflicht gebietet es diesem auch, von Dritten (z. B. von Lieferanten, Kunden) keine Schmiergelder entgegenzunehmen. In dem vom BAG, 14. 7. 1961, AP Nr. 1 zu § 687 BGB entschiedenen Fall war der Beklagte als Expedient bei dem Kläger (= Arbeitgeber) beschäftigt. Der Arbeitgeber betrieb ein Spedition- und Autotransport-

geschäft. Die Aufgabe des Expedienten bestand darin, unter Heranziehung von selbständigen Transportunternehmen zu transportierende Güter heranzuholen und auszuliefern. Er hatte – im Außenverhältnis – die freie Entscheidung darüber, welche Frachtführer er für die einzelnen Fuhren heranziehen wollte. In seinem Ermessen lag es auch, ob er dem einen oder anderen Frachtführer solche Fuhren gab, bei denen diese besonders auf ihre Kosten kamen. Sein Ermessen übte der Expedient so aus, daß er die Frachtführer bevorzugt mit Aufträgen bedachte, die sich ihm „durch Zuwendungen erkenntlich" gezeigt hatten. Das BAG stellt fest, daß der Expedient gemäß § 687 II BGB dem Arbeitgeber zur Herausgabe der ihm von den Frachtführern zugewendeten Beträge in Höhe von insgesamt DM 5.605,— verpflichtet ist. Der Expedient habe gegen die Pflicht verstoßen, die Frachtverträge so auszugestalten, daß der Arbeitgeber „tunlichst billig und damit wirtschaftlich günstig abschnitt". Dahingestellt blieb in dem BAG-Urteil, ob eine Schadensersatzverpflichtung des Expedienten in Höhe der Klageforderung deshalb besteht, weil durch sein Verhalten der Arbeitgeber in dieser Höhe geschädigt ist. Den Herausgabeanspruch des Arbeitgebers – hinsichtlich des vom Arbeitnehmer erlangten Schmiergeldes – beurteilt Blomeyer § 51 Rz 94 differenzierter. Die Verletzung des Schmiergeldannahme-Verbots kann i. ü. zu weiteren Vermögensschäden des Arbeitgebers führen. Insoweit kommen als Anspruchsgrundlagen die §§ 823, 826 BGB ggfs. in Verbdg. mit § 12 UWG, §§ 263, 266 StGB in Betracht. Der BGH, 26. 3. 1962 = GRUR 1962, 466 hat entschieden, daß hinsichtlich der Höhe des Schadens eine tatsächliche Vermutung dafür besteht, daß dem Arbeitgeber wertmäßig zumindest der dem Arbeitnehmer gewährte Vorteil als Gegenleistung angeboten worden wäre, wenn das Schmiergeld nicht bezahlt worden wäre.

4.3.9.2.4 Unzulässige Abwerbung

- Weiter kommen Schadensersatzansprüche aus pVV und unerlaubter Handlung (§§ 823, 826 BGB, § 1 UWG) in Frage, wenn der Arbeitnehmer während des rechtlichen Bestandes des Arbeitsverhältnisses (andere) Arbeitnehmer oder Kunden des Arbeitgebers in unzulässiger, – insbesondere in sittenwidriger Weise abwirbt. 57

Wegen der Voraussetzungen und der Höhe eines derartigen Schadensersatzanspruches wird auf BGH, 14. 11. 1967, DB 1968, 39 = BB 1968, 41 und Bengelsdorf, AR-Lexikon Stichwort Nr. 7 – Abwerbung – S. 3, verwiesen.

4.3.9.2.5 Pflichtverletzungen im Zusammenhang mit Nebenbeschäftigungen

58 • Auch kommen Erstattungs- und Schadensersatzansprüche in Betracht, wenn der Arbeitnehmer unzutreffende Angaben über (mehrere) Nebenbeschäftigungen („Doppelarbeitsverhältnisse") macht.

So hat das BAG, 18. 11. 1988, AP Nr. 3 zu § 611 BGB Doppelarbeitsverhältnis in einem Fall, in dem eine Mitteilungspflicht des Arbeitnehmers im Arbeitsvertrag ausdrücklich vereinbart worden war, wie folgt entschieden:

- Nimmt ein Arbeitnehmer, der geringfügig beschäftigt und daher in der gesetzlichen Kranken- und Rentenversicherung versicherungsfrei ist, eine weitere geringfügige Beschäftigung auf, ist er verpflichtet, dies seinem Arbeitgeber mitzuteilen.
- Verletzt der Arbeitnehmer diese Anzeigepflicht, ist er dem Arbeitgeber zum Schadensersatz verpflichtet. Zu dem zu ersetzenden Schaden gehören nicht die Arbeitgeberanteile der Beiträge zur gesetzlichen Kranken- und Rentenversicherung, die der Arbeitgeber nachentrichten muß.
- Eine Vereinbarung der Arbeitsvertragsparteien, nach der der Arbeitnehmer bei Verletzung der Anzeigepflicht dem Arbeitgeber Schadensersatz pauschal in Höhe der nachentrichteten Arbeitgeberanteile schuldet, ist nichtig. Das gleiche gilt für eine Vereinbarung der Arbeitsvertragsparteien, nach der der Arbeitnehmer eine weitere geringfügige Beschäftigung nicht aufnehmen darf.
- Was gilt, wenn der Arbeitnehmer auf ausdrückliches Befragen des Arbeitgebers die weitere Beschäftigung bewußt verschwiegen hat, bleibt unentschieden.

In dem Urteil, 27. 4. 1995 – 8 AZR 382/94 – hat das BAG entschieden, – daß das bloße Verschweigen eines weiteren geringfügigen Beschäftigungsverhältnisses den Arbeitnehmer nicht hinsichtlich der Arbeitgeber-Anteile der nachzuentrichtenden Sozialversicherungsbeiträge schadensersatzpflichtig macht und – daß die Verletzung der Mitteilungspflicht nach § 28 o I SGB IV keinen deliktischen Anspruch des Arbeitgebers gegen den Arbeitnehmer nach § 823 II BGB begründet (= EzA Nr. 1 zu § 28 o SGB IV = NZA 1995, 935).

Vor dem 1. 1. 1989 war der Arbeitgeber hinsichtlich der Rückforderung von Arbeitnehmer-Anteilen auf das Lohnabzugsverfahren gemäß den §§ 394 f, § 1397 RVO beschränkt (vgl. zur Frage, ob diese Regelung verfassungskonform war: BAG 6. 9. 1990, AP Nr. 47 zu § 615 BGB). Seit dem 1. 1. 1989 kann der Arbeitgeber aufgrund des § 28g SGB IV hinsichtlich der Arbeitnehmer-Anteile dann auch auf andere Weise als durch Verrechnung (mit den drei nächsten monatlichen Vergütungszahlungen) einen selbständigen Erstattungsanspruch geltend machen, wenn der Arbeitnehmer die ihm gemäß § 28 o I SGB IV obliegende Mitteilungspflicht vorsätzlich oder grob fahrlässig verletzt hat (s. weiter zur Problematik: Köster, NZA 1994, 54).

4.3.9.2.6 Verursachung von Detektivkosten

- Schließlich können sich Schadensersatzansprüche gegen den Arbeitnehmer 59
  dann ergeben, wenn dieser dem Arbeitgeber hinreichende Veranlassung gibt, Detektivkosten aufzuwenden (vgl. dazu ausführlich: Lepke DB 1985,1231; Frölich NZA 1996, 464; Lingemann/Göpfert DB 1997, 374).

In dem Urteil vom 3. 12. 1985 – 3 AZR 277/84 – hatte es das BAG mit dem Fall einer – auch als Kassiererin eingesetzten – Verkäuferin zu tun, die von ihrem Arbeitgeber, einem Unternehmen des Einzelhandels, auf Erstattung von Detektivkosten in Anspruch genommen wurde. Das BAG gab der Klage des Arbeitgebers teilweise statt und leitete dessen Schadensersatzanspruch dem Grunde nach aus pVV (§§ 280, 286 BGB analog) und unerlaubter Handlung (§ 823 I, II BGB in Verbindung mit § 242 StGB) ab. In tatsächlicher Hinsicht stand insoweit fest, daß die Verkäuferin aus der Kasse des Geschäfts widerrechtlich Geld entnommen und somit vorsätzlich ihre arbeitsvertraglichen Pflichten und das Eigentum des Arbeitgebers verletzt hatte. Weiter stand fest, daß dem Arbeitgeber zuvor aufgefallen war, daß sich die Verkäuferin während ihrer Tätigkeit an der Kasse auf einem Zettel Notizen machte; dies nahm der Arbeitgeber zum Anlaß ein Detektivbüro mit der Überwachung der Verkäuferin zu beauftragen. Die „Freiwilligkeit" eines derartigen Entschlusses, Detektivkosten aufzuwenden, nimmt diesen nicht den Charakter eines zu ersetzenden Schadens. Zwar stellt in der Regel nur eine unfreiwillig erlittene Vermögenseinbuße einen erstattungsfähigen Schaden dar. Etwas anderes hat jedoch – auch wenn die Voraussetzungen des § 249 S. 2 BGB nicht erfüllt sind – für Aufwendungen des Geschädigten zu gelten, die nach den Umständen des Falles als notwendig anzusehen sind. Als Schaden sind solche Anwendungen (nur) dann nicht anzusehen, wenn sie dem Schädiger nicht zuzurechnen sind. Hier war – nach den tatbestandsmäßigen Feststellungen – die Beauftragung des Detektivbüros und damit die Entstehung der entsprechenden Kosten (– dem Grunde nach –) durch das Verhalten der Verkäuferin veranlaßt worden. Es liegt – so das BAG in dem Urteil vom 3. 12. 1985 = BB 1987, 689 – nicht außerhalb aller Wahrscheinlichkeit, daß der Arbeitgeber, der von Unkorrektheiten seines Arbeitnehmers erfährt, diesen von einer in der Ermittlungstätigkeit erfahrenen Person überwachen und überführen läßt. Wichtig ist in diesem

Zusammenhang, daß die Personalkosten eines angestellten Hausdetektivs oder sonstige Kosten eines internen Kontrollsystems, soweit es sich hierbei um sogenannte Vorsorgekosten i.S. von BGHZ 75, 230 handelt, nicht erstattungsfähig sind. Die Erstattungsfähigkeit von Kosten setzt den Bezug zu einer konkreten Rechtsverletzung des Arbeitnehmers voraus (Lepke DB 1985, 1235). Soweit Detektivkosten hiernach zu erstatten sind, werden diese von der in § 12a I 1 ArbGG enthaltenen gesetzlichen Anspruchsbeschränkung nicht erfaßt. Hinsichtlich der Schadenshöhe ist jedoch zu beachten, daß sich die Grenze der Ersatzpflicht nach den Maßnahmen richtet, die ein vernünftiger, wirtschaftlich denkender Mensch nach den Umständen des Falles zur Beseitigung der Störung beziehungsweise zur Schadensverhütung als erforderlich ergriffen haben würde (BAG, 3. 12. 1985 – 3 AZR 277/84 –). Insoweit hielt das BAG in dem Verkäuferin-Fall den geltend gemachten Zeitaufwand für die (immerhin) 6-stündige Vernehmung der Arbeitnehmerin ebenso für problematisch wie die Beauftragung eines nicht ortsansässigen Detektivbüros; dadurch, daß ein auswärtiges Detektivbüro eingeschaltet wurde, kam es zu einer Verteuerung um weitere zehn Stundensätze von je DM 50,— und um Fahrtkosten in Höhe von DM 646,80. Wegen der mit dieser Problematik verbundenen Fragen verwies das BAG den Rechtsstreit insoweit an das Berufungsgericht zurück.

Das LAG Hamm, 7. 11. 1995, DB 1996, 278 hat für Recht erkannt, daß Detektivkosten die zur Vorbereitung eines Rechtsstreites sachdienlich und notwendig waren, erstattungsfähig sind, wenn sie zu dem Streitgegenstand in einem angemessenen Verhältnis stehen. Im konkret entschiedenen Fall ging es um einen (erkrankten) Berufkraftfahrer, der während der Dauer seiner ärztlich bescheinigten Arbeitsunfähigkeit gelegentlich eine Taxifahrertätigkeit nebenberuflich ausübte. Der Arbeitgeber ließ den Arbeitnehmer durch eine Detektei überwachen, die dem Arbeitgeber für ihre Überwachungstätigkeit schließlich DM 17.678,75 in Rechnung stellte. Wegen dieser Kosten nahm der Arbeitgeber den Arbeitnehmer auf Schadensersatz in Anspruch. Das LAG Hamm hielt die Einschaltung eines Detektivbüros zwar für sachdienlich, – nicht aber für notwendig. Der Arbeitgeber hätte sich von dem Arbeitnehmer auch ohne außerordentliche Kündigung trennen können. Ohne mehr belastet zu werden, wäre dasselbe Ziel durch eine ordentliche (krankheitsbedingte) Kündigung zu erreichen gewesen (– zur Vorbereitung einer krankheitsbedingten Kündigung hätten keine Detektivkosten aufgewendet werden müssen). Unabhängig davon – so die weitere Argumentation des LAG – sei die Beauftragung des Detektivbüros jedenfalls unverhältnismäßig gewesen. Die Detektivkosten stünden zu dem schadensstiftenden Ereignis nicht in einem angemessenen

Verhältnis. Unter Umständen ist auch zu prüfen, ob der Arbeitgeber den Arbeitnehmer/Täter nicht auch durch andere, weniger kostenintensive Bemühungen hätte überführen können (vgl. weiter LAG Düsseldorf, 11.6.1979 DB 1979, 1850) Wegen der Frage, ob und inwieweit der Schädiger (hier: Abteilungsleiterin eines Kaufhauses) dem geschädigten Arbeitgeber ausgelobte und ausgezahlte „Fangprämien“ als Schadensersatz zu erstatten hat, wird auf LAG Nürnberg, 24.8.1992, NZA 1993, 413 verwiesen, – vgl. dazu auch BGH, 6.11.1979, AP Nr. 19 zu § 249 BGB.

4.3.10 Besondere Haftungssituationen

Bisweilen ist der Arbeitnehmer besonderen Haftungssituationen ausgesetzt, – etwa dadurch, daß er seine Arbeitsleistung im Rahmen eines Gruppenarbeitsverhältnisses zu erbringen hat oder dadurch, daß er als Mitglied der betrieblichen Arbeitnehmervertretung (Betriebsrat/Personalrat) besondere Pflichten übernommen hat.

4.3.10.1 Die Haftung des Arbeitnehmers als Mitglied einer Arbeitsgruppe

Mit der zunehmenden Einführung von Gruppenarbeit im Rahmen von neuen Strukturen der Arbeitsorganisation gewinnt die Problematik „Gruppenarbeit und Arbeitnehmerhaftung“ weiter an Bedeutung (s. dazu Rüthers ZfA 1977, 1; Schölzel BR 1996 Heft 5 S. 105ff).

4.3.10.1.1 Betriebsgruppe und Eigengruppe

Das BAG, 23.2.1961, AP Nr. 2 zu § 611 BGB Akkordkolonne versteht unter 60
einer Betriebsgruppe eine Mehrheit von Arbeitnehmern, die jeweils einzeln und unabhängig voneinander ihren Arbeitsvertrag mit dem Arbeitgeber abgeschlossen haben und durch diesen aus arbeitsorganisatorischen Gründen zwecks Erreichung eines Arbeitserfolges zusammengeschlossen werden. Demgegenüber bieten die Mitglieder einer Eigengruppe ihre Arbeitsleistung als Gruppe dem Arbeitgeber an.

4.3.10.1.2 Die Haftung

An sich haften mehrere Arbeitnehmer desselben Arbeitgebers – auch wenn sie 61
gleichzeitig Vertragsbruch begehen – nicht als Gesamtschuldner. Etwas anderes kann jedoch – so BAG, 30.5.1972, AP Nr. 50 zu § 4 TVG Ausschlußfristen – unter Umständen für Mitglieder einer Arbeitsgruppe gelten. Selbst bei

einer Eigengruppe ist aber nicht ohne weiteres anzunehmen, daß die einzelnen Mitglieder für die Aufnahme der Arbeit und die sonstige Erfüllung des Arbeitsvertrages durch die übrigen Mitglieder persönlich die Haftung übernehmen. Jedoch ist es rechtlich möglich, etwas anderes zu vereinbaren, wobei diese Vereinbarung auch durch schlüssige Handlung getroffen werden kann. Ferner kann eine Gesamtschuldnerhaftung dann in Betracht kommen, wenn eine Eigengruppe einen Arbeitsvertragsbruch aufgrund eines gemeinsamen Entschlusses begeht. Sind die Anspruchsvoraussetzungen einer gemeinschaftlich begangenen unerlaubten Handlung gemäß den §§ 823 ff BGB erfüllt, ist der Geschädigte nach näherer Maßgabe des § 830 BGB vom Nachweis der haftungsbegründenden Kausalität befreit. Die Verlagerung der Risiken der Haftungsverteilung in das Verhältnis der Schädiger untereinander erleichtert dem Geschädigten die Erfüllung seiner Darlegungslast.

Speziell mit der Haftung einer Fliesenleger-Akkordkolonne befaßt sich das BAG, 24. 4. 1974, AP Nr. 4 zu § 611 BGB Akkordkolonne. Die Leitsätze dieses – von Hanau in EzA, Anm. zu § 611 BGB Arbeitnehmerhaftung Nr. 24 besprochenen – Urteils lauten:

1. Wird in einer Fliesenleger-Akkordgruppe die Arbeitsaufgabe der ganzen Gruppe gemeinschaftlich in der Weise übertragen, daß es der Gruppe überlassen bleibt, die Arbeitsgänge und Arbeitsabschnitte unter die einzelnen Gruppenmitglieder aufzuteilen, geht die vertragliche Arbeitspflicht des einzelnen dahin, zu seinem Teil an der gemeinsamen Aufgabe mitzuwirken.

2. In einem solchen Fall ist der einzelne Fliesenleger nicht nur gehalten, die jeweils auf ihn entfallende Teilaufgabe sachgerecht zu erfüllen, sondern er muß zu seinem Teil dazu beitragen, daß Mängel, die das Gruppenergebnis gefährden, beseitigt und Gefahren abgewendet werden.

3. Für die Frage der Haftung bleibt es für die Mitglieder einer Akkordgruppe in Regelfall bei dem allgemeinen Rechtsgrundsatz, daß der einzelne für Schaden infolge von Schlechtleistung Schadenersatz nur dann schuldet, wenn er selbst seine Vertragspflicht schuldhaft verletzt hat.

4. Für die Darlegungs- und Beweislast bei Schlechtleistung in einer solchen Akkordgruppe gilt:

   a) Zunächst muß der geschädigte Arbeitgeber nachweisen, daß sein Schaden durch vertragswidrige Schlechtleistung der Gruppe verursacht worden ist;

b) hat der Arbeitgeber diesen Beweis erbracht, ist es Sache der einzelnen Gruppenmitglieder, sich zu entlasten, indem sie darlegen und beweisen, daß sie selbst einwandfreie Arbeit geleistet und auch nicht durch Verletzung vertraglicher Nebenpflichten den Schaden mitverursacht haben;

c) auch für die Verschuldensfrage gilt, daß das einzelne Gruppenmitglied sich entlasten muß, sofern die vertragswidrige Schlechtleistung der Gruppe feststeht.

Im übrigen ist darauf hinzuweisen, daß die Tarifvertragsparteien nicht befugt sind, durch Tarifvertrag zwischen den Akkordteilnehmern auf der Beklagtenseite eine notwendige Streitgenossenschaft zu begründen und eine entsprechende Zulässigkeitsvoraussetzung für die Schadensersatzklage des Arbeitgebers aufzustellen; eine Rechtssetzungsbefugnis der Tarifvertragsparteien für das Verfahrensrecht besteht – abgesehen von gewissen insoweit im Streitfall aber nicht gegebenen Ausnahmen (§ 48 II ArbGG) – nicht (BAG, 18. 5. 1983, AP Nr. 51 zu § I TVG Tarifverträge: Bau, – mit Anm. Leipold).

4.3.10.2 Die Haftung der Betriebsratsmitglieder

Die folgenden Ausführungen gelten entsprechend für die Mitglieder sonstiger betrieblicher Interessenvertretungen der Arbeitnehmer (Personalvertretungen im Öffentlichen Dienst; Betriebsvertretungen bei den alliierten Streitkräften; Mitarbeitervertretungen bei kirchlichen Einrichtungen), – es sei denn, daß Wesen und Zweck der jeweiligen Interessenvertretung eine andere Betrachtungsweise gebieten. Wegen weiterer Einzelheiten wird auf Weber DB 1992, 2135, Richardi (BetrVG Vorbem. 8ff vor § 26) und FKHE BetrVG § 1 Rz 193 ff) verwiesen.

4.3.10.2.1 Haftung gegenüber dem Arbeitgeber

Soweit es um die Anwendung der allgemeinen Regeln des Bürgerlichen Rechts *62*
geht, sind die Betriebsrats- und Personalratsmitglieder haftungsrechtlich nicht privilegiert. Sie dürfen also (auch) bei betriebverfassungsrechtlichen oder personalvertretungsrechtlichen Anlässen den Arbeitgeber nicht durch unerlaubte Handlungen schädigen,- sie dürfen kein Recht i.S. des § 823 I BGB und kein (– zu Gunsten des Arbeitgebers bestehendes –) Schutzgesetz i.S. des § 823 II BGB verletzen. So stellt insbesondere die unbefugte Offenbarung von Betriebs- oder Geschäftsgeheimnissen nach näherer Maßgabe der §§ 79 und 120 I Nr. 1, V BetrVG eine strafbare Handlung und § 79 BetrVG ein Schutzgesetz

zu Gunsten des Arbeitgebers dar; bei schuldhaften Verstößen können dem Arbeitgeber deswegen Schadensersatzansprüche zustehen (vgl. Joost MünchAR § 300 Rz 208; Weber DB 1992, 2135). Als Betriebs- und Geschäftsgeheimnisse kommen in Betracht:

Arbeitnehmererfindungen, betriebliche Lohnlisten, Patente, Lizenzen, Fertigungsmethoden, Materialzusammensetzungen u. ä. (vgl. BAG, 26. 2. 1987, AP Nr. 2 zu § 79 BetrVG 1972 = NZA 1988, 63). In der Literatur wird weitergehend eine vertragliche Haftung der einzelnen Betriebsratsmitglieder für den Fall erörtert, daß sie bei Ausübung der Betriebsratstätigkeit gleichzeitig arbeitsvertragliche Plichten verletzen; bisweilen wird auch ein gesetzliches Schuldverhältnis eigener Art angenommen, aus dem besondere Pflichten der Betriebsratsmitglieder abgeleitet werden (vgl. zum Ganzen: Belling „Die Haftung ...“; Hanau RdA 1979, 324ff; von Hoyningen-Huene NZA 1989, 121 und RdA 1992, 355).

4.3.10.2.2 Haftung gegenüber anderen Arbeitnehmern

63 Die eben erwähnten allgemeinen Regeln gelten auch in Bezug auf die Haftung gegenüber anderen Arbeitnehmern. Soweit es um Vermögensschäden geht, hängt die Haftung davon ab, ob dem Betriebsratsmitglied

- eine vorsätzliche sittenwidrige Schädigung (§ 826 BGB) oder
- eine Schutzgesetzverletzung i.S. des § 823 II BGB

vorzuwerfen ist und der Vermögensschaden des Arbeitnehmers dadurch in rechtserheblicher Weise verursacht wurde. Die Bestimmungen der §§ 79, 82 III, 83 1, 99 I 3 und 102 II 5 BetrVG, die dem Betriebsratsmitglied auferlegen, über bestimmte Umstände Stillschweigen zu bewahren, stellen Schutzgesetze i.S. des § 823 II BGB dar. Umstritten ist der Schutzgesetz-Charakter von § 75 BetrVG (bejahend: BAG, 5. 4. 1984, AP Nr. 2 zu § 17 BBiG und wohl auch von Hoyningen/Huene in Anm. zu BAG, 14. 1. 1986, AP Nr. 5 zu § 1 BetrAVG Gleichbehandlung).

Eine Haftung für die Erteilung unrichtiger Auskünfte (vgl. § 676 BGB) kommt im allgemeinen nur unter den Voraussetzungen des § 826 BGB in Betracht (vgl. DLW-Wildschütz I Rz 671).

4.3.10.2.3 Haftung gegenüber Dritten

64 Zwar ist im Regelfall davon auszugehen, daß Betriebsratsmitglieder nicht den Willen haben, privatrechtliche Verbindlichkeiten finanzieller Art einzugehen (vgl. BAG, 24.4.1986, AP Nr. 7 zu § 87 BetrVG Sozialeinrichtung). Diese Erfahrungsregel schließt es allerdings im Einzelfall nicht aus, daß einzelne Betriebsratsmitglieder doch einmal im eigenen Namen Verträge mit Dritten (Rechtsanwälten, Sachverständigen, Unternehmen) abschließen. Nach allgemeinem Bürgerlichen Recht haften sie – im Außenverhältnis – dem Dritten für die eingegangene Verbindlichkeit persönlich. Eine (Mit-)Haftung des Betriebsrates (als Gremium) scheidet aus. Im Innenverhältnis zum Arbeitgeber kann sich nach näherer Maßgabe des § 40 I BetrVG ein betriebsverfassungsrechtlicher Freistellungs- oder Erstattungsanspruch ergeben (BAG, 27.3.1979, AP Nr. 7 zu § 80 BetrVG).

4.3.10.2.4 Die Haftung für Eigenschäden

In diesem Zusammenhang ist zwischen Personenschäden und sonstigen Schäden zu unterscheiden. 65

- Erleidet ein Betriebsratsmitglied bei der Wahrnehmung betriebsverfassungsrechtlicher Aufgaben einen Unfall,

so hat er zwar zum einen – soweit seine Tätigkeit als betriebliche (= versicherte) Tätigkeit anzusehen ist – hinsichtlich der dabei erlittenen Personenschäden Anspruch auf Leistungen der gesetzlichen Sozialversicherung (Unfallversicherung: insbesondere Heil- und Kurkosten). Zum anderen sind aber weitergehende Ansprüche gegen den Schädiger nach näherer Maßgabe der §§ 104f SBG VII ausgeschlossen. Das sozialversicherungsrechtliche Haftungsprivileg (s. dazu bei Rz 69, 70) greift. Der Anspruch beschränkt sich also bei Vorliegen eines Versicherungsfalles in der Regel auf die Leistungen der gesetzlichen Unfallversicherung. Der Haftungsausschluß entfällt, wenn der Schädiger den Versicherungsfall vorsätzlich oder auf einem nach § 8 II Nr. 1 bis 4 SGB VII versicherten Weg herbeigeführt hat.

- Anders verhält es sich mit sonstigen Schäden, die ein Betriebsratsmitglied in Ausübung seiner Amtstätigkeit erleidet.

Insoweit gelten die Grundsätze, die das BAG, 3.3.1983, AP Nr. 8 zu § 20 BetrVG mit Anm. von Löwisch = NJW 1984, 198 zu folgendem Fall formuliert hat:

Ein Wahlvorstandsmitglied fuhr am 14.2.1978 mit seinem Privat-Pkw von seiner Wohnung kommend zum Verwaltungsgebäude des Arbeitgebers, um dort im Büro des Wahlvorstandes Wahlunterlagen und eine Wahlurne für eine Abstimmung in einer auswärtigen Zeche abzuholen. Die (reinen Fahrt-)Kosten dieser Fahrt hat der Arbeitgeber mit DM 0,25 je Kilometer getragen. Bei dieser Fahrt erlitt das Wahlvorstandsmitglied bei winterlichen Straßenverhältnissen (morgens gegen 3.50 Uhr) einen Unfall, bei dem sein Pkw schwer beschädigt wurde. Im arbeitsgerichtlichen Beschlußverfahren hat das Wahlvorstandsmitglied, die Verurteilung des Arbeitgebers beantragt, an ihn DM 6.188,50 zu zahlen. Zur Begründung hat er die Auffassung vertreten, der Arbeitgeber sei verpflichtet, den ihm ohne sein Verschulden entstandenen Unfallschaden zu tragen, da dieser zu den Kosten der Wahl i.S. des § 20 III 1 BetrVG gehöre.

Als mögliche Anspruchsgrundlage zieht das BAG a.a.O. nicht § 670 BGB heran, sondern § 20 III BetrVG; diese Bestimmung ist mit § 40 BetrVG vergleichbar, so daß die vom BAG formulierten Grundsätze auf Betriebsratsmitglieder entsprechend anwendbar sind (vgl. auch Ehrich/Hoß NZA 1996, 1079).

Soweit es um die gezahlte Kilometerpauschale geht, weist das BAG – unter Bezugnahme auf seine Entscheidungen vom 16. 11. 1978 und 8. 5. 1980, AP Nrn. 5 und 6 zu § 611 BGB Gefährdungshaftung des Arbeitgebers – zunächst darauf hin, daß mit der Erstattung eines derartigen Betrages kaum die Kosten der Pkw-Benutzung abgedeckt sind, – geschweige denn ein etwaiges Unfallrisiko (– ähnlich LAG Hamm, 16. 4. 1997, BB 1997, 2007 für ein Kilometergeld in Höhe von DM 0,52 –). Im übrigen bedeute die Übernahme der Kosten für die Benutzung des eigenen Pkw durch den Arbeitgeber allein noch nicht, daß dieser sich damit zugleich auch verpflichten wollte, einen Unfallschaden, sei es auch gemindert bei eigenem Verschulden des Arbeitnehmers, zu ersetzen. Fahre ein Wahlvorstandsmitglied ohne besondere Veranlassung mit dem eigenen Pkw statt mit anderen Verkehrsmitteln oder mit vom Arbeitgeber zur Verfügung gestellten Fahrzeug, so müsse er Unfallschäden selbst tragen. Etwas anderes könne dann gelten, wenn

- entweder der Arbeitgeber die Benutzung des Privat-Pkw ausdrücklich gewünscht habe

  oder

- doch der Arbeitnehmer die Benutzung des eigenen Pkw aus bestimmten Gründen für erforderlich halten durfte, um seine gesetzlichen (betriebsverfassungsrechtlichen) Aufgaben erfüllen zu können. Es sei zu prüfen, ob der Arbeitnehmer seinen Pkw nur zur persönlichen Erleichterung der Durchführung seiner Aufgaben benutzte, oder ob er es angesichts der zeitlichen und betrieblichen Situation für erforderlich ansehen konnte, seine Tätigkeit unter Benutzung des eigenen Pkw auszuüben, weil er sie zumutbarerweise mit anderen Verkehrsmitteln nicht erfüllen konnte. Soweit die Erforderlichkeit zu bejahen sei, müsse weiter „die Frage des eigenen Verschuldens an dem Unfall mit der Folge einer Minderung oder eines Wegfalls der Schadensübernahme" durch den Arbeitgeber geprüft werden. Das BAG verwies das Beschlußverfahren zur weiteren Sachaufklärung an das LAG Hamm zurück.

In einem anderen Fall hat das LAG Niedersachsen, 21. 4. 1980, EzA Nr. 48 zu § 40 BetrVG 1972 entschieden, daß ein Betriebsratsmitglied, das bei der Erledigung von Betriebsratsaufgaben mit seinem eigenen Pkw einen Unfall erleidet, die Reparaturkosten vom Arbeitgeber dann erstattet verlangen kann, wenn dieser die Benutzung des Privat-Pkw verlangt hat oder wenn der Unfall bei einer gefährlichen Arbeit eingetreten und der Unfallschaden außergewöhnlich hoch ist. Im Streitfall billigte das LAG dem Betriebsratsmitglied weder einen Erstattungsanspruch gemäß § 40 BetrVG zu, noch einen solchen gemäß § 670 BGB. Dazu ist anzumerken, daß (jedenfalls) nach der derzeitigen Rechtslage nicht mehr alleine darauf abgestellt werden kann, die Mitglieder betriebsverfassungsrechtlicher Gremien (Betriebsrat/Wahlvorstand) übten keine „typische schadensgeneigte Tätigkeit" aus (vgl. dazu die krit. Anm. von Löwisch zu BAG, 3. 3. 1983, AP Nr. 8 zu § 20 BetrVG 1972). In der Entscheidung vom 16. 4. 1997 hat das LAG Hamm BB 1997, 2007 festgestellt, daß das Betriebsratsmitglied den Unfallschaden auf der Fahrt zur BR-Sitzung grob fahrlässig verursacht hatte; daran scheiterte des Erstattungsbegehren.

4.3.11 Die Haftung bei Arbeitskämpfen und ähnlichen kollektiven Maßnahmen

4.3.11.1 Allgemeines

Der Arbeitnehmer kann sich schadensersatzpflichtig machen, wenn er sich an rechtswidrigen Arbeitsniederlegungen, wilden Streiks und ähnlichen Aktionen beteiligt. Die Rechtswidrigkeit fehlt, wenn der Arbeitnehmer in rechtmäßiger Weise von seinem Streikrecht oder vom Grundrecht der Versammlungsfreiheit Gebrauch macht. Soweit es um die Frage der grundsätzlichen Zulässigkeit oder Unzulässigkeit der genannten Maßnahmen geht, wird beispielhaft verwiesen auf: *66*

- BGH, 31. 1. 1978, AP Nr. 61 zu Art. 9 GG Arbeitskampf: sittenwidriger „Fluglotsen-Streik" mit massenhaftem „go sick", „Dienst nach Vorschrift" u. ä.;
- BAG, 12. 1. 1988, AP Nr. 90 zu Art. 9 GG Arbeitskampf: (idR) rechtswidriger Sympathie- oder Solidaritätsstreik;

- BAG, 23.10.1984, AP Nr. 82 zu Art. 9 GG Arbeitskampf: Teilnahme an einer gewerkschaftlichen Demonstration, mit der auf soziale Mißstände hingewiesen werden soll;
- BGH, 4.11.1997, DB 1998, 307 (– zu den Voraussetzungen einer haftungsrechtlich verantwortlichen Beteiligung von Teilnehmern einer Protestdemonstration an rechtswidrigen Eingriffen in Rechtsgüter Dritter gemäß § 830 I 1 und II BGB; s. zu diesem Urteil weiter unten bei Rz 68) sowie
- Worzalla, AR-Lexikon, – Streik – sowie Däubler, Das Arbeitsrecht 1, Rz 633ff

– jeweils mit weiteren Hinweisen auf Lit. und Rspr. –.

4.3.11.2 Das Verschulden des Arbeitnehmers als Anspruchsvoraussetzung

67 Objektiv rechtswidrige Aktionen einzelner Arbeitnehmer verpflichten diese nach näherer Maßgabe der §§ 249 ff BGB zum Schadensersatz, wenn ihnen ein Verschulden i.S. des § 276 BGB vorgeworfen werden kann (s. Rz 27). So kann sich der einzelne Arbeitnehmer darauf, daß er einen „wilden“ Streik (rechtsirrtümlich) für zulässig gehalten habe, nicht ohne weiteres berufen. Insoweit trifft den Arbeitnehmer eine Aufklärungs- und Erkundigungspflicht. (s. BAG, 20.12.1963, AP Nr. 32 zu Art. 9 GG Arbeitskampf; vgl. aber auch Däubler a.a.O. sowie BAG, 14.2.1978, AP Nr. 58 zu Art. 9 GG Arbeitskampf).

4.3.11.3 Die zu ersetzenden Schäden

68 Soweit es um die Ermittlung der Schadenshöhe – insbesondere bei Betriebsunterbrechungen/kurzzeitigen rechtswidrigen Streiks - geht, wird auf BAG, 8.11.1988, AP Nr. 111 zu Art. 9 GG Arbeitskampf = NZA 1989, 475 und auf die Darstellung von Wendeling-Schröder NZA 1993, 49 verwiesen, die die Problematik der Substanzschäden, der Belastung mit Verbindlichkeiten, des entgangenen Gewinns und der pauschalierenden Schadensberechnung behandelt (s. dazu auch oben bei Rz 25a). Entsprechend anwendbar sind ggfs. auch die Grundsätze des BGH, 4.11.1997, DB 1998, 307 zu einer Blockadedemonstration:

„Eine – nicht nur kurzfristige (hier: zweitägige) – Blockade des Einsatzes von Baumaschinen durch eine Protestdemonstration kann einen rechtswidrigen und schuldhaften Eingriff in den berechtigten Besitz der Bauunternehmen darstellen und zum Ersatz des durch den Ausfall der Nutzung der Baumaschinen entstandenen Schadens verpflichten. Derartige Blockademaßnahmen sind nicht vom Grundrecht der Versammlungsfreiheit gedeckt und daher rechtswidrig, wenn sie durch zielgerichtete Anwendung unmittelbaren - sei es auch nur psychischen – Zwanges den bestimmungsgemäßen Einsatz der Baumaschinen verhindern sollen".

4.3.12 Die Haftung für Personenschäden

Schädigt der Arbeitnehmer – etwa bei einem Arbeitsunfall – einen Arbeits- 69
kollegen oder einen sonstigen Versicherten desselben Betriebes, so haftet er diesem für Personenschäden nur nach näherer Maßgabe des § 105 SGB VII.

Diese Bestimmung besagt in Abs. I S. 1:

„Personen die durch eine betriebliche Tätigkeit einen Versicherungsfall von Versicherten desselben Betriebes verursachen, sind diesen sowie deren Angehörigen und Hinterbliebenen nach anderen gesetzlichen Vorschriften zum Ersatz des Personenschadens nur verpflichtet wenn sie den Versicherungsfall vorsätzlich oder auf einem nach § 8 II Nr. 1 bis 4 SGB VII versicherten Weg herbeigeführt haben". Der Begriff „Versicherungsfall" erfaßt Arbeitsunfälle und Berufskrankheiten; verbotswidriges Handeln schließt einen Versicherungsfall nicht aus (s. § 7 I und II SGB VII). Zum Verkehrsunfall als Arbeitsunfall äußert sich Krasney NZV 1989, 369.

Den Begriff des Personenschadens hat das BAG, 24.5.1989, AP Nr. 16 zu § 636 RVO = NZA 1989 795 wie folgt erläutert:

„Eine Vermögensbeeinträchtigung stellt einen Personenschaden dar, wenn sie durch die Verletzung oder Tötung eines Menschen verursacht wird. Bei Tod durch Arbeitsunfall unterliegt also auch der Anspruch auf Ersatz der Beerdigungskosten (§ 844 BGB) dem Haftungsausschluß".

Seitdem § 637 I RVO a.F. von § 105 SGB VII abgelöst wurde, ist der Kreis der Personen deren Haftung – aus dem Gesichtspunkt des Betriebsfriedens – beschränkt wird, weiter gezogen (vgl. – noch zum bisherigen Recht -: BGH, 20.1.1998, BB 1998, 748). Wie bisher wird allerdings vorausgesetzt, daß der Schädiger eine (an sich) betriebsdienliche Tätigkeit ausübt und es sich um denselben Betrieb handelt, für den sowohl der Schädiger als auch der Geschädigte tätig werden. Freilich wird nicht mehr auf „Betriebsangehörige" (vgl. dazu noch BGH, 10.5.1983, VersR 1983, 687) abgestellt; die Haftungsbeschränkung betrifft vielmehr auch Nicht-Betriebsangehörige, die durch eine betriebliche Tätigkeit einen Versicherungsfall von Versicherten desselben Betriebes verursachen (Nehls, K § 105 SGB VII Rz 4; s. dazu ergänzend bei Rz 70).

Wie bislang bereits im Rahmen des § 637 RVO a.F. dürfte – vom Zweck der Vorschrift her – auch im Rahmen des § 105 SGB VII eine weite Auslegung des Begriffs der „betrieblichen Tätigkeit" geboten sein. Durch Tätlichkeiten oder kindliche Spielereien verursachte Personenschäden sind aber weiterhin von der Beschränkung der Ersatzpflicht nicht erfaßt (vgl. zur Abgrenzung – noch nach früherem Recht – : BGH, 2.3.1971, AP Nr. 6 zu § 637 RVO: BAG, 9.8.1966 und 14.3.1974, AP Nrn. 1 und 8 zu § 637 RVO sowie BAG, 3.9.1968 AP Nr. 1 zu § 840 BGB).

Soweit der Haftungsausschluß greift, erfaßt er auch den Anspruch auf Schmerzensgeld gemäß § 847 BGB (– vgl. BAG, 5.5.1988 AP Nr. 2 zu § 831 BGB = DB 1989, 131; in diesem Fall hatte der Arbeitgeber des geschädigten Arbeitnehmers Arbeitsgerät mit Bedienungspersonal ausgeliehen; zum Schaden kam es weil der Leiharbeitnehmer das entliehene Arbeitsgerät unsachgemäß bediente).

Wegen der Entsperrung des Haftungsausschlusses (– bei Vorsatz oder Herbeiführung des Versicherungsfalles auf einem „versicherten Weg" –) wird auf Rz 71 verwiesen. Daß der Haftungsausschluß (des § 636 RVO a.F.) in verfassungsrechtlich wirksamer Weise auch Schmerzensgeldansprüche umfaßt, hat das BVerfG, 7.11.1972, AP Nr. 6 zu § 636 RVO entschieden.

4.4 Die Haftung für Schäden, die der Arbeitnehmer selbst erleidet (Einstehenmüssen für Eigenschäden oder Haftung des Arbeitgebers?)

Gelegentlich erleidet der Arbeitnehmer bei der Ausführung einer betrieblichen Tätigkeit einen Eigenschaden (z.B.: – der Arbeitnehmer verletzt sich oder es werden – im Eigentum des Arbeitnehmers stehende – Arbeitsmittel oder ähnliche Gegenstände beschädigt oder zerstört –). Wer haftet für derartige Personen-, Sach- oder Vermögensschäden ?

In diesem Zusammenhang ist der Begriff „Haftung" im weitesten Sinne zu verstehen. Es geht hier um die Frage, ob und inwieweit für Schäden, die der Arbeitnehmer im Zusammenhang mit dem Arbeitsverhältnis erleidet, der Arbeitgeber einstehen (= haften) muß oder ob der Arbeitnehmer derartige Eigenschäden selbst tragen muß. Im Hinblick auf die im SGB VII (dort §§ 104ff) getroffenen Sonderregelungen ist insoweit zwischen den Personenschäden der in § 104 I SGB VII bezeichneten Art und sonstigen Schäden zu unterscheiden.

4.4.1 Die Beschränkung der Haftung bei Personenschäden

4.4.1.1 Das Haftungsprivileg des § 104 SBG VII (Haftungsausschluß)

Erleidet der Arbeitnehmer – durch einen Versicherungsfall i.S. des § 7 SGB VII – einen Personenschaden (s. dazu bei Rz 69) durch den Unternehmer oder durch eine der anderen in § 105 SGB VII genannten Personen, dann ist der Unternehmer oder die andere Person zum Ersatz des Personenschadens nur dann verpflichtet, wenn der Versicherungsfall vorsätzlich oder auf einem nach § 8 II Nr. 1 bis 4 SGB VII versicherten Weg herbeigeführt wurde. Bei den in § 105 I 1 SGB VII genannten Personen handelt es sich um solche, die durch eine betriebliche Tätigkeit einen Versicherungsfall von Versicherten desselben Betriebes verursachen. Der wichtigste Versicherungsfall der gesetzlichen Unfallversicherung (Sozialversicherung) ist – neben der Berufskrankheit – der Arbeitsunfall (s. dazu näher Spinnarke AR-Lexikon Stichwort Nr. 58 – Arbeitsunfall -). Die Arbeitnehmer erhalten bei Arbeitsunfällen aus der gesetzlichen Unfallversicherung eine Entschädigung, die ausschließlich von Art und Schwere der Verletzung abhängig ist und unabhängig vom Verschulden gezahlt wird. Die gesetzliche Normierung dieser sozialversicherungsrechtlichen Ansprüche des Arbeitnehmers führen zu einer Ablösung der zivilrechtlichen Haftpflicht des Unternehmers (Haftungsersetzungs-Prinzip). Die Mittel für die gesetzliche Unfallversicherung bringen die Unternehmer alleine auf, so daß das Haftungsprivileg des Unternehmers (auch) im Hinblick auf das Finanzierungs-Prinzip gerechtfertigt erscheint. Ergänzend dazu rechtfertigt das sog. Betriebsfriedens-Prinzip (vgl. BGH/Z 8,330) die Ausdehnung des Kreises der Haftungsprivilegierten vom Unternehmer auf andere Personen. Haftungsprivilegiert sind weiter Personen, die durch eine betriebliche Tätigkeit einen Versicherungsfall von Versicherten desselben Betriebes verursachen. Die „betriebliche Tätigkeit" meint vor allem die versicherte Tätigkeit i.S. von § 8 I 1 SGB VII (vgl. Rolfs NJW 1996, 3180). Mit der Auslegung des Begriffs „derselbe Betrieb" hat sich das BAG, 24. 9. 1992, NZA 1993, 451 befaßt. In diesem Urteil wurde die Bundeswehr als „ein Betrieb" i.S. der damals noch geltenden Fassung des § 637 RVO verstanden. Der Kläger war als Kraftfahrer bei einer Bw-Luftwaffen-Kfz-Transportstaffel beschäftigt. Der Beklagte war Zivilbediensteter im Bw-Teildepot Gerät-H. Dieses Teildepot ist eine Umschlagstelle des Straßentransportverbundes der Bw. Wegen eines Arbeitsunfalles nahm der Kläger den Beklagten auf Ersatz desjenigen Schadens in Anspruch, der ihm von der Unfallversicherung nicht ersetzt worden war. Zur Begründung hat er u.a. vorgetragen, der Beklagte habe beim nicht-ordnungsgemäßen Anheben einer Kiste vorschriftswidrig ohne Einweiser gearbeitet und nicht abgewartet, bis sich der Kläger aus der Gefahrenzone entfernt habe. Das BAG stellt fest, 70 daß der Beklagte (allenfalls) fahrlässig gehandelt habe. Da der Kläger und der Beklagte „in demselben Betrieb" i.S. des § 637 RVO (a.F.) beschäftigt gewesen seien und es sich – nach den bindenden Feststellungen des Trägers der gesetzlichen Unfallversicherung – um einen Arbeitsunfall gehandelt habe, sei die Haftung des Beklagten gemäß den §§ 636f RVO (a.F.) ausgeschlossen. Da der „Betrieb" i.S. von § 637 RVO unfallversicherungsrechtlich zu bestimmen sei, sei „Beschäftigungsbetrieb" beider Parteien „die Bundeswehr" und nicht eine ihrer Untergliederungen.

Demgegenüber hat der BGH, 14.7.1987, NJW 1988, 493 die Auffassung vertreten, „derselbe" Betrieb meine nicht alle Betriebe eines Unternehmens. Nach Ansicht von Nehls SGB VII, K § 105 Rz 12 spricht die Tendenz des Gesetzgebers, durch die §§ 104ff SGB VII den Kreis der Haftungsprivilegierten auszudehnen, für die vom BAG vertretene Auslegung.

4.4.1.2 Die Entsperrung des Haftungsausschlusses

71 Der Haftungsausschluß ist gemäß § 105 SGB VII an die Verursachung eines Versicherungsfalles durch eine betriebliche Tätigkeit geknüpft (s. dazu bei Rz 69, 70 und Spinnarke AR-Lexikon – Tätigkeit (betriebliche/versicherte); vgl. zum bisherigen Recht: BGH, 20.1.1998, BB 1998, 748). Die Ausnahme gilt nicht, d.h. der Haftungsausschluß ist „entsperrt", wenn der Versicherungsfall vorsätzlich (s. dazu bei Rz 34) herbeigeführt wurde oder auf einem nach § 8 II Nr. 1 bis 4 SGB VII versicherten Weg (– nach früherem Recht kam es insoweit auf die „Teilnahme am allgemeinen Verkehr" –) an. Mit „Vorsatz" ist hier der qualifizierte Vorsatz gemeint, – wie er in BAG, 27.6.1975, AP Nr. 9 zu § 636 RVO beschrieben wird. Zu § 636 RVO a.F. hat das BAG, 31.10.1991 – 8 AZR 637/90 – SGb 1992, 503 entschieden:

„Entsprechend dem Gesetzeswortlaut, der Entstehungsgeschichte und dem Normzweck muß der Vorsatz des Unternehmers den Arbeitsunfall als Schadensereignis mitumfassen. Die vorsätzliche Verletzung von Schutzgesetzen, auch wenn sie adäquat kausal den Arbeitsunfall herbeigeführt hat, genügt nicht dem gesetzlichen Erfordernis der vorsätzlichen Herbeiführung des Arbeitsunfalls, es sei denn, der Unfall selbst wurde auch gewollt oder gebilligt".

In diesem Fall hatte der Kl., – der als Auszubildender in der Bäckerei des Beklagten beschäftigt gewesen war –, bei der Reinigung einer Teigmaschine eine schwere Handverletzung erlitten.

Von dem Rührhaken der Knetmaschine wurden ihm bis auf den Daumen sämtliche Finger der rechten Hand abgetrennt. Der Kläger wurde wegen der Handverletzung mehrfach stationär und ambulant behandelt. Der Kläger brach seine Berufsausbildung zum Bäcker ab und nahm eine Berufsausbildung zum Kaufmann auf.

Mit seiner – letztlich erfolglosen – Klage macht der Kläger die Zahlung eines Schmerzensgeldes geltend und begehrt Feststellung der Schadenersatzpflicht des Beklagten. Der Kläger hat behauptet, der Beklagte habe ca. zwei bis drei Monate vor dem Unfalltag die Sicherungsautomatik an der Teigknetmaschine entfernen oder überbrücken lassen. Seit dieser Zeit habe das auf der Teigknetmaschine befindliche Metallgitter geöffnet werden können, ohne daß sich dadurch die Maschine abgeschaltet habe. Der Beklagte habe die Sicherungsfunktion nicht wieder in Betrieb setzen lassen, um bei der Bedienung und Reinigung der Teigknetmaschine eine Zeitersparnis zu erreichen. Er habe ausdrücklich die Anweisung erteilt, daß die Teigknetmaschine während des laufenden Betriebes gereinigt werden müsse. Der Unfall habe sich gegen fünf Uhr ereignet, nachdem er, der Kläger, seine Arbeit bereits um 23.45 Uhr aufgenommen gehabt habe. Wegen der Unfallfolgen könne er keinen handwerklichen Beruf mehr ausüben. Allein dies stelle eine große seelische Belastung für ihn dar. Durch verringerte Freizeitgestaltungsmöglichkeiten seien seine sozialen Kontakte eingeschränkt. Der Beklagte habe den Unfall mit bedingtem Vorsatz herbeigeführt. Deshalb sei ein Schmerzensgeld in Höhe von 50.000,— DM angemessen.

Die Klage wurde abgewiesen. In seinen Entscheidungsgründen führt das BAG a.a.O. aus, daß es im Streitfall von maßgeblicher Bedeutung sei, daß der Begriff „Vorsatz“ eine innere Tatsache bezeichne, die sich hier nur aus äußeren Hilfstatsachen ergeben könne. Dies gelte auch für den bedingten Vorsatz, der von der bewußten Fahrlässigkeit abzugrenzen sei. Dann wörtlich:

Bewußt fahrlässig handelt, wer den möglicherweise eintretenden Erfolg sieht, aber hofft, er werde nicht eintreten, oder wem es gleichgültig ist, ob er eintritt. Bedingt vorsätzlich handelt dagegen, wer den möglicherweise eintretenden Erfolg für den Fall seines Eintritts billigt (vgl. BAG Urteil vom 8. Dezember 1970 – 1 AZR 81/70 – AP Nr. 4 zu § 636 RVO mit zustimmender Anm. von Weitnauer und Preusche). Dementsprechend nimmt der Bundesgerichtshof (BGHZ 7, 311, 313) bedingten Vorsatz an, wenn der als möglich erkannte rechtswidrige Erfolg billigend in Kauf genommen wird.

Eine derartige Billigung des Arbeitsunfalles – nämlich das Abtrennen von vier Fingern – hat das Landesarbeitsgericht zu Recht als nicht festgestellt erachtet.

Das gilt auch dann, wenn die vom Kläger vorgetragenen Hilfstatsachen als wahr unterstellt werden. Selbst wenn der Beklagte die gesetzliche Arbeitszeitregelung verletzt haben sollte, die Sicherungsautomatik an der Teigknetmaschine hätte entfernen lassen und die Teigknetmaschine in diesem Zustand betrieben haben sollte und darüber hinaus die damit verbundene Gefahr gekannt und dazu noch die Anweisung erteilt haben sollte, die Maschine während des laufenden Betriebs zu reinigen, ist damit der bedingte Vorsatz des Beklagten für den konkreten Unfall nicht dargelegt. Es ergibt sich nicht, daß der Beklagte die Verletzung des zur Reinigung der Teigknetmaschine eingesetzten Mitarbeiters billigte. Insbesondere reichte es nicht aus, wenn der Beklagte zwar die Möglichkeit einer Verletzung erkannt haben sollte, aber annahm, „es werde schon gutgehen". Eine derartige Leichtfertigkeit begründete „nur" den Vorwurf bewußter, grober Fahrlässigkeit die aber den Haftungsausschluß des § 636 RVO unberührt läßt. In dieser Frage ist das Landesarbeitsgericht zutreffend von der Darlegungs- und Beweislast des Klägers ausgegangen ...".

Was die zweite (Rück-)Ausnahme („versicherter Weg") anbelangt, ist folgende Klarstellung angezeigt:

die gesetzliche Haftungbeschränkung gilt dann doch, wenn eine enge Verknüpfung des Weges mit Unternehmenszwecken deswegen gegeben ist, weil der Unternehmer bestimmenden Einfluß auf das Zurücklegen des Weges ausgeübt hat (vgl. zur Abgrenzung: BGH, 24. 10. 1967, AP Nr. 3 zu § 637 RVO; BAG, 14. 3. 1974, AP Nr. 8 zu § 637 RVO; BGH, 19. 12. 1967, AP Nr. 2 zu § 636 RVO; s. weiter Spinnarke a.a.O. – Haftung – S. 2: Transport der Beschäftigten durch den Unternehmer im betriebseigenen Bus von der Wohnung zum Betrieb oder sonstige Fälle, in denen das Verhältnis von Schädiger und Geschädigtem im Augenblick des Unfalls betriebsgeprägt ist und sich der Unfall für den Geschädigten als innerbetrieblicher Vorgang darstellt. Von einer „Teilnahme am allgemeinen Verkehr" ging die Rechtsprechung zum früheren Recht (nur) dann aus, wenn der Versicherte sich aufgrund eigenen Entschlusses beliebig in den Verkehr einordnen, sich frei in ihm bewegen oder sich nach seinem Belieben aus ihm ausgliedern kann, – wie jeder andere Verkehrsteilnehmer auch (vgl. BSG, 31. 5. 1996, BB 1997, 844; 24. 5. 1989, AP Nr. 16 zu § 636 RVO = NZA 1989, 795). Bilden Arbeitskollegen unter Nutzung ihrer Privatfahrzeuge Fahrgemeinschaften, so stellt sich eine derartige Mitnahme eines Kollegen dagegen nicht als innerbetrieblicher Vorgang dar, so daß kein Haftungsausschluß besteht (vgl. zur Problematik der „wegebezogenen Arbeitsunfälle": Marschner BB 1996, 2090).

4.4.1.3 Die Sperrung des Anspruchs auf Ersatz von Sachschäden

Das Haftungsprivileg der §§ 104 f SGB VII bezieht sich auf Personenschäden 72
durch Verletzung und Tötung. Der Anspruch auf Ersatz von Sachschäden ist nur in den Sonderfällen von § 8 III und § 13 SGB VII gesperrt (vgl. Nehls K § 104 SGB VII Rz 9: Beschädigung oder Verlust eines Hilfsmittels; Sachschäden bei Hilfeleistung).

4.4.2 Die Haftung des Arbeitgebers für sonstige Eigenschäden, die der Arbeitnehmer erleidet

Klarheit besteht darüber, daß Eigenschäden des Arbeitnehmers, die sich als Ausfluß des allgemeinen Lebensrisikos des Arbeitnehmers darstellen, keinen Freistellungs- oder Erstattungsanspruch gegen den Arbeitgeber auslösen können. Dies gilt für Schäden, die der Arbeitnehmer bei privaten oder eigenwirtschaftlichen Tätigkeiten oder bei der Befriedigung persönlicher Bedürfnisse erleidet. Hierzu dürfte weiter die übliche Abnutzung der Kleidung, – aber auch das allgemeine Diebstahlsrisiko während einer Dienstreise zählen (vgl. Stoffels AR-Blattei 860.1 Rz 170 ff unter Hinweis u.a. auf BAG, 8.5.1980, AP Nr. 6 zu § 611 BGB Gefährdungshaftung des Arbeitgebers, und 8.5.1980, AR-Blattei 860 ES Nr. 54). Problematisch ist dagegen die Behandlung von Schadensfällen, die sich im Grenzbereich von „Betätigungsbereich des Arbeitgebers" und dem „Lebensbereich des Arbeitnehmers" ereignen. Außerdem stellt sich (auch hier, – ähnlich wie bei der zu Rz 46–47a behandelten Problematik –) die Frage der Abdingbarkeit der richterrechtlichen Haftungsegelung. Diese Frage läßt sich – in Anlehnung an die Ansicht von Mayer-Maly NZA Beil. 3/1991 S. 16 – so beantworten, daß (einzelvertragliche) Abreden über eine Veränderung der (richterrechtlichen) Grundsätze über den Eigenschaden von Arbeitnehmern einer qualifizierten Inhaltskontrolle unterliegen, – ohne daß sie deshalb ausgeschlossen wären.

4.4.2.1 Der Ameisensäure-Fall (BAGE 12, 15: Beschädigung von Kleidung)

Grundlegend ist insoweit die Entscheidung des Großen Senats 10.11.1961, 73
AP Nr. 2 zu § 611 BGB Gefährdungshaftung des Arbeitgebers = BAGE 12, 15 im Ameisensäure-Fall:

ein Hafenarbeiter hatte Korbflaschen mit Ameisensäure zu verladen. Als der Glasboden einer der vom Arbeitnehmer getragenen Korbflaschen abplatzte, verletzte ihn die ausfließende Säure und beschädigte seine Kleidung. In der Folgezeit hat die Rspr. die damals vom Großen Senat aufgestellten Grundsätze (vgl. dazu Rz 75) weiterentwickelt und präzisiert (s. dazu die Darstellungen von Frieges NZA 1995, 403; Schiefer NJW 1993, 966; Blomeyer, FS Kissel S. 78f und Mayer-Maly, NZA-Beil. 1991 Nr. 3 S. 5). War – aufgrund des Arbeitsverhältnisses geleistete – Tätigkeit des Arbeitnehmers, die zu seinem Eigenschaden geführt hat, durch den Betrieb veranlaßt, hat der Arbeitnehmer diesen nicht notwendigerweise selbst zu tragen. Vielmehr sind hier die §§ 254 und 670 BGB sowie die Grundsätze entsprechend anwendbar, die das BAG, 27.9.1994, AP Nr. 103 zu § 611 BGB Haftung des Arbeitnehmers zum innerbetrieblichen Schadensausgleich entwickelt hat (s. bei Rz 30). § 670 BGB wird insoweit – über den Ersatz von Aufwendungen als freiwillige Vermögensopfer – entsprechend auf Schäden angewandt, die in einem inneren adäquaten Zusammenhang mit der Tätigkeit stehen und nicht durch die Vergütung abgegolten werden (BAG, 14.11.1991 NZA 1992, 691). Dies kann im Einzelfall – bei Schadensverursachung aufgrund geringer Schuld (= leichtester Fahrlässigkeit) – dazu führen, daß der Arbeitnehmer den von ihm erlittenen Eigenschaden auf den Arbeitgeber abwälzen, d.h. von diesem Freistellung oder Ersatz bzw. Erstattung verlangen kann. Bei vorsätzlicher Selbstschädigung hat der Arbeitnehmer seinen Eigenschaden selbst zu tragen. In aller Regel trifft den Arbeitgeber auch dann keine Haftung, wenn der Arbeitnehmer sich grob fahrlässig selbst geschädigt hat. Die Formulierung „in aller Regel" bedeutet freilich, daß eine Beteiligung (quotale Haftung) des Arbeitgebers am Eigenschaden des Arbeitnehmers nicht generell ausgeschlossen ist, – vielmehr im Einzelfall möglich ist. Eine quotale Schadensverteilung hat im Bereich der normalen Schuld (= „mittleren" Fahrlässigkeit) zu erfolgen. Wie diese Haftungsgrundsätze von der Rechtsprechung angewendet werden, zeigt die folgende Übersicht.

4.4.2.2 Die Beschädigung einer Brille

74 Die Problematik verdeutlicht das Urteil des BAG, 20.4.1989, AP Nr. 9 zu § 611 BGB Gefährdungshaftung des Arbeitgebers.

- Sachverhalt:

der Kläger (= Krankenpfleger in einer psychiatrischen Klinik) verrichtete seinen Dienst in der forensischen Station für Patienten, die dort wegen bestehender Gefahr für die Allgemeinheit eingewiesen werden. Er hatte im Tagesraum auf einem Tisch seine Brille abgelegt. Weil im benachbarten Dienstzimmer das Telefon klingelte, begab er sich dorthin. Als er nach etwa einer Minute in den Tagesraum zurückkehrte, bemerkte der Kläger, wie ein Patient mit der Brille des Klägers hantierte und diese fallen ließ, so daß das

Brillengestell zerbrach. Der Kläger erwarb ein neues Brillengestell zum Preis von DM 215,—. Hierauf zahlte ihm der Beklagte (= Arbeitgeber) aus „Billigkeitsgründen" DM 100,—. Mit seiner Klage beanspruchte der Kläger die Zahlung weiterer DM 115,—. Der Beklagte meint, der Schaden sei bereits durch die sog. Psychiatrie-Zulage (= mtl. DM 80,—) abgedeckt; jedenfalls sei der aus Billigkeitsgründen gezahlte Betrag ausreichend.

• Gründe:

Das BAG teilte die zuletzt genannte Ansicht des Arbeitgebers. Der Beklagte hafte für den Schaden des Klägers allenfalls anteilig. Zwar komme – in entsprechender Anwendung des § 670 BGB – in Betracht, daß der Arbeitnehmer gegen den Arbeitgeber einen Anspruch auf Ersatz von Schäden habe, die ihm bei der Erbringung der Arbeitsleistung entstehen. Voraussetzung sei, daß der Schaden nicht dem Lebensbereich des Arbeitnehmers, sondern dem Betätigungsbereich des Arbeitgebers zuzurechnen ist und der Arbeitnehmer ihn nicht selbst tragen muß, weil der dafür eine besondere Vergütung erhält. Insoweit führt das BAG aus, daß der Anspruch nicht schon deswegen ausgeschlossen sei, weil der Kläger eine Psychiatrie-Zulage erhalte. Mit dieser Zulage sollten keine Sachschäden abgegolten werden, die bei der Arbeit entstünden. Dahingestellt läßt das BAG die Frage, wessen Betätigungsbereich die Beschädigung der Brille zuzuordnen ist. Ein weitergehender Anspruch stünde dem Kläger (auch) dann nicht zu, wenn die Beschädigung dem Betätigungsbereich des Arbeitgebers zuzurechnen sei. In entsprechender Anwendung des § 254 BGB ist bei der Verpflichtung des Arbeitgebers zum Aufwendungsersatz das Mitverschulden des Arbeitnehmers zu berücksichtigen. Das BAG stuft das Mitverschulden des Klägers als mittlere (normale) Fahrlässigkeit ein. Die in diesem Bereich vorgesehene Schadensverteilung erfolge unter Berücksichtigung der Gesamtumstände des Einzelfalles nach Billigkeitsgrundsätzen und Zumutbarkeitsgesichtspunkten. Im Hinblick hierauf habe der Kläger mit dem unstreitig schon gezahlten Betrag von DM 100,— eine ausreichende anteilige Entschädigung erhalten. Das BAG weist darauf hin, daß nach § 670 BGB nicht Schadensersatz, sondern lediglich Wertersatz zu leisten sei. Der vom Arbeitgeber bereits gezahlte Betrag entspreche fast der Hälfte des Anschaffungspreises des (neuen) Brillengestelles.

4.4.2.3 Beschädigung des Privat-Pkw

• Mit der Frage, unter welchen Voraussetzungen ein Schaden am eigenen 75
PKW des Arbeitnehmers dem Betätigungsbereich des Arbeitgebers zuzurechnen ist (vgl. dazu auch Nägele NZA 1997, 1197), befaßt sich BAG,

14. 12. 1995, AP Nr. 13 zu § 611 BGB Gefährdungshaftung des Arbeitgebers = NZA 1996, 417:

um einen Einsatz im Betätigungsbereich des Arbeitgebers handelt es sich – so das BAG – dann, wenn ohne den Einsatz des Arbeitnehmer-Fahrzeugs der Arbeitgeber ein eigenes Fahrzeug einsetzen und damit dessen Unfallgefahr tragen müßte. Das BAG verweist auf sein Urteil, 8. 5. 1980, AP Nr. 6 zu § 611 BGB Gefährdungshaftung des Arbeitgebers = NJW 1981, 702.

• In diesem Fall war eine Sozialarbeiterin während einer Dienstfahrt mit ihrem Kraftfahrzeug auf einen vor ihr fahrenden Kraftwagen aufgefahren, als dieser – so später die Einlassung der Arbeitnehmerin – überraschend bremste.

– Hinsichtlich der Zuordnung des dabei entstandenen Schadens ist auf die Schadensgruppen-Einteilung zurückgreifen, die der Große Senat. BAGE 12, 15 vorgenommen hat:

– Schäden, die zu tragen, dem Arbeitnehmer herkömmlicherweise angesonnen werden (wie z.B. normale Abnutzung von Kleidung und Schuhen bei der Arbeit) zum einen und zum anderen

– Schäden, die der Arbeitnehmer zwar nicht herkömmlicherweise tragen muß, – für deren Hinnahme er aber – ausdrücklich oder erkennbar (– etwa durch Gefahren- oder Schmutzzulagen, erhöhtes Kilometergeld o.ä. –) bezahlt wird (– bzw. eine „besondere Vergütung" erhält; vgl. zu diesem Begriff: Schiefer, NJW 1993, 969 und LAG Baden-Württemberg, 17. 9. 1991, BB 1992, 568 = NZA 1992, 458);

– sonstige im Betätigungsbereich des Arbeitgebers entstandene Schäden.

Im konkreten Fall hängt die Haftung des Arbeitgebers davon ab, ob die Arbeitnehmerin (Sozialarbeiterin) den von ihr betreuten Bezirk ohne Auto gar nicht geordnet bewältigen konnte oder ob sie das Auto nur zu ihrer persönlichen Erleichterung benutzt hat (– konnte sie ihre Dienstaufgaben (fast) ebenso gut ohne Auto erledigen ?). In der letztgenannten Alternative hätte die PKW-Benutzung zu ihrem persönlichen Lebensbereich und der dabei erlittene Schaden zu ihrem allgemeinen Lebensrisiko gehört. Anders wäre zu entscheiden, wenn der Arbeitgeber der Sozialarbeiterin, – damit diese ihren Betreuungsbezirk geregelt versorgen konnte, ein Dienstfahrzeug hätte zur Verfügung stellen müssen. In einem derartigen Fall gehört die Benutzung des Fahrzeuges in den Tätigkeitsbereich des Arbeitgebers, der dann auch das Unfall- und Schadensrisiko zu tragen hat. Das BAG, 8. 5. 1980, a.a.O. verwies den Rechtsstreit an das LAG zurück, damit dieses näher prüfen konnte, ob der von der Sozialarbeiterin benutzte Wagen zur ordnungsgemäßen Erledigung der Arbeit unentbehrlich war. Das BAG betont, daß ein (etwaiges) Mitverschulden der Arbeitnehmerin die Verpflichtung des Arbeitgebers zum Ersatz des Unfallschadens nicht ohne weiteres auszuschließen vermag. Nach diesen Grundsätzen entschied das BAG, 14. 12. 1995, a.a.O. auch den oben – eingangs von Rz 75 – erwähnten Fall. Die Besonderheit dieses Falles bestand darin, daß das Fahrzeug des Arbeitnehmers (eines Fachberaters) während einer Parkzeit von einem unbekannten Dritten beschädigt worden war. Der Fachberater hatte gegen 11.30 Uhr eine Dienstfahrt beendet und sein Fahrzeug in der Nähe seiner Geschäftsstelle, in der er dann Innendienst verrichtete, auf einer öffentlichen Straße geparkt. Als er um 14.15 Uhr wieder den Außendienst antreten wollte, stellte er die Beschädigung seines Kfz fest. Zwar erhielt der Arbeitnehmer für die dienstliche Nutzung des eigenen Kfz eine Wegstrekkenentschädigung in Höhe von DM 0,52/km. Nach Ansicht des BAG stellte dies jedoch keine besondere Vergütung für die Tragung des Unfallrisikos dar (– ähnlich LAG Frankfurt, 13. 11. 1985, BB 1986, 2340 für ein „in der jeweils steuerlich anerkannten Höhe" gezahltes Kilometergeld –). Das BAG ordnete den (in Höhe von DM 410,40 entstandenen) Schaden dem Betätigungsbereich des Arbeitgebers zu. Der Arbeitnehmer – so das BAG – setzte seinen Privat-Pkw wegen der gegebenen Arbeitsaufgabe (Außen- und Innendienst) nicht nur während der jeweiligen Dienstfahrten, sondern auch in den Zwischenzeiten im Interesse des Arbeitgebers ein, als er ihn für weitere Dienstfahrten vorhielt.

- Nicht dem Betätigungsbereich des Arbeitgebers, sondern dem des Arbeitnehmers ordnete das BAG, 16. 11. 1978, AP Nr. 5 zu § 611 BGB Gefährdungshaftung des Arbeitgebers den Unfall zu, den ein Ro-80-Fahrer in Limburg beim Einbiegen in ein Parkhaus erlitten hatte:

die bloße Genehmigung zur Benutzung des Privat-Pkw auf Dienstreisen löse die Haftung des Arbeitgebers noch nicht aus; diesen treffe das Haftungsrisiko für einen vom Arbeitnehmer eingesetzten eigenen Pkw nur dann, wenn er den Einsatz verlangt bzw. veranlaßt habe, um ihn im betrieblichen Interesse zu „verwerten".

Wegen der Fragen, die sich ergeben können, wenn das private Fahrzeug des Arbeitnehmers auf dem firmeneigenen Parkplatz beschädigt wird, wird verwiesen auf: BAG, 25. 6. 1975 und 28. 9. 1989, AP Nrn. 4 und 5 zu § 611 BGB Parkplatz; BAG, 5. 3. 1959, AP Nr. 26 zu § 611 BGB Fürsorgepflicht; Kreßel RdA 1992, 169.

4.4.2.4 Beschädigung eines Nutzfahrzeuges

76 • Dem Betätigungsbereich des Arbeitgebers ordnete das BAG, 17.7.1997, DB 1998, 1238 = NZA 1997, 1346 den Unfall zu, den ein Forstarbeiter mit seinem Universalschlepper erlitten hatte, als er für den Arbeitgeber Forstarbeiten verrichtete. Der Schlepper wurde bei Seilarbeiten (= Ziehen eines Baumes) am Steilhang vollständig zerstört. Das BAG teilte die Ansicht des Berufungsgerichts, der Arbeitnehmer habe „allenfalls mit leichtester Fahrlässigkeit den Schlepper-Unfall verschuldet". Das BAG hielt den Arbeitgeber für verpflichtet, dem Arbeitnehmer den gesamten Schaden zu ersetzen. Allerdings erhielt der Arbeitnehmer für den Einsatz seines Schleppers zu betrieblichen Zwecken eine Stundenvergütung pro Maschinenarbeitsstunde in Höhe von DM 39,—. Dadurch sollten (jedenfalls) die Kosten für Kraftstoff, Schmiermittel, Fette, Verschleißteile und Reparaturen abgedeckt sein. Nach Ansicht des BAG stellte diese Vergütung jedoch keine (angemessene) „besondere Vergütung zum Ausgleich des Schadensrisikos" dar. Zwar könnten Arbeitnehmer und Arbeitgeber vereinbaren, daß – beim Einsatz arbeitnehmereigener Fahrzeuge zu betrieblichen Zwecken – das Schadensrisiko beim Arbeitnehmer wie bei einer Nutzung des Fahrzeugs im Eigeninteresse verbleibt. Voraussetzung hierfür sei jedoch (– neben dem rechtsgeschäftlich wirksamen Zustandekommen einer derartigen Vereinbarung -), daß eine adäquate Gegenleistung zur Abdeckung des Unfallrisikos gezahlt werde. Daran fehlte es. Weiter stellte das BAG klar: „Im Streitfall geht es ausschließlich um Schäden, die ein Arbeitnehmer bei Erfüllung seiner arbeitsvertraglichen Pflichten verursacht hat. In einem solchen Fall gelten die Grundsätze über die Beschränkung der Arbeitnehmerhaftung auch dann, wenn im Rahmen des Arbeitsverhältnisses über den beschädigten Gegenstand zwischen Arbeitgeber und Arbeitnehmer ein Mietvertrag geschlossen worden war".

4.4.2.5 Verlust des Schadensfreiheitsrabattes

77 • In einem anderen Fall – BAG, 30.4.1992, AP Nr. 11 zu § 611 BGB Gefährdungshaftung des Arbeitgebers = NZA 1993, 262 („Rückstufungsschaden"/ „Verlust des Schadensfreiheitsrabattes") begehrte die Klägerin (= Arbeitnehmerin) die Feststellung, daß der Arbeitgeber verpflichtet sei, ihr sämtliche zukünftigen Folgen aus dem Prämienmehraufwand für die Kfz-Haftpflichtversicherung aus dem Schadensereignis vom 17.3.1990 zu ersetzen. Die Arbeitnehmerin hatte an diesem Tag beim Zurücksetzen zum Einparken mit ihrem Pkw ein fremdes Kfz beschädigt. Die Haftpflichtversicherung

stufte die Arbeitnehmerin von der Schadensfreiheitsklasse 5 (mit einem Beitragssatz von 60 %) in die Klasse 3 (= Beitragssatz 70 %) zurück. Soweit die Arbeitnehmerin dadurch einen Eigenschaden erlitten hat (= Zahlung einer höheren Haftpflichtprämie über einen gewissen Zeitraum), hält das BAG das entsprechende Risiko durch die vom Arbeitgeber gezielte Kilometerpauschale für abgegolten. Im konkreten Fall hatte der Arbeitgeber für den Pkw der Arbeitnehmerin eine Dienstrahmenversicherung abgeschlossen. Diese deckte während der Dienstfahrten das Risiko eines Sachschadens am Privat-PKW der Arbeitnehmerin ab. Dieser Gesichtspunkt spricht nach Ansicht des BAG (auch) dafür, daß mit der Kilometerpauschale von (damals) DM 0,42/km alle laufenden Betriebskosten des Privat-PKW abgegolten waren. Zu diesen Kosten gehörten nicht nur die für Betriebsmittel, sondern auch die Prämien für die Haftpflichtversicherung; weiter wird auf BFH, BB 1991, 2137 und auf BStBl, 1986, 866 verwiesen (vgl. zur Problematik auch Nägele NZA 1997, 1198, Schiefer NJW 1993, 966).

4.4.2.6 Ersatz des Nutzungsausfallschadens

- In der Sache, die das BAG, 7.9.1995, BB 1995, 2429 = NZA 1996, 32 entschieden hat, forderte ein Rechtssekretär – aufgrund eines auf einer Dienstfahrt mit seinem Privat-Pkw erlittenen Unfalls – von seinem Arbeitgeber Ersatz eines Nutzungsausfallschadens in Höhe von DM 3741,—. Bei der Fahrt zu einem auswärtigen Gerichtstag war es zu einem Glatteis-Unfall gekommen, bei dem der Pkw erheblich beschädigt wurde; deshalb konnte ihn der Rechtssekretär in der Folgezeit an 43 Tagen nicht nutzen. In diesem Fall existierte eine Betriebsvereinbarung („zur Regelung von versicherungsmäßig nicht abgedeckten Unfallschäden bei Benutzung eines angestellteneigenen Kraftwagens für Dienstzwecke“), die vorsah: *78*

„... entsteht einem Beschäftigten des DGB während einer Dienstfahrt an seinem Fahrzeug ein Unfallschaden, so gewährt der DGB Schadensersatz; dieser entfällt, soweit seitens des Beschäftigten Vorsatz oder grobe Fahrlässigkeit vorliegt“. Das BAG hielt den Anspruch auf Ersatz des Nutzungsausfallschadens – „unabhängig von einer gesetzlichen Anspruchsgrundlage“ – bereits aufgrund der Betriebsvereinbarung für gegeben. Der dort gebrauchte Begriff „Schadenersatz“ umfasse auch den Nutzungsausfallschaden. Unter Hinweis auf BGH, 18.5.1971, AP Nr. 14 zu § 249 BGB führt das BAG aus, daß in der Benutzungsmöglichkeit ein Vermögenswert liegt, der über die laufenden Kosten des Unterhalts eines Wagens hinausgeht.

4.4.2.7 Kostenaufwand in Strafverfolgungs- und gerichtlichen Verfahren

79 • Zu den – vom Arbeitgeber zu erstattenden – Eigenschäden des Arbeitnehmers gehören unter Umständen auch die Kosten, die der Arbeitnehmer in einem Strafverfolgungsverfahren oder in einem gerichtlichen Verfahren aufwenden muß. Zu den im Rahmen des § 670 BGB vom Arbeitgeber zu ersetzenden Vermögensnachteilen zählen eben nicht nur Sachschäden, sondern auch sonstige Vermögensschäden (so bereits: BAG, 28. 5. 1960, AP Nr. 19 zu § 611 BGB Haftung des Arbeitnehmers; in diesem Fall begehrte ein Omnibusfahrer die Erstattung von Nebenklagekosten, die in einem Strafverfahren gegen ihn festgesetzt worden waren).

• Die Leitsätze BAG, 16. 3. 1995, AP Nr. 12 zu § 611 BGB Gefährdungshaftung des Arbeitgebers = NZA 1995, 836 lauten wie folgt:

1. Verursacht ein Berufskraftfahrer in Ausübung einer betrieblichen Tätigkeit unverschuldet einen schweren Verkehrsunfall und wird wegen dieses Unfalls gegen ihn ein staatsanwaltschaftliches Ermittlungsverfahren eingeleitet, hat ihm der Arbeitgeber die erforderlichen Kosten der Verteidigung zu ersetzen.

2. Erforderliche Kosten der Verteidigung sind grundsätzlich die gesetzlichen Gebühren.

3. Arbeitsrechtlich ist ein Berufskraftfahrer ohne besondere Vereinbarung und Vergütung nicht zum Abschluß einer Rechtsschutzversicherung verpflichtet.

• In dem Urteil, 11. 8. 1988, AP Nr. 7 zu § 611 BGB Gefährdungshaftung des Arbeitgebers entschied das BAG, daß der Arbeitnehmer berechtigt sein kann, vom Arbeitgeber die Erstattung des Schadens zu fordern, der ihm dadurch entsteht, daß er eine Kaution verfallen läßt, um einer unzumutbaren Freiheitsstrafe zu entgehen. Der Arbeitgeber habe (aber) nur insoweit Ersatz zu leisten, wie das entsprechende Risiko seinem unternehmerischen Betätigungsbereich zuzuordnen sei. Im konkreten Fall scheiterte der Erstattungsanspruch des Lkw-Fahrers, der auf der Transit-Autobahn in der damaligen DDR einen Auffahrunfall verursacht hatte, allerdings daran, daß er grob fahrlässig gehandelt hatte.

• An eigener grober Fahrlässigkeit scheiterte auch die Klage eines Journalisten, der von der Rundfunkanstalt, die ihn beschäftigte, die Freistellung von den Prozeßkosten verlangte, die in einem gegen ihn angestrengten Verfahren des einstweiligen Rechtsschutzes (§§ 935ff ZPO) entstanden waren (BAG,

14.11.1991, AP Nr. 10 zu § 611 BGB Gefährdungshaftung des Arbeitgebers = NZA 1992, 691:

ein Journalist, der über einen anderen (– hier: einen Rechtsanwalt) eine unwahre negative Tatsache verbreite und für die angebliche Richtigkeit seiner Behauptung weder auf eigene Kenntnisse noch auf andere Erkenntnisquellen verweise, handele grob fahrlässig. Bei grob fahrlässiger Handlungsweise darf der Arbeitnehmer (– in aller Regel –) sein Vorgehen den Umständen nach nicht für erforderlich (i.S. des § 670 BGB) halten.

4.4.2.8 Keine Erstattung von Geldbußen und Geldstrafen

Geldstrafen und Geldbußen, die dem Arbeitnehmer von Gerichten, Strafver- *80*
folgungs- und Ordnungswidrigkeitenbehörden auferlegt werden, stellen keinen rechtlich ersatzfähigen Aufwand oder Schaden des Arbeitnehmers dar. Entsprechende „Übernahme-Zusagen" des Arbeitgebers laufen dem Zweck von Straf- und Bußgeld-Vorschriften zuwider und sind unter Umständen nichtig (§§ 134, 138 BGB; s. dazu LAG Hamm NJW 1991, 861; BAG, 28.5.1960, AP Nr. 19 zu § 611 BGB Haftung des Arbeitnehmers; Holly/Friedhofen NZA 1992, 145).

4.4.2.9 Darlegungs- und Beweislast

Zwar gelten die richterrechtlichen Grundsätze zur Haftung des Arbeitneh- *80a*
mers in gewissem Umfang auch im Bereich „Haftung für Eigenschäden des Arbeitnehmers". Diese entsprechende Geltung betrifft insbesondere die grundsätzliche Frage, ob überhaupt und ggfs. inwieweit (d.h. mit welcher Quote) der Arbeitgeber für Eigenschäden des Arbeitnehmers haftet. Demgegenüber lassen sich die im Bereich der Arbeitnehmerhaftung geltenden Grundsätze zur Darlegungs- und Beweislast, die dort ja grundsätzlich den Arbeitgeber (– als Anspruchssteller –) trifft, nicht ohne weiteres auf die Problematik der Eigenschäden des Arbeitnehmers übertragen. Der Arbeitnehmer hat hier als Anspruchssteller alle positiven (und negativen) Anspruchsvoraussetzungen darzulegen und zu beweisen, – also insbesondere auch – insoweit ähnlich wie im Bereich der Arbeitnehmerhaftung –, daß er den Eigenschaden „bei Ausführung einer betrieblichen Tätigkeit erlitten" hat (vgl. BAG, 16.3.1995, AP Nr. 12 zu § 611 BGB Gefährdungshaftung des Arbeitgebers = NZA 1995, 836). Soweit es um das Verschulden und den Grad des Verschuldens des Arbeitnehmers geht, dürfte die Darlegungslast abgestuft verteilt sein. Der Arbeitnehmer muß gemäß § 138 ZPO die Umstände des schadensbegründenden

Ereignisses – soweit er es miterlebt hat – so konkret darlegen, daß dem Arbeitgeber eine tatsächliche Einlassung und dem Gericht eine rechtliche und tatsächliche Überprüfung der Umstände ermöglicht wird, die im Zusammenhang mit der Frage des Verschuldens relevant sind (vgl. dazu näher und unter Bezugnahme auf LAG Köln LAGE Nr. 10 zu § 670 BGB: Frieges NZA 1995, 406; in dem Fall des LAG Köln,- das grobe Fahrlässigkeit verneinte –, ging es um einen Unfall beim Einparken, – vgl. insoweit auch das – grobe Fahrlässigkeit eines Polizeibeamten bejahende – Urteil des Bayer. VGH, 19.6.1991, DÖD 1992, 207: Zurücksetzen mit einer Geschwindigkeit von mindestens 15 km/h). Soweit es um Umstände – insbesondere subjektiver Art – geht, die seine grobe Fahrlässigkeit ausschließen könnten, hat der Arbeitnehmer nach näherer Maßgabe von BAG, 22.2.1972, AP Nr. 70 zu § 611 BGB Gefährdungshaftung des Arbeitnehmers, und BAG, 11.8.1988, AP Nr. 7 zu § 611 BGB Gefährdungshaftung des Arbeitgebers die Darlegungslast. Die Darlegungs- und Beweislast für die Behauptung, ein Erstattungs- oder Freistellungsanspruch des Arbeitnehmers sei durch Zahlung einer „besonderen Vergütung" abgegolten, dürfte dagegen der Arbeitgeber haben.

4.5 Die Haftung für Schäden, die der Arbeitnehmer Dritten zugefügt

4.5.1 Die Beschränkung der Haftung bei Personenschäden

81 Besteht der Schaden des Dritten in einem Personenschaden (s. Rz 69), ist zu prüfen, ob und inwieweit das Haftungsprivileg gemäß den §§ 104 und 105 SGB VII zu Gunsten des Arbeitnehmers eingreift. Auf die diesbezüglichen Ausführungen bei Rz 69, 70ff, die hier entsprechend gelten, wird verwiesen. Insoweit ist zu beachten, daß in den Haftungsauschluß nunmehr auch Personen einbezogen sind, die im Betrieb, ohne Betriebsangehörige zu sein, wie ein Versicherter tätig werden (§ 2 II SGB VII). Sind die Schäden nicht durch einen Versicherungsfall i.S. des § 7 I SGB VII verursacht worden, bleiben die Ersatzansprüche des Geschädigten ungeschmälert.

4.5.2 Die Haftung für sonstige Schäden Dritter

4.5.2.1 Die Haftungsabwicklung im Innenverhältnis

82 Fügt der Arbeitnehmer einem Dritten einen Schaden zu, so haftet er diesem – im Außenverhältnis – allgemeinen Grundsätzen entsprechend (– also beispielsweise gemäß den §§ 249 ff, 823ff BGB; § 18 StVG; wegen der Behandlung von Versicherungsfragen zur Haftung von Arbeitnehmern gegenüber den Geschäftspartnern ihres Unternehmens wird auf Sieg BB 1996, 71 verwiesen; vgl. auch Otten DB 1997, 1617; Baumann BB 1990, 1833). War jedoch die Tätigkeit, die zu dem Schaden des Dritten geführt hat, durch den Betrieb des Arbeitgebers veranlaßt und wurde sie vom Arbeitnehmer aufgrund des Arbeitsverhältnisses geleistet, dann gelten – im Innenverhältnis zwischen Arbeitgeber und Arbeitnehmer – die Grundsätze über den innerbetrieblichen Schadensausgleich entsprechend. Der Arbeitnehmer kann demgemäß nach näherer Maßgabe dieser Grundsätze (s. oben Rz 30) von seinem Arbeitgeber die Freistellung von der unmittelbaren Haftung gegenüber dem Dritten verlangen, soweit er das Schadensrisiko nicht zu tragen hat. Dies ergibt sich aus der Fürsorgepflicht des Arbeitgebers – § 242 BGB – beziehungsweise aus den §§ 257 und 670 BGB entsprechend. Hat der Arbeitnehmer dem Dritten bereits Schadensersatz geleistet, dann wandelt sich der Freistellungsanspruch in einen Erstattungsanspruch um. Das BAG, 23. 6. 1988, AP Nr. 94 zu § 611 BGB Haftung des Arbeitnehmers, entschied, daß ein Arbeitnehmer – nach einem Verkehrsunfall bei einer betrieblich veranlaßten Fahrt – vom Arbeitgeber verlangen kann von den Rückgriffsansprüchen der Haftpflichtversicherung freigestellt zu werden. Zwar hatte der Arbeitnehmer den Unfall infolge Trunkenheit, – also grob fahrlässig herbeigeführt; außerdem besaß er keine Fahrerlaubnis. Den zuletzt genannten Umstand kannte der Arbeitgeber; gleichwohl hatte er den Arbeitnehmer als Fahrer eines Radladers im öffentlichen Verkehr eingesetzt. Der Freistellungs- beziehungsweise Erstattungsanspruch des Arbeitnehmers bestimmt sich umfangmäßig danach, ob und inwieweit bei unmittelbarer Schädigung des Arbeitgebers dessen Schadensersatzanspruch gegen den Arbeitnehmer nach den Grundsätzen zum innerbetrieblichen Schadensausgleich ausgeschlossen oder herabgesetzt wäre. Der Dritte kann den Freistellungsanspruch des Arbeitnehmers pfänden und dann unmittelbar mit einer Zahlungsklage gegen den Arbeitgeber vorgehen (vgl. BAG, 11. 2. 1969, AP Nr. 45 zu § 611 BGB Haftung des Arbeitnehmers: Inanspruchnahme eines Arbeitnehmers durch die Berufsgenossenschaft gemäß § 903 RVO a.F.).

4.5.2.2 Die Haftung des Arbeitnehmers im Außenverhältnis

Bei der Haftung des Arbeitnehmers im Außenverhältnis bleibt es allerdings *83*
dann, wenn der Freistellungs- oder der Erstattungsanspruch wegen Insolvenz des Arbeitgebers nicht durchgesetzt werden kann. Insoweit ist im Bereich „Außenhaftung des Arbeitnehmers“ ein – materiellen Gerechtigkeitsvorstellungen widersprechendes – gesetzliches Schutzdefizit festzustellen (s. dazu näher bei Annuß, Die Haftung ..., S. 17 ff, Denck, BB 1989, 1192; Däubler AR

2, S. 413; Eberlein BB 1989, 624). Die Untätigkeit des Gesetzgebers in diesem Bereich ist zu kritisieren.

Der BGH, 19.9.1989, AP Nr. 99 zu § 611 BGB Haftung des Arbeitnehmers hat folgenden Fall entschieden:

eine Autohandlung (= Klägerin) hatte im Jahre 1983 dem – später zahlungsunfähig gewordenen – Arbeitgeber des Beklagten (= Arbeitnehmer) einen Pkw im Wege des Leasing zur Nutzung überlassen. Der Arbeitgeber wiederum stellte dem Arbeitnehmer (einem Verkaufsrepräsentanten) den Pkw zur Verfügung. Während einer Dienstfahrt in den frühen Morgenstunden verursachte der Arbeitnehmer – möglicherweise (auch) infolge von Reifglätte – einen Leitplanken-Unfall, durch den der Klägerin ein Schaden in Höhe von ca. DM 7.900,— entstand. Der Arbeitnehmer wurde verurteilt, entsprechenden Schadensersatz zu leisten, weil er den Unfallschaden fahrlässig herbeigeführt hatte. Der BGH a.a.O. entschied, daß für eine richterrechtliche Beschränkung der Haftung des Arbeitnehmers zu Lasten außerhalb des Arbeitsverhältnisses stehender Dritter kein Raum sei. An dieser Auffassung hält der BGH weiter fest. Allerdings kann sich der Arbeitnehmer eines Frachtführers (jedoch) gegenüber dem Eigentümer des beim Transport beschädigten Gutes unter Umständen auf haftungsbeschränkende Geschäftsbedingungen berufen, die sein Arbeitgeber mit dem ihn beauftragenden Spediteur vereinbart hat (BGH,21.12.1993, AP Nr. 104 zu § 611 BGB Haftung des Arbeitnehmers); vgl. dazu die Anm. von Mayer-Maly zu Entscheidung Nr. 129 AR-Blattei Haftung des Arbeitnehmers).

Zu beachten ist weiter, daß die Außenhaftung gegenüber dem Dritten in der Regel voraussetzt, daß der Arbeitnehmer eine unerlaubte Handlung i.S. der §§ 823 ff BGB begangen oder einen sondergesetzlichen Haftungstatbestand (– etwa § 18 StVG) erfüllt hat.

- In dem Fall, den der BGH, 16.6.1987, ZIP 1987, 1260 entschieden hat, wurde der Wachmann eines Bewachungsunternehmens von den Eigentümern von Lagergut mit der Begründung persönlich in Anspruch genommen, er habe dessen Diebstahl nicht verhindert. Der BGH stellte fest, daß der Arbeitsvertrag zwischen einem Bewachungsunternehmen und einem Wachmann, der zur Überwachung eines Lagerhauses eingesetzt ist, ohne ausdrückliche Vereinbarung keine unmittelbare vertragliche Schutzpflicht des Wachmannes gegenüber den Eigentümern der bewachten Sachen begründet. (Weiter) verneint der BGH eine allgemeine berufliche Rechtspflicht des weisungsabhängigen Arbeitnehmers, deren Verletzung auch außerhalb vertraglicher Beziehungen zum Schadensersatz verpflichten könnte.

- Die Geltung der Haftungserleichterungsgrundsätze im Außenverhältnis hat das LAG Düsseldorf, 25. 9. 1996, LAGE Nr. 22 zu § 611 BGB Arbeitnehmerhaftung = BB 1997, 474 in einem Sonderfall anerkannt. Der beklagte Arbeitnehmer fuhr für eine Pizzeria gegen DM 8,—/Stunde Pizzen aus. Der – ebenfalls als Arbeitnehmer der Pizzeria beschäftigte – Kläger stellte dem Beklagten an einem Arbeitstag seinen Privat-Pkw zur Verfügung; an diesem Tag konnte der Beklagte das firmeneigene „Pizza-Taxi" nicht nutzen. Bei einer betrieblichen Auslieferungsfahrt kam der Beklagte mit dem Privat-Pkw des Klägers von der Straße ab und prallte gegen einen Zaunpfahl.

Das LAG hat die Pkw-Überlassung als stillschweigenden Abschluß eines Leihvertrages i.S. des § 598 BGB gewertet. Im Wege ergänzender Auslegung dieses Leihvertrages hat das LAG weiter festgestellt, daß der Beklagte für den am Privat-Pkw seines Kollegen (– des Klägers –) entstandenen Schaden nur nach den Grundsätzen des innerbetrieblichen Schadensausgleiches haftet. Dem Beklagten wäre es – bei einer Inanspruchnahme durch den Arbeitgeber – zumutbar gewesen, dem Arbeitgeber die höchstmögliche, vom Kaskoversicherer nicht zu ersetzende Selbstbeteiligung von DM 2000,— zu erstatten; im Verhältnis der Parteien könne nichts anderes gelten. Wegen der Problematik der Außenhaftung des Arbeitnehmers wird weiter verwiesen auf: Denck JZ 1990, 175; Rieble, Anm. zu BGH, 19. 9. 1989, EzA Nr. 24 zu § 611 BGB gefahrgeneigte Arbeit. Annuß, Die Haftung ..., S. 49 ff, zeigt auf, daß „zwischen dem Vertragspartner des Arbeitgebers und dem in Erfüllung der daraus resultierenden Pflichten handelnden Arbeitnehmer im Regelfall ein eigenständiges Beziehungsgeflecht zustande kommt, das nicht nur haftungsbegründende, sondern gleichermaßen haftungsbegrenzende Wirkungen entfalten kann und seinen materiellen Geltungsgrund in dem unmittelbar zwischen Arbeitnehmer und Drittem bestehenden Vertrauensverhältnis findet". Daraus entwickelt Annuß a.a.O. seinen Lösungsansatz für eine Einschränkung der Außenhaftung in Vertragsverhältnissen. Andere – von Annuß näher dargestellte – Lösungsansätze gehen im Verhältnis zu Betriebsmittelgebern des Arbeitgebers

- von den Grundsätzen des Vertrages mit Schutzwirkung zugunsten Dritter aus (vgl. Rieble Anm. zu BGH a.a.O.) oder
- von einer Ausstrahlungswirkung des § 991 II BGB auf § 823 BGB (vgl. Baumann BB 1990, 1838; Wohlgemuth DB 1991, 912) oder
- von der Risikotheorie (vgl. Krause VersR 1995, 752 (758)).

5. Die Haftung des Arbeitnehmers anläßlich der Beendigung des Arbeitsverhältnisses

5.1 Die Haftung wegen Auflösungsverschuldens

Stellt der Arbeitnehmer die Arbeit ein – ohne zuvor rechtswirksam gekündigt zu haben oder ohne daß ihm ein Entschuldigungsgrund oder Rechtfertigungsgrund zur Seite steht –, dann schuldet er dem Arbeitgeber nach den oben bei Rz 25 dargestellten Grundsätzen Schadensersatz. Diese Grundsätze gelten hier – nach näherer Maßgabe der folgenden Ausführungen zu Rz 84 – entsprechend. Unter Umständen kann auch eine unwirksame Kündigung eine zum Schadensersatz verpflichtende Vertragsverletzung sein (vgl. BAG, 15.2. 1973, AP Nr. 2 zu § 9 KSchG 1969; BAG, 24.10.1974, AP Nr. 2 zu § 276 BGB Vertragsverletzung).

5.1.1 Die Haftung gemäß § 628 II BGB

Besonders geregelt ist die Haftung in den Fällen des Auflösungsverschuldens *84*
gemäß § 628 II BGB. Der originäre Anwendungsbereich des § 628 II BGB erstreckt sich auf den Ersatz des gerade durch die (– aufgrund außerordentlicher Kündigung eingetretene –) Beendigung des Arbeitsverhältnisses entstandenen Schadens. Wird eine (wirksame) außerordentliche Kündigung des einen Vertragspartners durch vertragswidriges Verhalten des anderen Teils veranlaßt, so ist dieser zum Ersatz des durch die Aufhebung des Arbeitsverhältnisses entstehenden Schadens verpflichtet. Der entsprechende Schadensersatzanspruch setzt voraus, daß die schädigenden Folgen in einem adäquaten Kausalzusammenhang zu dem Auflösungsverschulden der anderen Vertragspartei stehen: allerdings wird die Ersatzpflicht (auch hier) durch den Schutzzweck der verletzten Vertragsnorm begrenzt (vgl. BAG, 26.3.1981, AP Nr. 7 zu § 276 BGB Vertragsbruch). Die Schadensersatzpflicht gemäß § 628 II BGB ist auf die Schäden beschränkt, die bei vertragsgemäßer Beendigung nicht entstanden wären (BAG, 17.7.1997, NZA 1997, 1224). Der Schadensersatzanspruch des Arbeitgebers kann gegebenenfalls gerechtfertigt sein bei:

- Leistung von Überstunden durch andere Arbeitnehmer (s. Rz 19),
- Einstellung einer höher bezahlten Ersatzkraft (s. Rz 18),
- Kosten für die Abordnung eines anderen Arbeitnehmers auf die Stelle des Gekündigten (s. Rz 17 sowie BAG, 27.1.1972, AP Nr. 2 zu § 252 BGB, und
- bei Mehrarbeit, die der Arbeitgeber selbst verrichtet (s. Rz 20).

Der Auflösungsschaden des Arbeitgebers kann aber nicht nur darin bestehen. daß die Arbeitskraft des außerordentlich gekündigten Arbeitnehmers ausfällt. Im Einzelfall kann (weiter) zu berücksichtigen sein, daß der Arbeitgeber durch die vorzeitige Vertragsbeendigung den Konkurrenzschutz eines Wettbewerbsverbots (vgl. § 60 HGB) verliert. Nach näherer Maßgabe von BAG, 9.5.1975, AP Nr. 8 zu § 628 BGB, muß der vertragsbrüchige Arbeitnehmer auch für dadurch verursachte Vermögenseinbußen des Arbeitgebers aufkommen. Der Wegfall der Pflicht zur Konkurrenzunterlassung müsse nach § 628 II BGB ebenso im Wege des Schadensersatzes ausgeglichen werden wie der Verlust der Arbeitskraft. § 628 II BGB gewährleistet – so das BAG a.a.O. –, daß der Kündigende so gestellt wird, als wäre das Arbeitsverhältnis ordnungsgemäß durch eine fristgemäße Kündigung beendet worden. Unentschieden ließ das BAG die Frage, ob sich die Haftung des Arbeitnehmers in derartigen Fällen auch auf solche Konkurrenztätigkeiten erstreckt, die einem nachvertraglichen Wettbewerbsverbot nicht unterworfen werden können (§§ 74ff HGB).

5.1.2 Die entsprechende Anwendung des § 628 II BGB auf sonstige Fälle des Auflösungsverschuldens

85 Voraussetzung für die Geltendmachung von Schadensersatzansprüchen § 628 II BGB ist an sich, daß die außerordentliche Kündigung durch einem wichtigen Grund i.S. § 626 I BGB gerechtfertigt war und zur Beendigung des Arbeitsverhältnisses geführt hat. In der Rechtsprechung ist jedoch anerkannt, daß der Schadensersatzanspruch auch dann gegeben sein kann, wenn das Arbeitsverhältnis auf andere Art geendet hat, – wenn nur der Vertragspartner durch sein vertragswidriges, schuldhaftes Verhalten den Anlaß zur Beendigung des Arbeitsverhältnisses gesetzt hat. Wer jedoch – ohne außerordentlich gekündigt zu haben – Rechte aus einem Auflösungsverschulden des anderen geltendmachen will, muß sich das ausdrücklich vorbehalten war. Schließen die Parteien einen Aufhebungsvertrag, so muß ohne diesen Vorbehalt davon ausgegangen werden, daß Rechte aus § 628 II BGB von keiner Seite mehr geltendgemacht werden sollen (BAG, 10.5.1971, AP Nr. 6 zu § 628 BGB; Busemann/Schäfer Rz 121). Das BAG, 11.2.1981, AP Nr. 8 zu § 4 KSchG 1969 ist in dieser Entscheidung nicht näher auf die Frage eingegangen, inwieweit neben § 628 II BGB auch noch andere Anspruchsgrundlagen (- insbes. die allgemeinen Grundsätze über die pVV -) im Zusammenhang mit der Kündigung des Arbeitsverhältnisses zu Schadensersatzansprüchen führen können (– vgl. zur Frage der Anspruchskonkurrenz BGH, 14.11.1966, AP Nr. 4 zu § 628 BGB). Wählt jedoch der Kläger einer Schadensersatzklage ausdrücklich den

Weg über die Spezialvorschrift des § 628 II BGB, dann gehört zu den darzulegenden Anspruchsvoraussetzungen ein Auflösungsverschulden vom Gewicht eines wichtigen Grundes i.S. des § 626 I BGB sowie die Einhaltung der zweiwöchigen Kündigungserklärungsfrist des § 626 II BGB – und zwar auch dann, wenn das Arbeitsverhältnis anders als durch eine außerordentliche Kündigung beendet worden ist (– also etwa durch Aufhebungsvertrag oder ordentliche Kündigung, – vgl. BAG, 22.6.1989, AP Nr. 11 zu § 628 BGB). Hatten beide Vertragspartner ein Recht zur außerordentlichen Kündigung, so soll für beide ein Schadensersatzanspruch gemäß § 628 II BGB entfallen (BAG, 12.5.1966, AP Nr. 9 zu § 70 HGB).

5.2 Haftung bei vorzeitiger Beendigung eines Berufsausbildungsverhältnisses

Besonders ist die Haftung wegen eines Auflösungsverschuldens im Rahmen *86*
eines Berufsausbildungsverhältnisses geregelt. § 628 II BGB wird in Berufsausbildungsverhältnissen durch die Sonderregelung des § 16 BBiG verdrängt (BAG, 17.7.1997, NZA 1997, 1224) Wird ein Berufsausbildungsverhältnis nach der Probezeit (§ 13 BBiG) vorzeitig gelöst, so kann der Ausbildende (– vgl. § 3 I BBiG) oder der Auszubildende Ersatz des Schadens verlangen, wenn der andere den Grund für die Auflösung zu vertreten hat (§ 16 II BBiG); dies gilt allerdings nicht im Fall der sog. Berufsaufgabe-Kündigung (§§ 15 II 2, 16 I 2 BBiG). Die – gemäß § 5 II Nr. 3 BBiG unabdingbare – Bestimmung setzt nicht notwendigerweise einen speziellen Beendigungstatbestand, – wie z.B. eine Kündigung –, voraus, sondern stellt ganz allgemein auf die „Lösung" des Berufsausbildungsverhältnisses ab. Deswegen können unter Umständen auch andere Beendigungstatbestände zur Anwendung des § 16 I l BBiG führen. (Jedenfalls) soweit sich der Anspruch gegen den Auszubildenden richtet, ist Anwendungsvoraussetzung, daß dieser den Auflösungsgrund i.S. des § 276 I BGB – ggf. s in Verbindung mit § 278 I BGB – zu vertreten hat (– zum Verschulden s. oben Rz 27). Der Schadensnachweis kann sich für den Arbeitgeber (Ausbildenden) als schwierig darstellen. An sich gelten die allgemeinen Bestimmungen der §§ 249ff BGB. Besonderheiten können sich jedoch aus Wesen und Zweck des Berufsausbildungsverhältnisses sowie aus dem BBiG selbst ergeben (vgl. §§ 3 II, 5 II Nr. 4 BBiG). So kann der Arbeitgeber einen Schadensersatzanspruch gegen den Auszubildenden, dem ein Auflösungsverschulden i.S. des § 16 I l BBiG vorzuwerfen ist, wohl nicht ohne weiteres damit begründen, er habe für den vertragsbrüchigen Auszubildenden eine (teure) vollwertige Ersatzkraft einstellen müssen (vgl. Blomeyer MünchAR § 171 Rz 298). Soweit es um den Ausnahmetatbestand des § 16 I 2 BBiG („Berufsauf-

gabekündigung") geht, muß der in § 15 II 2 BBiG näher bezeichnete Wille des Auszubildenden tatsächlich und ernsthaft vorliegen. Die bewußt wahrheitswidrige Abgabe einer diesbezüglichen Erklärung (Aufgabe der Berufsausbildung/ Aufnahme einer anderen Berufsausbildung), – nur um aus dem konkreten Ausbildungsvertrag ausscheiden zu können –, kann Schadensersatzansprüche auslösen. Je nach Lage des Einzelfalles ist allerdings zu erörtern, ob Art. 12 I GG zu einer anderen Beurteilung führen kann (vgl. Busemann/Schäfer Rz 121). Der Anspruch gemäß § 16 I 1 BBiG erlischt, wenn er nicht innerhalb von drei Monaten nach Beendigung des Berufsausbildungsverhältnisses gegenüber dem anderen Vertragspartner geltend gemacht wird (§ 16 II BBiG).

Soweit es um die Rückzahlung von Ausbildungskosten bei vorzeitiger oder erfolgloser Beendigung der Ausbildung (– im Zusammenhang mit einem Arbeitsverhältnis –) geht, wird verwiesen auf: Meier/Schulz NZA 1996, 742; BAG, – jeweils – 6. 9. 1995, AP Nrn. 22 und 23 zu § 611 BGB Ausbildungsbeihilfe = NZA 1996, 321 und 437.

5.3 Vertragsstrafen

5.3.1 Die Zulässigkeit von Vertragsstrafenvereinbarungen

87 Der Nachweis der Anspruchsvoraussetzungen eines auf die allgemeinen Bestimmungen (der Unmöglichkeit, der pVV, des Auflösungsverschuldens und/ oder der unerlaubten Handlung) gestützten Schadensersatzanspruches kann auf praktische Schwierigkeiten stoßen. Vereinzelt wird den Arbeitgebern deswegen empfohlen, mit ihren Arbeitnehmern eine Vertragsstrafe – insbesondere für den Fall des Vertragsbruches – zu vereinbaren (Bengelsdorf BB 1989, 456). Insoweit ist jedoch zu betonen, daß die Vereinbarung einer Vertragsstrafe nicht die richterrechtlichen Grundsätze des innerbetrieblichen Schadensausgleiches und die dadurch gewährleistete Begrenzung der Arbeitnehmerhaftung vollends außer Kraft setzen darf (Richardi, MünchAR § 14 Rz 71). Dies ergibt sich daraus, daß sich die Zulässigkeitsgrenzen der Vertragsstrafenvereinbarung aus dem Gesetz und aus den arbeitsrechtlichen Schutzprinzipien ergeben (s. näher dazu: Engel, Konventionalstrafen im Arbeitsvertrag/Die Stipulationsfähigkeit arbeitsvertraglicher Strafversprechen; Schwerdtner FS Hilger/Stumpf S. 631; Heinze NZA 1994, 244; – speziell für Formulararbeitsverträge mit Verkaufsfahrern: Schiek BB 1997, 310). Der Arbeitgeber – so Blomeyer MünchAR § 55 Rz 48 – muß ein berechtigtes wirtschaftliches Interesse an der Sicherung der sanktionierten Pflichten haben. Dieses Interesse kann unter Umständen dann nicht berechtigt sein, wenn die Vertragsstrafenvereinbarung mit den richterrechtlichen Haftungsgrundsätzen kollidiert und sich in den (übrigen) Vertragsbedingungen für den Arbeitnehmer kein adäquater Gegenwert feststellen läßt (vgl. Peifer ZfA 1996,75 – oben –; Schaub § 60 III 6). Die Vertragsstrafe ist abzugrenzen von der Betriebsbuße oder „Betriebsstrafe“ (vgl. dazu Löwisch/Würtenberger JuS 1970,261). Die Betriebsbuße betrifft das Betriebsverhältnis und stellt insoweit ein Instrument zur Regelung der Ordnung des Betriebes und des Verhaltens der Arbeitnehmer im Betrieb dar (§ 87 I 2 Nr. 1 BetrVG). Demgegenüber dient die Vertragsstrafe nicht der Regelung des „Betriebsverhaltens“ des Arbeitnehmers, sondern der des „Arbeitsverhaltens“ (i.w.S.). Zwar können Vertragsstrafen auch wegen nicht gehöriger Erfüllung von Nebenpflichten vereinbart werden; derartige Vereinbarungen sind jedoch eher restriktiv auszulegen (Schaub a.a.O.). Auch im übrigen gilt, daß die Vereinbarung einer Vertragsstrafe genügend deutlich und bestimmt erfolgen muß. Wer einer Vertragsstrafe unterliegt, muß im voraus wissen, unter welchen Voraussetzungen er sie verwirkt hat (BAG, 18.9.1991, AP Nr. 14 zu § 339 BGB = NZA 1992, 215). Hunold (AR-Lexikon Vertragsstrafe Nr. 386 II l) empfiehlt bei Formulararbeitsverträgen im Hinblick auf § 242 BGB i.V.m. § 3 AGBG die Einordnung der entsprechenden Klausel unter einer eigenen Überschrift („Vertragsstrafen“) vorzunehmen (– ggfs. unter drucktechnischer Hervorhebung –). Das Unter-bringen einer (Vertragsstrafen-)Klausel an einer unerwarteten Stelle im Vertragstext oder in einer Anlage dazu, kann sie als sog. Überraschungsklausel erscheinen lassen, der ein „Überrumpelungs- oder Übertölpelungseffekt“ innewohnt; derartig überraschende Klauseln werden nicht ohne weiteres Vertragsinhalt (vgl. insoweit – zu einer einzelvertraglichen Ausschlußfrist –: BAG, 29.11.1995, NZA 1996, 702).

Soweit eine Vertragsstrafen-Regelung in einer Betriebsvereinbarung vereinbart wird, ist diese jedenfalls dann unwirksam, wenn dort bestimmt wird, daß einzelvertragliche Vertragsstrafenversprechen der Betriebsvereinbarung auch dann vorgehen, wenn sie für den Arbeitnehmer ungünstiger sind (BAG, 6.8.1991, AP Nr. 52 zu § 77 BetrVG 1972 = NZA 1992, 177).

In der Entscheidung vom 30.11.1994, AP Nr. 16 zu § 4 TVG = NZA 1995, 695 hat das BAG festgestellt, daß die arbeitsvertragliche Vereinbarung einer Vertragsstrafe für den Fall des Vertragsbruches wirksam ist. Unter Bezugnahme auf sein Urteil vom 23.5.1984, AP Nr. 9 zu § 339 BGB verneint das BAG einen Verstoß gegen Tarifrecht und das AGB-Gesetz. Die entsprechende Vertragsstrafenklausel befand sich auf der (nicht-unterschriebenen) Rückseite des auf der Vorderseite unterschriebenen Vertrages. Dieser erklärte die rückseitig abgedruckten Vertragsbedingungen zu seinem Bestandteil. Damit war eine – die Schriftform wahrende - Zusammenfassung zwischen Arbeitsvertrag und Vertragsstrafenklausel hergestellt.

In dem Fall, auf den sich BAG, 30.11.1994 a.a.O. bezieht, hatte der Arbeitnehmer, ein Metzger, die Vertragsstrafe dadurch verwirkt, daß er die für ihn maßgebliche Kündigungsfrist nicht eingehalten hatte. Er hatte sein Arbeitsverhältnis in der zweiten Juli-Woche 1992 zum 15.8.1992 gekündigt, – obwohl er nach dem Arbeitsvertrag zumindest eine Kündigungsfrist bis zum 31.8.1992 hätte einhalten müssen. Weiter traf den Arbeitnehmer das – gemäß § 339 BGB notwendige – Verschulden. In diesem Rahmen (§ 276 I 2 BGB) werde – so das BAG – nicht auf das Maß an Sorgfalt abgestellt, das der individuelle Schuldner aufzubringen imstande sei. Es reiche aus, daß der Arbeitnehmer seine Pflicht bei ordentlicher Sorgfalt hätte erkennen können. Ein Rechtsirrtum sei nicht schon immer dann entschuldbar, wenn die Rechtslage ungeklärt sei, – hinzu kommen müsse, daß der Schuldner (hier: Arbeitnehmer) sie sorgfältig geprüft habe. Die Vornahme dieser Prüfung hatte der Arbeitnehmer hier aber selbst nicht behauptet. Weiter lehnte das BAG in dem Metzger-Fall die Herabsetzung der – in Höhe eines Monatsverdienstes - verwirkten Vertragsstrafe ab. Zwar hatte der Arbeitnehmer – freilich erst in der Revisionsinstanz – den gemäß § 343 BGB notwendigen Herabsetzungsantrag gestellt. Die verwirkte Strafe war jedoch nicht unverhältnismäßig hoch. Bei der Beurteilung der Angemessenheit einer Vertragsstrafe kommt es insbesondere auch auf deren Funktion als Druck- und Sicherungsmittel an (BGH, 7.10.1982, NJW 1983, 941 [943]). Das Fehlen eines Schadens rechtfertigt – so das BAG – allein eine Herabsetzung nicht; entscheidend sei, welchen Schaden der Vertragsbruch hätte herbeiführen können.

Im Urteil vom 17.8.1983 – 5 AZR 251/81 – hat das BAG eine auf 3 Monatsbezüge festgesetzte Vertragsstrafe rechtlich nicht beanstandet. In diesem Fall hatte der Arbeitnehmer das Arbeitsverhältnis vor Ablauf der fest vereinbarten Vertragsdauer gelöst und war zu einem Konkurrenzunternehmen übergewechselt.

Ein (nur) vorübergehendes Fernbleiben von der Arbeit ist allerdings noch kein Vertragsbruch (LAG Baden-Württemberg, 21.1.1965, BB 1965, 495; LAG Düsseldorf, 30.1.1959, BB 1959, 919).

In prozessualer Hinsicht ist zu beachten, daß die Möglichkeit mittels Leistungsklage eine (weitere) Vertragsstrafe einzuklagen, das rechtliche Interesse für eine – auf ein vergangenes Rechtsverhältnis gerichtete – Feststellungsklage entfallen lassen kann (§ 256 I ZPO; vgl. BAG, 22.9.1992, AP Nr. 17 zu § 256 ZPO 1977: dort hatte der Arbeitgeber die Feststellung begehrt, daß der Arbeitnehmer für einen abgeschlossenen Zeitraum in der Vergangenheit zur Unterlassung von Wettbewerb verpflichtet war; die entsprechende Abrede sah bei Verstößen gegen das Wettbewerbsverbot die Zahlung einer Vertragsstrafe vor). Wie bereits erwähnt, können auch Wettbewerbsverbote durch Vertragsstrafen gesichert werden. Sieht eine Wettbewerbsabrede nur ein unternehmensbezogenes Wettbewerbsverbot vor, gegen das der Arbeitnehmer bzw. freie Mitarbeiter nicht verstoßen hat, dann kann die Verwirkung der Vertragsstrafe nicht alleine mit der Behauptung begründet werden, in Wirklichkeit sei ein umfassendes, auch tätigkeitsbezogenes Wettbewerbsverbot gewollt gewesen (BAG, 21. 1. 1997,AP Nr. 44 zu § 611 BGB Konkurrenzklausel = NZA 1997, 1284). Des weiteren ist zu berücksichtigen, daß die Parteien nicht von vornherein die Festsetzung dem Gericht übertragen können (– im Anschluß an BGH, 14. 10. 1977, BB 1978, 12: BAG, 25. 9. 1980, AP Nr. 7 zu § 339 BGB (mit krit. Anm. Lindacher)).

Mit der Auslegung einer für den Fall einer Nebenpflichtverletzung (= Versäumung rechtzeitiger Verhinderungsanzeige) vertraglich festgelegten „Lohnminderung" i.S. einer Vertragsstrafe und mit der Bemessung der Sozialversicherungsbeiträge in einem derartigen Fall – s. dazu auch Marschner, NZA 1997, 300 und Klose NZA 1997, 872 – befaßt sich: BSG, 21. 5. 1996, DB 1996, 2036 und mit dem Verhältnis von Vertragsstrafe und Schadensersatz das LAG Rheinland-Pfalz, 26. 10. 1995, BB 1996, 2255.

5.3.2 Vertragsstrafe auch für den Fall, daß der Arbeitgeber das Arbeitsverhältnis beendet ?

Im allgemeinen erfaßt die Vereinbarung einer Vertragsstrafe für Vertragsbruch *88*
nur den Fall, daß ein Arbeitnehmer vorsätzlich und rechtswidrig die Arbeit nicht aufnimmt oder das Arbeitsverhältnis vor Ablauf der Kündigungsfrist ohne wichtigen Grund beendet. Soll darüberhinaus die Vertragsstrafe auch den Fall der vom Arbeitnehmer schuldhaft veranlaßten vorzeitigen Beendigung des Arbeitsverhältnisses durch Kündigung des Arbeitgebers erfassen, muß das ausdrücklich vereinbart werden. Eine derartige Vereinbarung vermochte das BAG, 18. 9. 1991, AP Nr. 14 zu § 339 BGB = NZA 1992, 215 in dem Kassiererin- Fall nicht festzustellen: der Arbeitgeber hatte die Arbeitnehmerin fristlos mit der Begründung entlassen, die Arbeitnehmerin habe innerhalb von zwei Jahren unter Ausstellung fingierter Belege insgesamt DM 52.730,35 aus der ihr anvertrauten Kasse entnommen und für sich verwendet. Der Arbeitsvertrag sah vor, daß „bei Vertragsbruch des Mitarbeiters ... eine Vertragsstrafe ... fällig (wird)...". Nach Ansicht des BAG a.a.O. läßt es der

Wortlaut zwar an sich zu, unter einem Vertragsbruch auch den Fall der Vertragsverletzung (bzw. einer unerlaubten Handlung) zu verstehen, wenn sie die vorzeitige Vertragsauflösung durch den Arbeitgeber zur Folge hat. Allerdings lasse hier der Gesamtzusammenhang der Vertragsstrafen-Regelung erkennen, daß die Vertragspartner vor allem an den Fall einer einseitigen vorzeitigen Vertragsauflösung durch den Arbeitnehmer gedacht hätten. Das leitet das BAG daraus ab, daß sich die Höhe der Vertragsstrafe nach den Nettobezügen errechnete, „auf die der Mitarbeiter bei ordnungsgemäßer Fortsetzung des Arbeitsverhältnisses bis zum nächstzulässigen Kündigungstermin Anspruch gehabt hätte". Im übrigen verweist das BAG – unter Berufung auf seine nachfolgend zitierte Rechtsprechung – darauf, daß der Begriff in Rechtsprechung und Literatur (vgl. Söllner AuR 1981, 97 [100]; Berger-Delhey DB 1989, 2171; Schaub § 51 I) eine feststehende Bedeutung erlangt habe:

Vertragsbruch als eine vom Schuldner einseitig und ohne (bzw. gegen) den Willen des Gläubigers herbeigeführte faktische Vertragsauflösung im Sinne der oben bei Rz 16 wiedergegebenen Definition (Friedrich AcP 1978, 468 [492; vgl.

- BAG, 30.6.1961,
- BAG, 18.12.1969,
- BAG, 13.7.1972,
- BAG, 23.5.1984 und
- BAG, 14.9.1984,

– jeweils – AP Nrn. 1, 3,4, 8 und 10 zu § 276 BGB Vertragsbruch. Dem Urteil BAG, 23.5.1984, AP Nr. 9 zu § 339 BGB lag eine Vereinbarung zu Grunde, in der die Vertragsstrafe auch den Fall einer vom Arbeitnehmer veranlaßten Kündigung des Arbeitgebers erfassen sollte.

Ebenso verhielt es sich in der Sache, die das LAG München, 13.11.1990, BB 1991, 765 entschieden hat. In diesem Fall verlangte der Arbeitgeber deswegen die Vertragsstrafe, weil dem Arbeitnehmer (– einem Verkaufsfahrer –) aufgrund einer außerdienstlichen Trunkenheitsfahrt (mit einer BAK von 1,3 Promille) der Führerschein für eine zumindest mehrmonatige Dauer entzogen worden war. Der Arbeitnehmer hatte gegen die deswegen (auch) ausgesprochene Kündigung keine Klage erhoben. Das LAG sah die Voraussetzungen für den Verfall der Vertragsstrafe mit der folgenden Begründung als nicht gegeben an:

„Rechtfertigt eine solche (folgenlos gebliebene) Trunkenheitsfahrt allein die außerordentliche Kündigung nicht, so konnte doch der als Folge der Trunkenheitsfahrt eingetretene längerfristige Verlust der Fahrerlaubnis ebenso wie ein etwa zu Unrecht vorgenommener, aber längerfristig nicht behebbarer Führerscheinentzug eine – u.U. auch außerordentliche – Kündigung rechtfertigen, nachdem der Beklagte eine andersweitige, nicht mit dem Führen von Kraftfahrzeugen verbundene Tätigkeit abgelehnt hat.

Der Verlust der Fahrerlaubnis als unabhängig vom Willen des Betroffenen eintretendes Ereignis stellt jedoch selbst kein schuldhaft vertragswidriges Verhalten des Beklagten dar, sondern lediglich dessen Folge. Eine fristlose Entlassung hat andererseits ein schuldhaft vorwerfbares Verhalten nicht stets zur Voraussetzung, so daß entscheidend allein die objektiv gegebene Unzumutbarkeit der Fortsetzung des Arbeitsverhältnisses für die Dauer der Kündigungsfrist ist.

Die Rechtswirksamkeit und auch die Begründetheit der außerordentlichen Kündigung aufgrund des Verlustes der Fahrerlaubnis, also wegen der Folgen der Trunkenheitsfahrt, macht den Entzug der Fahrerlaubnis nicht zur schuldhaften, vertragswidrigen Handlung des Arbeitnehmers, selbst wenn der Führerscheinverlust durch ein Verhalten ausgelöst worden wäre, das auch eine Verletzung vertraglicher Nebenpflichten beinhaltete. Mit anderen Worten: Die fristlose Entlassung des Beklagten erfolgte, wie das Arbeitsgericht ganz richtig gesehen hat, nicht wegen der Trunkenheitsfahrt und einer Verletzung arbeitsvertraglicher Nebenpflichten, also des Verhaltens des Beklagten wegen, sondern aufgrund des Verlusts der Fahrerlaubnis, also wegen eines in seiner Person begründeten, die weitere Einsatzfähigkeit berührenden Umstandes."

Das LAG-Urteil vom 13. 11. 1990 a.a.O. stellt klar, daß das „klaglose" Verstreichen der Klagefrist des § 4 KSchG allein den Eintritt der Rechtswirksamkeit der Kündigung gemäß den §§ 7 und 13 I 2 KSchG bewirkt, – aber keinen der Rechtskraftwirkung eines Urteils vergleichbaren Bindungstatbestand hinsichtlich der für die Kündigung angeführten Gründe in einem (anderen) Prozeß schafft (– soweit es um den möglichen Kündigungsgrund „außerdienstliche Trunkenheitsfahrt eines Kraftfahrers" geht, wird noch auf BAG, 4. 6. 1997 – 2 AZR 526/96 – NZA 1997, 1281 = DB 97, 2386 hingewiesen –).

5.4 Die Haftung wegen Verletzung von Herausgabepflichten

5.4.1 Allgemeines

Während des Arbeitsverhältnisses stellt der Arbeitgeber dem Arbeitnehmer *89*
für betriebliche Zwecke Arbeitsmittel, Werkzeuge, Geschäftsunterlagen und dergleichen zur Verfügung. Bei bzw. nach Beendigung des Arbeitsverhältnisses hat der Arbeitgeber derartige Gegenstände dem Arbeitgeber zurückzuge-

ben (ArbG Marburg, 5.2.1969, DB 1969, 2041); vgl. zur Transportgefahr bei Rücksendung: LAG Rheinland-Pfalz, 8.5.1996, BB 1997, 632). Soweit die Rückgabe- bzw. Herausgabepflicht nicht einzelvertraglich oder kollektivvertraglich geregelt ist, kann der Arbeitgeber sein Herausgabeverlangen insbesondere nach näherer Maßgabe der §§ 861 und 985 BGB auf gesetzliche Anspruchsgrundlagen stützen. Unter Umständen kommen auch die §§ 666, 667 und 675 BGB als Anspruchsgrundlagen in Betracht, sofern man diese Bestimmungen für auf das Arbeitsverhältnis anwendbar hält (vgl. BAG, 21.9.1966, AP Nr. 2 zu § 675 BGB). Erfüllt der Arbeitnehmer die Herausgabepflicht nicht rechtzeitig oder überhaupt nicht, kann er sich gemäß § 286 BGB (Verzug, s. Rz 23) bzw. gemäß §§ 280 I, 283 I BGB (Unmöglichkeit, s. Rz 15) schadensersatzpflichtig machen. Ggfs. schuldet er gemäß den §§ 667, 687 I BGB auch die Herausgabe von Nutzungen. Schließlich können – bei verbotener Eigenmacht – Ansprüche des Arbeitgebers auf Schadensersatz gemäß den §§ 823, 992 BGB und auf Nutzungsentschädigung entstehen (vgl. Wank MünchAR § 125 Rz 13f; s. weiter OLG Köln, 9.8.1995, BB 1996, 80: Entschädigung für Vorenthaltung der Leasingsache nach Kündigung). Unter Umständen kommt (zunächst) auch ein Auskunftsanspruch des Arbeitgebers in Frage (ArbG Marburg a.a.O.).

5.4.2 Einzelfälle

5.4.2.1 Verspätete Herausgabe von firmeneigenen Schlüsseln

90 Das LAG Berlin, 26.5.1986, DB 1987 542 = LAGE Nr. 6 zu § 611 BGB Arbeitnehmerhaftung hat festgestellt, daß die Umwandlung der tatsächlichen Gewalt des Besitzdieners (Arbeitnehmers) über die Sache (hier: Schlüssel) in Eigenbesitz rechtswidrig ist. Zum ersatzfähigen Schaden gehörten nicht nur die Beseitigung und Kompensation der Verletzung selbst, sondern auch die Aufwendungen zur Schadensminderung oder Schadensbeseitigung. Dazu zählten auch die Kosten, die für die Observierung des Betriebsgrundstücks (– in der „schlüssellosen“ Zeit –) aufgewendet worden seien. In diesem Fall hatte ein fristlos entlassener Arbeitnehmer dem Arbeitgeber nicht rechtzeitig zurückgegeben: den Generalhauptschlüssel für das Betriebsgrundstück, den Garagenschlüssel sowie den Autoschlüssel für einen Pkw Daimler Benz 500 SEL. Der Arbeitgeber hatte das Betriebsgrundstück „rund um die Uhr“ bewachen lassen. Dadurch waren Kosten in Höhe von DM 2.112,— entstanden (vgl. zur Abgrenzung aber auch den bei Rz 50 behandelten Fall des LAG Hessen, 4.11.1987, LAGE Nr. 10 zu § 611 BGB Arbeitnehmerhaftung; LAG Hessen, 15.1.1998 – 14 Sa 156/97 –; zu Hinweis- und Schadensminderungspflichten des Arbeitgebers; ArbG Hamburg, 23. 1. 1995, BB 1995, 930: der Arbeitgeber ist gehalten, bereits bei Beendigung des Arbeitsverhältnisses eine Bestandsaufnahme durchzuführen, wenn er später Herausgabe oder Schadensersatz verlangen will).

5.4.2.2 Verspätete Herausgabe von Firmenwagen

In dem Urteil des LAG Düsseldorf, 4. 7. 1975, DB 1975, 2040 ging es um einen Arbeitnehmer, der das Firmenfahrzeug nach Beendigung des Arbeitsverhältnisses nicht rechtzeitig zurückgegeben (– sondern monatelang für sein eigenes neu eröffnetes Geschäft genutzt –) hatte. Das LAG hielt den Arbeitnehmer – aufgrund der §§ 987, 989, 990 BGB in Verbindung mit § 100 BGB – für verpflichtet, den Wert zu ersetzen, den er hätte aufwenden müssen, wenn er das Fahrzeug nicht in Besitz behalten hätte. Dies sei der Mietwert für ein entsprechendes Fahrzeug. Demgegenüber hält der BGH (GS), 9. 7. 1986, AP Nr. 2 zu § 249 BGB = NJW 1987, 50 eine Bemessung des Schadensersatzes, die darauf abstellt, was die Anmietung einer Ersatzsache gekostet haben würde, für prinzipiell ungeeignet. Die Wertmaßstäbe des Verkehrs für die entgeltliche Gebrauchsüberlassung könnten zwar Ausgangspunkt für die Schadensbemessung sein. Dabei sei aber ein fiktiver Mietpreis von allen auf Gewinnerzielung gerichteten und sonstigen, eine erwerbswirtschaftliche Nutzung betreffenden Wertfaktoren zu bereinigen. Zu entschädigen sei lediglich der Gebrauchsverlust für eine „eigenwirtschaftliche Verwendungsplanung" (vgl. BGH a.a.O. und Schroeder NZA 1994, 344f). 91

Ein – in derartigen Fällen unter Umständen an sich gegebener – Nutzungsentschädigungsanspruch gemäß den §§ 993, 812 BGB (– vgl. LAG Köln, 29. 11. 1995, LAGE Nr. 8 zu § 616 BGB = NZA 1996, 986 –) ist nach Ansicht von Nägele NZA 1997, 1200 f dann wertlos, wenn der Arbeitnehmer das Fahrzeug nicht genutzt und deswegen keine Nutzungen aus der verweigerten Herausgabe des Fahrzeuges gezogen hat.

Für den umgekehrten Fall (– Schadensersatzanspruch des Arbeitnehmers gegen den Arbeitgeber wegen unterbliebener Bereitstellung eines Firmen-Pkw auch zur privaten Nutzung –) hat das BAG, 16. 11. 1995, AP Nr. 4 zu § 611 BGB Sachbezüge = NZA 1996, 415 entschieden:

„Die Nutzungsentschädigung kann bei dem Entzug von Gebrauchsvorteilen eines Pkw nicht abstrakt berechnet werden, wenn der Gläubiger tatsächlich über einen gleichwertigen Pkw verfügte und damit keinen Nutzungsausfall erlitten hat. Der Kläger muß sich deshalb auf eine konkrete Schadensberechnung in dem Sinne des Ersatzes von tatsächlich erbrachten Aufwendungen (Wertverlust, Steuern, Versicherung, ...) verweisen lassen". In dem Urteil, 23.6.1994, NZA 1994, 1128 = NJW 1995, 348 hat das BAG - für den Anspruch des Arbeitnehmers – die Bemessung der Nutzungsausfallentschädigung nach der ADAC-Tabelle nicht beanstandet; dahingestellt blieb, ob der Anspruch nach der Tabelle von Sanden/Danner/Küppersbusch berechnet werden kann. Mit der Problematik haben sich weiter befaßt: Becker-Schaffner DB 1993, 2078; Nägele/Schmidt BB 1993, 1797; Schroeder NZA 1994, 342; Gruss BB 1994, 71; BAG, 23.6.1994, AP Nr. 34 zu § 249 BGB = NZA 1994, 1128.

5.4.2.3 Verspätete Herausgabe sonstiger gewerblich genutzter Sachen

92 Nach Ansicht von Fiebig NZA 1997, 1151 kann die Rechtsprechung zur Nutzungsentschädigung bei privaten Sachen nicht auf die ähnliche Problematik bei der Vorenthaltung gewerblich genutzter Sachen übertragen werden. Eine entsprechende, an die bloße Verfügbarkeit der Sache anknüpfende Entschädigung sei im gewerblichen Bereich nicht zu rechtfertigen. Fiebig a.a.O. verweist auf die Entscheidungen des OLG Düsseldorf, 5.5.1994, EWiR 1994, 845 mit Anm. Eckert und des ArbG Magdeburg AuA 1996, 393. Die von Fiebig erörterte Problematik hängt mit der Frage zusammen, ob der Begriff des Schadens auch normativ – d.h. vom Normzweck – zu bestimmen ist (– und nicht nur wirtschaftlich als Differenz zweier Vermögenslagen; vgl. dazu BGH, 9.7.1986, AP Nr. 26 zu § 249 BGB).

6. Die nachvertragliche Haftung

In ähnlicher Weise wie bereits im Vorvertragsstadium eine c.i.c.-Haftung entstehen kann, können sich für den Arbeitnehmer auch noch nach Beendigung des Arbeitsverhältnisses eine Reihe nachvertraglicher Bindungen aus dem Arbeitsverhältnis ergeben (– wegen der dogmatischen Einordnung dieser „nachwirkenden" Vertragspflichten im einzelnen wird auf von Bar AcP 179 (1979) S. 452 verwiesen; vgl. auch BGH, 19. 2. 1982, NJW 1982, 1808; § 2 I 3 c ArbGG). Dazu zählen etwa Rücksichtnahmepflichten und Verschwiegenheitspflichten (vgl. Meisel Anm. zu BAG, 24. 2. 1982, AP Nr. 7 zu § 17 BAT), – aber auch fortbestehende Herausgabepflichten, sofern er diese bis zur Beendigung des Arbeitsverhältnisses noch nicht erfüllt hat (s. dazu Rz 89) oder Auskunftspflichten (vgl. BAG, 27. 3. 1990, AP Nr. 1 zu § 1 BetrAVG Überzahlung = NZA 1990, 776).

Zu den wichtigsten Bindungen zählen insoweit weiter Wettbewerbsabreden für das Nachvertragsstadium.

6.1 Haftung bei nachvertraglicher Wettbewerbsabrede

6.1.1 Haftungsgrundlage

Ein Wettbewerbsverbot für die Zeit nach der rechtlichen Beendigung des Arbeitsverhältnisses bedarf stets einer vertraglichen Grundlage. Dabei muß die *93* Wettbewerbsabrede der Arbeitsvertragsparteien gewissen Mindestanforderungen, die sich aus Gesetz und Rspr. ergeben, genügen §§ 74 ff HGB: § 133f GewO; s. dazu näher Wank MünchAR § 126 Rz. 3 ff; Bauer NZA Beil. 3/1991 S. 29; Wertheimer NZA 1997, 522). Das BAG, 1. 8. 1995, AP Nr. 5 zu § 74a HGB = NZA 1996, 310 hat entschieden, daß das nachvertragliche Wettbewerbsverbot des Handlungsgehilfen unverbindlich ist, wenn es nicht zum Schutz eines berechtigten geschäftlichen Interesses des Arbeitgebers dient und das berufliche Fortkommen des Handlungsgehilfen unbillig erschwert. Das trifft zu, wenn der Arbeitgeber mit dem Wettbewerbsverbot das Ziel verfolgt, jede Stärkung der Konkurrenz durch den Arbeitsplatzwechsel zu verhindern, ohne daß die Gefahr der Weitergabe von Geschäftsgeheimnissen oder des Einbruchs in den Kundenstamm zu besorgen ist (= Weiterführung von BAG, 24. 6. 1966, AP Nr. 2 zu § 74a HGB). Auf sogenannte Mandantenschutzklauseln sind die Vorschriften über Wettbewerbsverbote entsprechend anwendbar (BAG, 27. 9. 1988; AP Nr. 35 zu § 61 l BGB Konkurrenzklausel).

Wegen der bestehenden Vertragsfreiheit sind die Parteien nicht gehindert, ein einmal vereinbartes Wettbewerbsverbot einvernehmlich aufzuheben. Eine im Arbeitsvertrag evtl. enthaltenen Schriftformklausel (– wie z.B.: „... Änderungen oder Ergänzungen bedürfen der Schriftform ...“ –) steht der Wirksamkeit einer – nur mündlich getroffenen Aufhebungsvereinbarung nicht notwendigerweise entgegen. In einem derartigen Fall müssen im Prozeß aber Anhaltspunkte festgestellt werden, die dafür sprechen, daß die Parteien von der Maßgeblichkeit des (nur) mündlich Vereinbarten ausgegangen sind (vgl. BAG, 10.1.1989, AP Nr. 57 zu § 74 HGB = NZA 1989, 797; s. weiter zum Problem „Wirksamkeit mündlicher Abreden bei vertraglicher Schriftformklausel“: BGH, 24.10.1979, BB 1979, 1789; BFH, 31.7.1991, BStBl 1991 II S. 933; BGH, 17.4.1991, NJW-RR 1991, 1289; BGH, 26.11.1980, BB 1981, 266).

Umstritten ist, ob der ausgeschiedene Arbeitnehmer dem Arbeitgeber ohne weiteres dann Konkurrenz machen darf, wenn dieser die Karenzentschädigung nicht zahlt (vgl. dazu BAG, 5.10.1982, AP Nr. 42 zu § 74 HGB; Wank a.a.O. Rz 65).

6.1.2 Haftungsmäßige Rechtsfolgen bei Verstoß gegen das Wettbewerbsverbot

94 Insoweit gelten die allgemeinen Regeln des Schuldrechts.

- Das Wettbewerbsverbot ist ein gegenseitiger Vertrag, in dem die Unterlassungspflicht und die Entschädigungspflicht zueinander in einen Gegenseitigkeitsverhältnis stehen. Daher sind grundsätzlich die Regeln über Leistungsstörungen im gegenseitigen Vertrag anzuwenden (BAG,5.8.1968, AP Nr. 24 zu § 74 HGB [zu III 1, 4 der Gründe]; Urt. 5.10.1982, AP Nr. 42 zu § 74 HGB [zu II 2b und III 2 b der Gründe]).
- Wird in einem gegenseitigen Vertrag dem Schuldner die Leistung aus Gründen unmöglich, die er zu vertreten hat, so kann der Gläubiger die Rechte aus § 325 Abs. 1 BGB geltend machen. Er kann bei Vorliegen eines durch die Unmöglichkeit begründeten Schadens Anspruch auf Schadenersatz wegen Nichterfüllung erheben (§ 325 Abs. 1 Satz 1 BGB), bei teilweiser Unmöglichkeit ist er berechtigt, Schadenersatz wegen Nichterfüllung der ganzen Verbindlichkeit zu verlangen, wenn die teilweise Erfüllung des Vertrages für ihn kein Interesse hat (§ 325 Abs. 1 Satz 2 BGB). Insoweit kann der Anspruch auf Karenzentschädigung für die Gesamtzeit erlöschen. Der Gläubiger kann ferner vom Wettbewerbsverbot zurücktreten (§ 325 Abs. 1 Satz 2 BGB) oder statt dieser Rechte das Wettbewerbsverbot für be-

endet erklären (§ 325 Abs. 1 Satz 3 BGB i. V. mit § 323 Abs. 1 BGB). Soweit in Schrifttum nach einer Wettbewerbshandlung des Arbeitnehmers von einem Erlöschen des Anspruches auf Karenzentschädigung für die gesamte Folgezeit ausgegangen wird (Schlegelberger/Schröder, HGB, 5. Aufl., 1973, § 74 Rz. 16b; LAG Baden-Württemberg, AR-Blattei, Wettbewerbsverbot: Entscheidung 16), vermag das BAG dem nicht zu folgen (– Urt., 10. 9. 1985, AP Nr. 49 zu § 74 HGB = NZA 1986, 134).

Soweit es um die vom Arbeitnehmer im einzelnen zu ersetzenden Schäden geht, gelten die §§ 249 ff, 276 BGB (s. oben Rz 54). Die Ersatzpflicht bezieht sich auf den adäquat kausal und schuldhaft verursachten Schaden, – wozu auch ein dem Arbeitgeber – wenn er das Geschäft gemacht hätte – entgangener Gewinn zählt (– vgl. dazu – bei behaupteter Verletzung eines Kundenschutzabkommens, BGH, 24. 10. 1995, BB 1996, 75). Im Rahmen des Schadensersatzprozesses obliegt dem Arbeitgeber – wenn ihm auch gemäß § 252 BGB und § 287 ZPO gewisse Erleichterungen zu Gute kommen können – die Darlegungs- und Beweislast für die – Grund und Höhe des Anspruchs – begründenden Tatsachen. Dieser kann er bisweilen – ohne vorherige Auskünfte seines früheren, ihm mutmaßlich Konkurrenz machenden Arbeitnehmers – nur unvollkommen nachkommen. Unter gewissen Voraussetzungen (§ 242 BGB) billigt die Rechtsprechung dem Arbeitgeber einen entsprechenden Auskunftsanspruch zu. Einen derartigen Anspruch leitet das BAG, 22. 4. 1967, AP Nr. 12 zu § 242 BGB Auskunftspflicht, dann aus dem Grundsatz von Treu und Glauben ab, wenn der Arbeitnehmer durch sein Verhalten begründeten Anlaß zu der Annahme gibt, er werde nach seinem Ausscheiden eine – durch eine Wettbewerbsklausel – verbotene Tätigkeit aufnehmen oder er habe eine solche bereits aufgenommen. Je nach den Umständen des Einzelfalles kann schon eine recht geringe Wahrscheinlichkeit (– die Vertragspflicht/das Wettbewerbsverbot verletzt zu haben –) genügen, um ein Auskunftsrecht des Arbeitgebers zu rechtfertigen. Eine solche Wahrscheinlichkeit hat das BAG a.a.O. wie folgt bejaht: „... Der Beklagte hat die Gültigkeit des vereinbarten Wettbewerbsverbots nachdrücklichst bestritten und hat die ihm bei wettbewerbsfreier Tätigkeit vertraglich zustehende Karenzentschädigung nicht gefordert. Das reicht als ein ungewöhnliches Verhalten eines ausscheidenden Arbeitnehmers bei objektiver Würdigung aus, um im Arbeitgeber den Verdacht eines beabsichtigten Verstoßes gegen die vereinbarte Wettbewerbsklausel zu erwecken ...“.

Im Urteil vom 27. 9. 1988 hat das BAG AP Nr. 35 zu § 611 BGB Konkurrenzklausel = NZA 1989, 467 angenommen, der ausgeschiedene Arbeitnehmer (= früher als Steuerbevollmächtigter bei der Beklagten beschäftigt –) habe „mit hoher Wahrscheinlichkeit" das Wettbewerbsverbot verletzt. Diese Annahme hat das BAG – aufgrund entsprechender tatsächlicher Feststellungen – wie folgt begründet: im Zusammenhang mit der Einstellung der Tätigkeit des Klägers für die Beklagte hätten etwa ein Drittel der von ihm betreuten Mandanten die Beratungsverträge mit der Beklagten gekündigt: zumindest ein Teil dieser Mandanten werde (nunmehr) vom Kläger betreut.

6.2 Haftung aufgrund nachwirkender Treuepflicht

6.2.1 Haftungsgrundlagen

95 Die Treuepflicht des Arbeitnehmers (§ 242 BGB) endet nach hM mit der rechtlichen Beendigung des Arbeitsverhältnisses nicht unbedingt vollständig. In Ausnahmefällen kann sie vielmehr nachwirken, – etwa in der Pflicht bestimmte Geschäftsgeheimnisse weiterhin zu wahren (vgl. Kopp AR-Lexikon – Treuepflicht –; Gaul NZA 1988, 225; Molkenbur BB 1990, 1196). Es ist anerkanntes Recht, daß die Nachwirkung des Arbeitsvertrages den Arbeitnehmer – auch ohne ausdrücklichen Geheimhaltungsvertrag – verpflichten kann, ein Betriebsgeheimnis weiter zu wahren (BAG, 16.3.1982, AP Nr. 1 zu § 611 BGB Betriebsgeheimnis). Teilweise sind die Interessen des Arbeitgebers im Nachvertragsstadium auch durch zwingende gesetzliche Bestimmungen (UWG, StGB, § 826 BGB) geschützt. Soweit dies der Fall ist, muß der ausgeschiedene Arbeitnehmer diese Bestimmungen beachten ohne daß auf die nachwirkende Treuepflicht zurückgegriffen werden müßte. Ohne Bindung durch ein Wettbewerbsverbot ist der Arbeitnehmer allerdings in der Verwendung seiner beruflichen Kenntnisse und seines erworbenen Erfahrungswissens grundsätzlich frei, – und zwar auch dann, wenn er in Wettbewerb zu dem ehemaligen Arbeitgeber tritt. Eine Nachwirkung vertraglicher Pflichten kann – nach BAG, 15.6.1993, AP Nr. 40 zu § 611 BGB Konkurrenzklausel = NZA 1994, 502 – nur in einem eng begrenzten Umfang angenommen werden: soweit sich für die Berufausübung aus nachwirkenden Treuepflichten Grenzen ergeben können, können diese nur auf einzelne treuwidrige Verhaltensweisen bezogen sein, – nicht aber auf eine den Wettbewerbsinteressen des bisherigen Arbeitgebers zuwiderlaufende Tätigkeit schlechthin. Soweit es speziell um die nachvertragliche Verschwiegenheitspflicht geht, sieht das BAG a.a.O. diese „begrenzt auf das Verbot einer Verwertung durch Weitergabe der geheimzuhaltenden Tatsachen. Die darin liegende Beschränkung der Berufstätigkeit geht über eine Gleichstellung des Betroffenen mit Nichtgeheimnisträgern nicht hinaus". Eine andere Beurteilung kann geboten sein, wenn besondere Umstände gegeben sind, die

- entweder die Tätigkeit des (früheren) Arbeitnehmers als von der Rechtsordnung mißbilligtes Eindringen in den Kundenstamm des früheren Arbeitgebers ansehen lassen (vgl. BAG, 15.12.1987, AP Nr. 5 zu § 611 BGB Betriebsgeheimnis)
- oder die Tatbestandsmerkmale gesetzlicher Vorschriften erfüllen, die dem Schutz des lauteren Wettbewerbs dienen (§§ 1 und 17 UWG; §§ 823 und 826 BGB).

Wegen der Frage, welche Tatsachen insoweit – etwa wegen eines behaupteten Geheimnisverrates nach § 17 UWG – im einzelnen nachzuweisen sind, wird auf die BAG-Urteile vom 15.6.1993 und 15.12.1987 – jeweils a.a.O. – sowie auf BAG, 16.3.1982, AP Nr. 1 zu § 611 BGB Betriebsgeheimnis verwiesen.

6.2.2 Haftungsmäßige Rechtsfolgen bei Verletzung der nachwirkenden Treuepflicht

Die schuldhafte Verletzung der nachwirkenden Treuepflicht kann Schadens- 96
ersatzverpflichtungen auslösen. Auch insoweit gelten die §§ 249 ff, 276 BGB. Wer sich insbesondere Betriebsgeheimnisse unlauter verschafft, sie verwertet oder sittenwidrig verrät, kann – nicht nur auf Unterlassung, sondern auch – auf Schadensersatz in Anspruch genommen werden. Soweit es um die Schadensberechnung geht, so entspricht es zwar der Lebenserfahrung, daß dem Inhaber eines Betriebsgeheimnisses ein Schaden entsteht, wenn dieses von anderen Personen rechtswidrig genutzt wird. Allerdings begegnet der Nachweis des Geschädigten, ihm sei ein konkreter Schaden entstanden, - insbesondere ein Gewinn entgangen – gewissen Schwierigkeiten. Im Hinblick darauf, daß sich die Geschehensabläufe, die sich bei Wahrung des Betriebsgeheimnisses ergeben hätten, nicht ohne weiteres darstellen lassen, hat zunächst der BGH (u.a. in BGH, 18.2.1977, NJW 1977, 1062) anerkannt, daß die vom Verletzer/ Schädiger ersparte Lizenzgebühr den entgangenen Gewinn des Rechtsinhabers/Geschädigten darstellt. Ein hinreichender Anhaltspunkt für die Entstehung und die Höhe des Schadens wird also darin gesehen, daß der alleinige Inhaber von Immaterialgüterrechten diese regelmäßig im Wege der Lizenzvergabe nutzen könnte. Das BAG, 24.6.1986, AP Nr. 4 zu § 611 BGB Betriebsgeheimnis hat sich dieser Berechnungsmethode (= Berechnung im Wege der „Lizenzanalogie“) angeschlossen.

7. Die Durchsetzung der Haftungsansprüche des Arbeitgebers gegen den Arbeitnehmer

Wenn der Arbeitnehmer nicht freiwillig zahlt, ist der Arbeitgeber darauf angewiesen seine – aus der Haftung des Arbeitnehmers resultierenden – Schadensersatz- und sonstigen Ansprüche im Wege der Klage oder Widerklage, – ggfs. auch im Wege des gerichtlichen Mahnverfahrens § 46a ArbGG, §§ 688 ff ZPO –, zu verfolgen und anschließend gegen den Arbeitnehmer die Zwangsvollstreckung zu betreiben. Der – einmal entstandene – Lohnanspruch als solcher bleibt dem Arbeitnehmer – trotz Schlechtleistung oder anderer Leistungsstörung – in aller Regel erhalten. Allenfalls läßt er sich nach näherer Maßgabe der §§ 387ff BGB durch Aufrechnung – etwa mit einem Schadensersatzanspruch – kürzen. Wo – wie im Individualarbeitsrecht – keine gesetzlichen Gewährleistungsregeln bestehen, fehlt die Rechtsgrundlage für einen Minderungsanspruch, – d.h. für die automatische Herabsetzung oder gar den Wegfall des Lohnanspruches (vgl. BAG, 17.7.1970, BAG AP Nr. 3 zu § 11 MuSchG 1968 sowie die kritischen Anmerkungen von Blomeyer MünchAR § 56 Rz 14ff, Beuthin ZfA 1972, 73; Ullrich NJW 1984, 585).

Der Arbeitgeber kann Haftungsansprüche gegen den Arbeitnehmer leichter durchsetzen, wenn dieser seine Verpflichtung nicht bestreitet. Deswegen strebt der Arbeitgeber häufig ein entsprechendes „Anerkenntnis" des Arbeitnehmers an. Insbesondere im Zusammenhang mit Schadensermittlungsmaßnahmen des Arbeitgebers kommt es bisweilen zur Abgabe entsprechender Erklärungen des Arbeitnehmers, an die dieser sich später im Prozeß oft nicht mehr gebunden fühlt. Insoweit ist im Einzelfall zu klären, welche Rechtsnatur derartige „Anerkenntnisse" des Arbeitnehmers haben. Soweit dem Ehegatten des Arbeitnehmers Bürgschaftserklärungen abverlangt werden, müssen nach Ansicht des LG Lüneburg, 9.5.1997, NZA-RR 1998, 202 die dort dargestellten Grundsätze beachtet werden.

7.1 Die rechtliche Einordnung von „Anerkenntnis"- und ähnlichen Erklärungen des Arbeitnehmers

7.1.1 Die Erklärung als Bestandteil eines Vergleiches

Die Erklärung des Arbeitnehmers kann Bestandteil eines Vergleiches i.S. des 97
§ 779 BGB sein, wenn die Parteien zuvor über das Bestehen von Ansprüchen gestritten haben und diesen Streit ("oder die Ungewißheit über ein Rechtsver-

hältnis“) im Wege des gegenseitigen Nachgebens gütlich beigelegt haben. Ein derartiger Vergleich ist unwirksam, wenn der nach seinem Inhalt als feststehend zugrunde gelegte Sachverhalt der Wirklichkeit nicht entspricht und der Streit oder die Ungewißheit bei Kenntnis der Sachlage nicht entstanden sein würde. Dabei steht es der „Ungewißheit über ein Rechtsverhältnis“ gleich, wenn die Verwirklichung eines Anspruches unsicher ist.

Hat ein schuldbestätigender Vertrag vergleichsähnlichen Charakter, kann dies die (entsprechende) Anwendung des § 779 BGB rechtfertigen.

Allgemeinen Grundsätzen entsprechend kann ein Vergleich an sich bei Vorliegen eines Anfechtungsgrundes unter Wahrung der Anfechtungsfrist angefochten werden (§§ 119, 121 und 123f BGB). Die Anfechtung wegen Irrtums ist jedoch nur mit der Einschränkung möglich daß ein Irrtum über einen Punkt ausscheidet, der Gegenstand des/der durch den Vergleich beseitigten Streites/Ungewißheit ist. Diese Einschränkung gilt nicht für die Anfechtung wegen Täuschung. Ein Vergleich kann weiter dann nichtig sein, wenn er gegen ein gesetzliches Verbot oder gegen die guten Sitten verstößt. Auch beim Vergleich kann ein auffälliges Mißverhältnis zwischen Leistung und Gegenleistung gemäß § 138 BGB zur Nichtigkeit führen, wenn weitere sittenwidrige Umstände, wie etwa eine verwerfliche Gesinnung des Begünstigten hinzutreten. Ein auffälliges Mißverhältnis in diesem Sinne ergibt sich beim Vergleich nicht aus dem Verhältnis zwischen der wahren Ausgangslage und den Leistungen, die eine Partei übernommen hat. Entscheidend ist vielmehr, wie die Parteien die Sach- und Rechtslage bei Abschluß des Vergleichs eingeschätzt haben und in welchem Ausmaß sie davon abgewichen sind und zur Bereinigung des Streitfalles gegenseitig nachgegeben haben (vgl. BAG, 11.9.1984, AP Nr. 37 zu § 138 BGB). Vor diesem rechtlichen Hintergrund kann ein außergerichtlicher Vergleich, in dem ein Arbeitnehmer anerkennt, seinen Arbeitgeber durch strafbare Handlungen in Höhe eines bestimmten Betrages geschädigt zu haben und diesen Schaden ersetzen zu müssen, sittenwidrig sein. Im konkret entschiedenen Fall hat das BAG a.a.O. allerdings das Vorliegen von Sittenwidrigkeit verneint. Bei der Bewertung des beiderseitigen Nachgebens kommt es darauf an, welcher Höchstschaden bei Abschluß des Vergleichs in Betracht gezogen und als Vergleichsrahmen angesehen wurde. Ob der Höchstschaden oder der zugestandene Betrag beweisbar gewesen wären, ist für die Frage der Sittenwidrigkeit des Vergleichs unerheblich. Hinzuweisen ist auf die Rspr des BGH, 7.6.1988, AP Nr. 33 zu § 123 BGB: ein Rechtsgeschäft, das unter Ausnutzung einer seelischen Zwangslage geschlossen wurde, kann wegen Verstoßes gegen die guten Sitten nichtig sein, wenn besondere Umstände hinzutreten, die das Geschäft nach seinem aus der Zusammenfassung von Inhalt, Zweck und Beweggrund zu entnehmenden – Gesamtcharakter als verwerflich erscheinen lassen. Dazu genügt es nicht, daß die seelische Zwangslage durch Zeitdruck verstärkt worden ist. Für die vergleichbare Problematik „Anfechtung eines Aufhebungsvertrages“ hat das BAG, 30. 9. 1993, AP Nr. 37 zu § 123 BGB entschieden, daß ein solcher Vertrag nicht alleine deswegen unwirksam sei, weil der Arbeitgeber dem Arbeitnehmer weder eine Bedenkzeit noch ein Rücktritts- oder Widerrufsrecht eingeräumt und ihm auch das Thema des Gesprächs vorher nicht mitgeteilt habe (ähnlich bereits das BAG, 16. 2. 1983, AP Nr. 22 zu § 123 BGB; vgl. auch BAG, 30. 1. 1986, NZA 1987, 91: Inaussichtstellen von fristloser Entlassung und Strafanzeige, aA LAG Hamburg, 3. 7. 1991, LAGE Nr. 6 zu § 611 BGB Aufhebungsvertrag). Im Urteil des BAG, 3. 5. 1963, AP Nr. 1 zu § 781 BGB ging es um einen Rendanten einer Spar- und Darlehenskasse. Diesem war – nach seiner Darstellung – von Arbeitgeberseite (sinngemäß) erklärt worden, er, der Kläger, „komme ins Gefängnis“, wenn er das Anerkenntnis (und eine Bürgschaftserklärung) nicht unterschreibe. Das BAG unterstellte die behauptete Drohung in tatsächlicher Hinsicht als zutreffend, – meinte jedoch, daß der Kläger dadurch nicht widerrechtlich (i.S. des § 123 I BGB) zur Abgabe der Erklärungen bestimmt worden sei. Die Drohung bedeute, daß die Beklagte im Falle der Weigerung des Klägers gegen ihn Strafanzeige erstatten werde. Dieses Recht sei dem Arbeitgeber unbenommen gewesen, weil er damit nichts Unerlaubtes angedroht habe. Der mit der Drohung erstrebte Zweck, sich wegen des Ersatzanspruches zu sichern und ihn dem Streit der Parteien zu entrücken sei – für sich betrachtet – (ebenfalls) nicht rechtswidrig gewesen, denn dem Arbeitgeber (Bekl.) stehe der Ersatzanspruch zu. Auch aus der Mittel-Zweck-Relation ergebe sich hier die Widerrechtlichkeit nicht:

„Bei einer Sachlage, wie sie für die Beklagte nach Feststellung der Verfehlungen des Klägers bestanden hat, kann es dem Gläubiger nicht verwehrt werden, den Schuldner unter Inaussichtstellen der sonst zu erwartenden Strafanzeige aufzufordern, den mit der Straftat begangenen Schaden wieder gut zu machen. In diesem Zusammenhang ist es nicht unangemessen, von dem Schuldner, der zu einer sofortigen Ausgleichung des Schadens nicht in der Lage ist, zu verlangen, die Schuld schriftlich anzuerkennen und durch eine Bürgschaftserklärung für den Ausfall einzutreten“ (BAG a.a.O. mit krit. Anm. von Diederichsen, beachte auch LAG Frankfurt/M., 12. 8. 1970, AuR 1972, 27; BB 1971, 1280). Weiter differenzierend hat sich Flume AT Teil II § 28 Ziff. 2 c zur Problematik geäußert:

„Wenn auch die Drohung mit einer Strafanzeige, um die Wiedergutmachung des Schadens zu erlangen, nicht widerrechtlich ist, so darf der Drohende doch mit der Drohung keine überstürzte Entscheidung erzwingen. Dem Bedrohten darf durch das Drängen des Drohenden und das Ablehnen jeder Überlegungsfrist nicht die Möglichkeit der freien Entschließung genommen werden. Vor allem gilt dies, wenn der wiedergutzumachende Schaden nicht feststeht und eine vergleichsweise Regelung erfolgt."

7.1.2 Die Erklärung als deklaratorisches Schuldanerkenntnis

98 In dem oben erwähnten Fall BAG, 11. 9. 1984, a.a.O. AP Nr. 37, hatte die Arbeitnehmerin folgende zuvor vom Arbeitgeber vorgefertigte Urkunde unterzeichnet:

„Schuldanerkenntnis und Geständnis

Ich erkläre hiermit, daß ich den R.-Betrieb im Laufe meiner Tätigkeit als Verkaufsleiterin ... durch Manipulationen geschädigt habe. Die Summe des Schadens beziffere ich selbst auf DM 120.000,—.

Ich bin bereit, diesen Betrag in monatlichen Raten von DM 300,— ... an den R.-Betrieb zurüchzuzahlen ... .

... Diese Erklärung unterschreibe ich ohne jeglichen Druck und Zwang ...".

Vorher hatte ein Detektivbüro in einem Bericht festgestellt, daß die Arbeitnehmerin dem Arbeitgeber im Rahmen einer Messe einen Schaden in Höhe von DM 1.194,— zugefügt habe. Der Arbeitnehmerin wurde vorgeworfen, auf eigene Rechnung Waren verkauft, nicht korrekt ausgegebene Speisen und Getränke verbucht und beim Verkauf von Kaffee eigene Ware oder erheblich mehr Wasser als zulässig verwendet zu haben. Rechne man den Schaden hoch sei rückblickend auf 10 Jahre mit einem Schaden in Höhe von DM 216.000,— bis 270.000,— zu rechnen.

Das BAG wertete die von der Arbeitnehmerin unterzeichnete Erklärung als (vergleichsähnliches) deklaratorisches Schuldanerkenntnis, in dem die Arbeitnehmerin Unkorrektheiten eingeräumt und das Bestehen des Anspruches dem Grunde nach bestätigt habe. Dies habe zur Folge, daß die Arbeitnehmerin mit dem Einwand ausgeschlossen sei, der Schaden sei in Wahrheit geringer. Ein derartiges bestätigendes (kausales) Anerkenntnis hat idR – sofern die Auslegung gemäß den §§ 133, 157 BGB im Einzelfall nicht zu einem anderen Ergebnis führt – die Wirkung, daß es alle Einwendungen tatsächlicher und rechtlicher Natur ausschließt, die der Schuldner bei der Abgabe kannte oder mit denen er zumindest rechnete; ein Verzicht auf unbekannte Einwendungen wird nur ausnahmsweise anzunehmen sein (vgl. BGH, 18. 10. 1972 und 10. 7. 1973, NJW 1973, 39 und 2019). Der Einwand, daß das Schuldverhältnis überhaupt nicht bestehe ist nicht ohne weiteres ausgeschlossen. Die Parteien können jedoch vereinbaren, daß die Ersatzpflicht dem Grunde nach dem Streit der Parteien entrückt werden soll, – daß also ein nur „möglicherweise“ bestehendes Schuldverhältnis als tatsächlich bestehend anerkannt wird (BGH, 24. 3. 1976, BGHZ 66, 250; LAG Düsseldorf, 26. 2. 1982 – 5 Sa 626/81 –). Ob auch auf den Einwand des Mitverschuldens (§ 254 BGB) verzichtet wurde, ist ebenfalls im Wege der Auslegung zu ermitteln. In dem Fall BAG, 27. 2. 1970, AP Nr. 2 zu § 781 BGB, war folgendes Schreiben des Arbeitnehmers (– eines Kapitäns –) auszulegen:

„Durch die schwere Operation meiner Frau war ich wohl etwas durcheinander und habe im Schr. T. das mit Antwerpen überlesen. Das soll nicht heißen, daß die Schuld nicht bei mir gelegen hat. Wollen Sie mir bitte den Betrag angeben, den ich zu begleichen habe. Ich bin bereit, diese Schuld dann abzutragen.“

Das BAG wertete diese Erklärung als deklatorische Schuldanerkenntnis, – verwies den Rechtsstreit jedoch an das Berufungsgericht – mit folgender Begründung – zurück:

„Das LAG hat es aber zu Unrecht unterlassen, die Tragweite des Schuldanerkenntnisses vom 16. 3. 1967 festzustellen. Darauf kann es entscheidend ankommen. Wie schon betont, ist die Folge eines solchen Anerkenntnisses in der Regel, daß dem Schuldner die zur Zeit der Abgabe des Anerkenntnisses bekannten Einwendungen abgeschnitten werden. Zu diesen Einwendungen kann auch die Geltendmachung eines mitwirkenden Verschuldens gehören (BAG AP Nr. 1 zu § 781 BGB). Das braucht aber nicht stets der Fall zu sein (vgl. hierzu die Anmerkung von Diederichsen zu der vorgenannten Entscheidung a.a.O.). Ob es der Fall ist, ist Sache der Auslegung des Schuldanerkenntnisses. Es bedarf also einer solchen Auslegung. Da sie das LAG unterlassen hat, obwohl ein mitwirkendes Verschulden des ArbGeb. im Falle fahrlässiger positiver Vertragsverletzung durch den ArbN stets von Amts wegen zu beachten ist, muß das angef. Urt. aufgehoben werden.“

7.1.3 Die Erklärung als abstraktes Schuldanerkenntnis/Schuldversprechen

Schuldversprechen sind – schriftformbedürftige – einseitig verpflichtende Verträge, durch die der Schuldner dem Gläubiger gegenüber unabhängig vom Schuldgrund 99

- eine Leistung verspricht (§ 781 BGB)
  oder
- eine Schuld als bestehend anerkennt (§ 782 BGB).

Bei der Auslegung gemäß den §§ 133, 157 BGB im Einzelfall ist darauf abzustellen, ob die Parteien die Verpflichtung des Schuldners vom (ursprünglich angenommenen) Schuldgrund lösen und eine selbständige Verpflichtung begründen wollten (vgl. BGH. 21.1.1976 und 5.12.1979, NJW 1976, 567 und NJW 1980, 1158). Die Auslegung hat beim Wortlaut der Erklärung anzusetzen: dieser ist deshalb eine wichtige Erkenntnisquelle für den (wahren) Willen der Parteien, weil sich diese gerade des – schriftlich festgehaltenen – Wortes bedienten, um ihren Willen kundzutun (KG, 6.3.1975, NJW 1975, 1326; nach Ansicht des KG spricht es im allgemeinen für den Abschluß eines (nur) schuldbestätigenden Vertrages, – und nicht für ein konstitutives Schuldanerkenntnis , wenn der Schuldner nach Verhandlungen mit dem Gläubiger das Bestehen des von diesem angegebenen Anspruchsgrundes anerkennt).

7.1.4 Die Erklärung als tatsächliche Wissenserklärung

100 Schließlich gibt es noch Erklärungen des Schuldners/Arbeitnehmers, die dieser zu dem Zweck abgibt, dem Gläubiger/Arbeitgeber seine Erfüllungsbereitschaft mitzuteilen und ihn dadurch etwa von sofortigen Maßnahmen abzuhalten oder ihm den Beweis zu erleichtern. Derartigen Erklärungen fehlt ein (besonderer) rechtsgeschäftlicher Verpflichtungswille; sie enthalten keine materiellrechtliche (potentiell konstitutive) Regelung für das Schuldverhältnis, sondern bewirken als „Zeugnis des Anerkennenden gegen sich selbst“ im Prozeß allenfalls eine Umkehrung der Beweislast oder stellen ein Indiz dar, das aber jedenfalls durch den Beweis der Unrichtigkeit des Anerkannten entkräftet werden kann (s. dazu bereits LAG Bremen, 5.1.1955, AP Nr. 3 zu § 611 BGB Haftung des Arbeitnehmers – „Filialleiter“-Fall; BGH, 24.3.1976, BGHZ 66, 250 = NJW 1976, 1259).

Wenn hiernach das Vorliegen von Erklärungen der vorbezeichneten Art dem Arbeitgeber die Durchsetzung seiner Ansprüche gegen den Arbeitnehmer erleichtern kann, so gibt es doch auch Hindernisse, die dieser Durchsetzung entgegenstehen oder sie zumindest doch erschweren können.

7.2 Durchsetzungshindernisse

Zu diesen Hindernissen zählen insbesondere vereinbarte Ausgleichsklauseln, tarifliche und sonstige Verfallfristen sowie gesetzliche Verjährungsfristen, Pfändungs- und Aufrechnungsverbote.

7.2.1 Ausgleichsklauseln im Rahmen von Aufhebungsverträgen und Vergleichen

Bisweilen hat sich ein Arbeitgeber mit einem Arbeitnehmer, der an sich Haftungsansprüchen des Arbeitgebers ausgesetzt wäre, außergerichtlich oder gerichtlich – etwa im Rahmen eines Abfindungsvergleiches – über die Beendigung des Arbeitsverhältnis geeinigt und dabei zugleich eine Ausgleichsklausel vereinbart, – die beispielsweise folgenden Inhalt haben kann: *101*

- „Die Vertragsschließenden sind sich darüber einig, daß Ansprüche aus und in Verbindung mit dem Arbeitsverhältnis und seiner Beendigung nicht mehr gegeneinander bestehen".
- „Mit Erfüllung dieser Vereinbarung sind alle gegenseitigen Ansprüche ... erledigt" (– vgl. dazu LAG München, 24.4.1997 – 2 Sa 1004/96 – mit krit. Anm. von Lücke BB 1998, 269).

Derartige und ähnliche Klauseln (vgl. auch BAG, 17.2.1961, AP Nr. 1 zu § 397 BGB) können der (späteren) Geltendmachung von Haftungsansprüchen gemäß den §§ 379, 779 BGB entgegenstehen.

- In dem vom BAG, 5.4.1973, AP Nr. 22 zu § 794 ZPO, beurteilten „Betriebsleiter"-Fall lautete die Klausel wie folgt:

„... Die Parteien sind sich darüber einig, daß darüber hinaus irgendwelche Ansprüche, gleichgültig aus welchem Rechtsgrunde, aus dem Arbeitsverhältnis nicht mehr bestehen ...".

Eine derartige – in einem Prozeßvergleich enthaltene – Klausel erfaßt – nach näherer Maßgabe von BAG a.a.O. – in der Regel alle wirtschaftlich mit dem Arbeitsverhältnis verbundenen Ansprüche jedenfalls dann, wenn die Partei das mögliche Bestehen weitergehender Ansprüche im Zeitpunkt des Vergleichsabschlusses „mindestens hat erkennen müssen".

- Die Klausel (Prozeßvergleich) in dem „Vertragslehrer"-Fall BAG, 17.4.1970, AP Nr. 32 zu § 133 BGB hatte folgenden Inhalt:

„... Damit sind alle gegenseitigen Ansprüche aus dem Arbeitsverhältnis abgegolten ...".

Dazu hat das BAG a.a.O. ausgeführt: „Durch einen Vergleich werden grundsätzlich nur solche Ansprüche ausgeschlossen, auf die sich der Vergleich nach der übereinstimmenden Vorstellung der Vergleichsparteien erstreckt. Anders liegt es, wenn weitere Folgen objektiv außerhalb des von den Parteien Vorgestellten liegen und bei Abschluß des Vergleichs subjektiv unvorstellbar gewesen sind. Das gilt vor allem dann, wenn diese Folgen so erheblich sind, daß beide Parteien bei ihrer Kenntnis nach dem Grundsatz des redlichen Verkehrs einen Vergleich dieses Inhalts nicht abgeschlossen hätten ...". Zu dem insoweit relevanten Auslegungsstoff kann nach Ansicht des BAG auch die Frage gehören, wie sich die Parteien gegenüber nach Vergleichsabschluß geltend gemachten weiteren Ansprüchen verhalten und wie sie sich eingelassen haben.

- In dem „Kellner"-Fall wurde der Leitsatz in BAG, 10.5.1978, AP Nr. 25 zu § 794 ZPO wie folgt formuliert:

„Die in einem gerichtlichen Vergleich vereinbarte allgemeine Ausgleichsklausel schließt in der Regel alle Ansprüche aus, die nicht unmißverständlich in diesem Vergleich als weiterbestehende Ansprüche bezeichnet werden".

- In diesem Fall lautete die im Prozeßvergleich vereinbarte Klausel:

„... Damit sind alle gegenseitigen Ansprüche aus dem Arbeitsverhältnis, mögen sie heißen wie sie wollen, abgegolten ...".

- In dem „Schachtanlagen-Arbeiter"-Fall beschreibt das BAG, 19.2.1958, AP Nr. 1 zu § 779 BGB die Voraussetzungen, unter denen einem außergerichtlichen Abfindungsvergleich – über die Vorschrift des § 779 BGB hinaus – die Grundlage entzogen sein kann. Dies ist dann möglich, wenn sich die Parteien bei Vergleichsabschluß übereinstimmend einen begrenzten Schadenskreis vorgestellt haben, der nachträglich aufgetretene Schaden objektiv außerhalb des Vorgestellten liegt, er nach dem damaligen Sachstand subjektiv nicht voraussehbar und so erheblich war, daß bei seiner Kenntnis beide Parteien den Vergleich nach den Grundsätzen des redlichen Verhaltens nicht abgeschlossen hätten.

7.2.2 Tarifliche und sonstige Verfallfristen

7.2.2.1 Allgemeines

102 Unabhängig von einer evtl. gemäß § 242 BGB gegebenen Verwirkung (s. dazu Busemann AR-Lexikon – Verjährung, bei V. –) wird der zeitliche Bestand von Ansprüchen bisweilen durch besondere Klauseln begrenzt, die nach Ablauf bestimmter Fristen das Erlöschen (häufig als „Verfall" bezeichnet) des Anspruchs anordnen. Derartige Klauseln, die als Verfallklauseln, Ausschluß- oder Verwirkungsklauseln bezeichnet werden, sind im Prozeß dann „von amtswegen" zu beachten, wenn sich aus dem Parteivortag Tatsachen ergeben, die darauf schließen lassen, daß auf das Arbeitsverhältnis eine Verfallklausel anwendbar ist (vgl. BAG, 9.12.1997, NZA 1998, 661; 15.6.1993, AP Nr. 123 zu § 4 TVG Ausschlußfristen; BAG, 9.8.1995, AP Nr. 8 zu § 293 ZPO =

NZA 1996, 994 zur gerichtlichen Ermittlungspflicht hinsichtlich des Inhalts von Tarifnormen). Die Anwendbarkeit kann sich im Einzelfall insbesondere aus den §§ 3 und 5 TVG und aufgrund einzelvertraglicher Regelung ergeben (s. dazu Scherer AR-Lexikon – Ausschlußfrist –). Verfallklauseln dienen dem Zweck, in den Rechtsbeziehungen der Arbeitsvertragsparteien alsbald Rechtsfrieden und Rechtsklarheit zu schaffen.

7.2.2.2 Der Umfang der Verfallklausel

Ob Haftungsansprüche von einer Verfallklausel erfaßt werden, hängt vom gegenständlichen Umfang der jeweiligen Klausel ab. Dieser Umfang ist im Wege der Auslegung zu ermitteln. Im Urteil BAG, 12.7.1972, AP Nr. 51 zu § 4 TVG Ausschlußfristen ging es um eine tarifliche Verfallklausel, die vorsah, daß „gegenseitige Ansprüche aller Art aus dem Arbeitsverhältnis ... innerhalb einer Ausschlußfrist von drei Monaten seit Fälligkeit des Anspruchs schriftlich geltend zu machen" sind. *103*

Das BAG a.a.O. hat dazu – unter Bezugnahme auf BAG, 8.2.1972, AP Nr. 49 zu § 4 TVG Ausschlußfristen – ausgeführt, daß darunter ("Ansprüche aller Art") auch Ansprüche fallen, die gleichzeitig auf eine Verletzung des Arbeitsvertrages und auf unerlaubte Handlung gestützt werden können.

7.2.2.3 Der Beginn der Verfallfrist

Der Beginn der Verfallfrist kann unterschiedlich geregelt werden. Bisweilen wird an die Beendigung des Arbeitsverhältnisses, – häufiger (oder auch) an die Fälligkeit des Anspruchs angeknüpft. „Fälligkeit" bedeutet nicht unbedingt, daß der Gläubiger/Arbeitgeber seinen Anspruch kennt. Vielmehr können auch dem Gläubiger unbekannte Ansprüche einer Verfallfrist unterliegen (BAG, 12.7.1972, AP Nr. 51 a.a.O.). Allerdings setzt die Geltendmachung im allgemeinen voraus, daß der Gläubiger die Forderung wenigstens annähernd der Höhe nach mitteilt (– vgl. dazu sogleich bei Rz 105 –). Deshalb ist der Eintritt der Fälligkeit in der Regel nicht anzunehmen, bevor der Gläubiger selbst in der Lage ist, eine solche Bezifferung vorzunehmen. Fälligkeit (i.S. von Verfallklauseln) tritt dann ein, *104*

- wenn der Gläubiger die Erfüllung seiner Forderung verlangen kann (vgl. § 271 BGB)
  und
- wenn er in der Lage ist, seine Forderung wenigstens annähernd zu beziffern.

Das BAG a.a.O. betont freilich, daß der Gläubiger die Voraussetzungen für die Bezifferbarkeit der Forderung unverzüglich schaffen muß.

Ein Hinausschieben des Zeitpunkts der Fälligkeit kann im übrigen dann eintreten, wenn der Schuldner arglistig durch falsche Schilderungen oder durch treuwidriges Verschweigen bewirkt, daß der Gläubiger von seinem Anspruch keine Kenntnis erhält. Dies gilt insbesondere für Forderungen aus vorsätzlich begangenen strafbaren Handlungen (vgl. BAG, 6.5.1969, AP Nr. 42 zu § 4 TVG Ausschlußfristen). In Fällen dieser Art entfällt aber nicht die Anwendbarkeit einer Verfallklausel überhaupt. Vielmehr wird dann nur der Beginn des Laufs der Verfallfrist hinausgeschoben. Sie beginnt insoweit in dem Zeitpunkt zu laufen, in dem der Gläubiger durch das Verhalten des Schuldners nicht mehr an der Geltendmachung seiner Forderung gehindert ist. Im konkret entschiedenen Streitfall – (BAG, 12.7.1972, AP Nr. 51 a.a.O.) – hielt es das Gericht für unerheblich, daß der Beklagte (= Arbeitnehmer) das Bestehen von Mankobeträgen in Abrede gestellt bzw. die Klageforderung des Arbeitgebers bestritten hatte. Kommt es zu Steuernachforderungen des Finanzamtes können sich entsprechende Freistellungs- und Erstattungsansprüche des Arbeitgebers ergeben. Wegen des Beginns tariflicher Ausschlußfristen in derartigen Fällen wird auf BAG, 19.1.1979 und 20.3.1984, AP Nrn. 21 und 22 zu § 670 BGB verwiesen (beachte dazu aber auch Heldmann NZA 1992, 489). In BAG, 16.3.1995, AP Nr. 129 zu § 4 TVG Ausschlußfristen = NZA 1995, 1213 wurde entschieden, daß beim Übergang eines (zunächst) auf Freistellung gerichteten Schadensersatzanspruches in einen Zahlungsanspruch – unter den dort genannten Voraussetzungen – keine neue Ausschlußfrist läuft. Weiter werden in dieser Entscheidung Ausführungen zum Beginn der Frist für die Klageerhebung (= 2. Stufe einer sog. zweistufigen Ausschlußklausel) gemacht.

7.2.2.4 Die Geltendmachung des Anspruches

105 Verlangt die Verfallklausel für die ordnungsgemäße Geltendmachung die Schriftform oder gar die gerichtliche Geltendmachung, so muß der Gläubiger – zwecks Vermeidung von Rechtsnachteilen (vgl. §§ 125 bis 127 BGB) – diese Förmlichkeiten beachten. Auch in inhaltlicher Hinsicht muß er sein Anliegen gegenüber dem Schuldner so formulieren, daß er dem Erfordernis der „Geltendmachung" ausreichend Rechnung trägt. In der Rechtsprechung ist anerkannt, daß der Hinweis des Gläubigers, er behalte sich die Verfolgung von Ansprüchen vor, nicht ausreicht (LAG Köln, 24.7.1984, EzA Nr. 59 zu § 4 TVG Ausschlußfristen). Der bloße Hinweis auf einen bestimmten Lebenssachverhalt und/oder die Äußerung einer Rechtsansicht stellen – auch wenn der Anspruchsgegner diesbezüglich „um Prüfung" gebeten wird – nicht ohneweiteres eine Geltendmachung i.S. einer Verfallklausel dar (vgl. BAG, 5.4. 1995, AP Nr. 130 zu § 4 TVG Ausschlußfristen = NZA 95, 1068). Der Schuldner muß zur Erfüllung des Anspruches aufgefordert werden. Der Gläubiger muß – zumindest konkludent – klarstellen, daß an den Schuldner ein näher bestimmter Anspruch gestellt wird (BAG, 10.12.1997, DB 1998, 682 = BB 1998, 1063 mit kritischer Anm. Strack).

Zur ordnungsgemäßen Geltendmachung gehört weiter, daß der Anspruch nach Grund und Höhe genügend individualisiert wird. An sich ist dem Schuldner wenigstens annähernd mitzuteilen, in welcher Höhe Forderungen gegen ihn erhoben werden. Etwas anderes gilt, wenn dem Schuldner die Höhe der Forderung ohnehin bekannt ist oder wenn er durch sein eigenes Verhalten bewirkt hat, daß der Gläubiger von seinen Ansprüchen nicht rechtzeitig Kenntnis erhält (BAG, 8.2.1972, AP Nr. 49 zu § 4 TVG Ausschlußfristen). Hat sich der Schuldner/Arbeitnehmer Vermögensvorteile durch vorsätzliche strafbare Handlungen verschafft, ist immer davon auszugehen, daß er die Forderungshöhe ohnehin kennt (BAG, 5.3.1981, NJW 1982, 72 = AP Nr. 9 zu § 70 BAT: dort hat das BAG auch entschieden, daß – wenn sich mehrere Arbeitnehmer gemeinschaftlich Vermögenswerte des Arbeitgebers durch vorsätzliche unerlaubte Handlungen verschafft haben – sich der einzelne Täter nicht mit Erfolg darauf berufen kann, der Tatbeitrag der Mittäter sei ihm unbekannt).

7.2.3 Gesetzliche Verjährungsfristen

Nach der Vollendung der Verjährung ist der Schuldner/Verpflichtete gemäß § 222 I BGB in Verbindung mit den §§ 194ff BGB berechtigt, die Leistung zu verweigern. Dieses Leistungsverweigerungsrecht wird im Prozeß nicht von amtswegen berücksichtigt, – sondern nur dann, wenn der Schuldner dieses Recht durch die Erhebung der Verjährungseinrede geltendgemacht hat. Die Verjährungseinrede kann auch außerhalb eines Prozesses erhoben werden. *106*

- Beispiele für Ansprüche, die der 30jährigen Verjährungsfrist des § 195 BGB unterliegen:
  - Ersatzansprüche wegen eines Verschuldens bei Vertragsschluß (Rz 2) und wegen positiver Vertragsverletzung (Rz 27; vgl. BAG, 14.10.1970, AP Nr. 60 zu § 611 BGB Haftung des Arbeitnehmers). Verlangt aber der Gläubiger eines c.i.c.-Anspruchs so gestellt zu werden, als wäre der Vertrag zustandegekommen, so verjährt dieser Ersatzanspruch in der kurzen Verjährungsfrist, die für den Erfüllungsanspruch aus dem beabsichtigten Vertrag gilt.

- Ersatzansprüche des Arbeitgebers wegen Verletzung der Auskunftspflichten des Versorgungsberechtigten/Arbeitnehmers (BAG, 27.3.1990, AP Nr. 1 zu § 1 BetrAVG Überzahlung = NZA 1990, 776).

Der Anspruch auf Ersatz des aus einer unerlaubten Handlung entstandenen Schadens verjährt gemäß § 852 BGB – je nach Kenntnis des Geschädigten – in 3 oder 30 Jahren. Die nach § 852 – 1. Alternative – BGB für den Beginn der Verjährung erforderliche Kenntnis vom Schaden und der Person des Ersatzpflichtigen ist gegeben, wenn der Geschädigte aufgrund der ihm bekannten Tatsachen jedenfalls eine Feststellungsklage mit einigermaßen sicherer Erfolgsaussicht erheben kann, – wenn er also vernünftigerweise alle Voraussetzungen des Schadensersatzanspruches mit Ausnahme des Schadensbetrages für gegeben halten muß (BAG, 9.10.1958, BAGE 6, 300).

Stehen einem Gläubiger mehrere selbständige Ansprüche auf dieselbe Leistung zu (z.B. aufgrund pVV, §§ 812 ff BGB, §§ 823 ff BGB) spricht man von Anspruchskonkurrenz. In diesen Fällen verjährt grundsätzlich jeder Anspruch selbständig. Die Verjährungseinrede ist daher erst nach Ablauf der längsten Verjährungsfrist erfolgreich. Etwas anderes kann ausnahmsweise dann gelten, wenn sonst der Zweck einer kurzen Verjährungsfrist (– etwa § 558 I BGB) vereitelt oder wesentlich beeinträchtigt würde (vgl. LAG Baden-Württemberg, 3.2.1978, DB 1978, 703; hier war ein dem Arbeitnehmer zur Verfügung gestellter firmeneigener Kraftwagen gestohlen – und beschädigt – worden, weil der Arbeitnehmer die Schlüssel stecken gelassen hatte). Das BAG, 11.4.1984, AP Nr. 85 zu § 611 BGB Haftung des Arbeitnehmers = DB 1984, 2256 hat allerdings anders entschieden: auf den Schadensersatzanspruch des Arbeitgebers gegen seinen Arbeitnehmer wegen schuldhafter Beschädigung eines (auch) zum privaten Gebrauch überlassenen Firmenwagens sind die Verjährungsvorschriften der §§ 558, 606 BGB auch nicht entsprechend anzuwenden (– in diesem Fall hatte der Arbeitnehmer mit einer BAK von 1.16 Promille einen Verkehrsunfall verursacht –).

Die Verjährungsfrist des § 61 II HGB gilt (dagegen) für alle Ersatzansprüche, die der Arbeitgeber aus entsprechenden Wettbewerbsverstößen des Arbeitnehmers herleitet, – also auch für solche Ansprüche, die auf eine unerlaubte Handlung oder eine positive Vertragsverletzung gestützt werden (vgl. dazu und zur Frage, inwieweit eine Stufenklage diese Frist unterbricht: BAG, 28.1.1986, AP Nr. 2 zu § 61 HGB = NZA 1987, 276).

Für ein Anerkenntnis i.S. des § 208 BGB genügt jedes tatsächliche Verhalten dem Berechtigten/Arbeitgeber gegenüber, aus dem sich das Bewußtsein des Verpflichteten vom Bestehen des Anspruches klar und eindeutig ergibt.

7.2.4 Pfändungs- und Aufrechnungsverbote

Bei der Durchsetzung einer gemäß § 794 ZPO titulierten Forderung des Arbeitgebers im Wege der Zwangsvollstreckung sind bei der Pfändung von Arbeitseinkommen i.S. des § 850 ZPO die Schutzvorschriften der §§ 850a bis 850k ZPO zu beachten. Diese Vorschriften, die das Existenzminimum des Schuldners/Arbeitnehmers sichern sollen, gelten – über § 394 BGB – auch dann, wenn der Arbeitgeber seinen Haftungsanspruch im Wege der Aufrechnung gemäß den §§ 387 ff BGB gegenüber dem (bei ihm noch beschäftigten) Arbeitnehmer durchsetzen will. Die Bestimmung des § 394 S. 1 BGB besagt, daß – soweit eine Forderung der Pfändung nicht unterworfen ist – die Aufrechnung gegen die Forderung nicht stattfindet. Vom Schutzzweck der Bestimmung her sind nicht nur einseitige Aufrechnungserklärungen des Arbeitgebers, sondern auch entsprechende vorherige Aufrechungsvereinbarungen der Parteien verboten. Das BAG, 18.8.1976, AP Nr. 4 zu § 613a BGB = NJW 1977, 1168 hat entschieden, daß § 394 BGB einer einverständlichen Aufrechnung nach Fälligkeit der unpfändbaren Forderung nicht entgegensteht. Soweit es um die einseitige Aufrechnung des Arbeitgebers geht, ist noch auf BAG, 28.8.1964, AP Nr. 9 zu § 394 BGB hinzuweisen; dort wurde entschieden: 107

Der Arbeitgeber kann mit ihm aus vorsätzlicher Nachteilszufügung durch den Arbeitnehmer zustehenden Schadensersatzforderungen gegen dessen unpfändbare Lohnforderungen in vollem Umfang jedenfalls dann aufrechnen, wenn der Arbeitnehmer bereits ausgeschieden ist.

Das BAG nahm Bezug auf BAG, 16.6.1960, AP Nr. 8 zu § 394 BGB; dort heißt es im 2. Leitsatz: § 850d ZPO bildet die unterste Grenze des Sozialschutzes, die auch der Arbeitgeber nicht überschreiten darf, der gegen den Arbeitnehmer Gegenforderungen wegen einer vom Arbeitnehmer ... begangenen vorsätzlichen Nachteilszufügung hat.

Däubler, Das Arbeitsrecht 2, S. 449, bezeichnet diese – in BAG, 16.12.1986, AP Nr. 1 zu § 8 BetrAVG fortgesetzte – Rechtsprechung als „Gesetzeskorrektur“, die in vielen Fällen dazu führe, daß die Rechtsdurchsetzung des Arbeitgebers letztlich zu Lasten der öffentlichen Hand gehe, da der Arbeitnehmer Sozialhilfe in Anspruch nehmen müsse.

7.3 Die gerichtliche Durchsetzung: Darlegungs- und Beweislast

7.3.1 Allgemeines

108 Grundsätzlich trägt der Arbeitgeber – soweit Anspruchssteller – die Darlegungslast für alle anspruchsbegründenden Tatsachen, – d.h. für die tatbestandlichen Entstehungsvoraussetzungen des Anspruchs.

Den Arbeitnehmer trifft insoweit die prozessuale Obliegenheit, sich vollständig und wahrheitsgemäß zu erklären (§ 138 I und II ZPO). Kommt er dieser Erklärungs- oder Einlassungspflicht nicht genügend – oder überhaupt nicht – nach, kann der Tatsachenvortrag des Arbeitgebers gemäß § 138 III ZPO als – vom Arbeitnehmer – zugestanden anzusehen sein. Mit „Nichtwissen“ kann die Partei in erheblicher Weise nur unter den Voraussetzungen des § 138 IV ZPO bestreiten.

Der Umfang der Darlegungslast des Arbeitgebers richtet sich nach der Einlassung des Arbeitnehmers.

Der anspruchsbegründende Vortrag des Arbeitgebers hat sich insbesondere zu beziehen auf:

- die Pflichtverletzung, Rechtsgut- oder Schutzgesetzverletzung,
- das Verschulden,
- den Schaden und
- die Kausalität.

Demgegenüber trägt der Arbeitnehmer – soweit Anspruchsgegner – die Darlegungslast hinsichtlich der anspruchshindernden, anspruchshemmenden und anspruchsvernichtenden Tatsachen. Für die insoweit gebotene Einlassung des Arbeitgebers gelten die obigen Hinweise auf § 138 ZPO entsprechend.

Einer Beweisaufnahme bedarf es nur dann, wenn

- ein schlüssiger Vortrag (vgl. dazu § 331 II ZPO) der darlegungspflichtigen Partei und dazu
- ein erhebliches Bestreiten des Gegners

vorliegt und außerdem die beweispflichtige Partei ordnungsgemäßen Beweis angetreten hat. Bisweilen erleichtert der Anscheinsbeweis (s. dazu auch bei Rz 35, 36 und 109) die Beweisführung. Dessen Anwendungsbereich besteht vornehmlich im Schadensersatzrecht bei typischen Geschehensabläufen in Fragen objektiver Zurechnung.

Der Anscheinsbeweis setzt einen unstreitigen oder bewiesenen Sachverhalt voraus, der infolge der Häufigkeit gleicher Ereignisse nach der Lebenserfahrung auch gleiche Folgen auslöst. Ob sich ein Geschehensablauf als typisch erweist, ist eine revisionsrichterlich nachprüfbare Beweisregel (vgl. BAG, 22. 9. 1994, AP Nr. 68 zu § 102 BetrVG 1972 = NZA 1995, 363). Dazu hat das BAG, 10.1.1995, AP Nr. 13 zu § 812 BGB = NZA 1996, 27 näher ausgeführt:

„Ein Anscheinsbeweis führt nicht zur Umkehr der Darlegungs- und Beweislast, sondern nur zur Erleichterung der Beweisführung. Er ist nicht etwa eine andere Beweisart, sondern fällt in das Gebiet der Erfahrungssätze und der Beweiswürdigung ... .

... Eine solche Beweiserleichterung setzt voraus, daß ein bestimmter Sachverhalt feststeht, der nach der allgemeinen Lebenserfahrung auf eine bestimmte Ursache oder einen bestimmten Ablauf als maßgebl. für den Eintritt eines bestimmten Erfolges hinweist ... . Bei derart typischen Geschehensabläufen kann dann von der feststehenden Ursache auf einen bestimmten Erfolg oder umgekehrt von einem feststehenden Erfolg auf eine bestimmte Ursache geschlossen werden ... . Der Beweispflichtige braucht in einem solchen Fall nur die Tatsachen darzulegen und zu beweisen, aus denen sich nach der Lebenserfahrung die obengenannten Folgerungen ziehen lassen. Die Gegenseite kann den Anscheinsbeweis indessen erschüttern, indem sie Tatsachen behauptet und ggfs. beweist, aus denen sich die ernsthafte Möglichkeit eines anderweitigen, nicht typischen Geschehensverlaufs ergibt... .

...Gelingt der Gegenseite der Nachweis der ernsthaften Möglichkeit eines atypischen Geschehensablaufs, so kann sich der Beweispflichtige auf den Ablauf des Geschehens nach der Lebenserfahrung nicht mehr berufen, sondern muß nun seinerseits der ihn treffenden Darlegungs- und Beweislast vollen Umfangs nachkommen (BGH Urt. vom 23. 5. 1952 – I ZR 163/51 – BGHZ 6, 169). Welche Tatsachen zur Erschütterung des typischen Geschehensablaufs genügen, ist Sache der tatrichterl. Beweiswürdigung ...".

In BAG, 13. 3. 1968, AP Nr. 42 zu § 611 BGB Haftung des Arbeitnehmers heißt es, daß nach den Grundsätzen des Beweises des ersten Anscheins davon auszugehen ist, daß der Fahrer eines Kfz dann fahrlässig gehandelt hat, wenn er ohne erkennbaren Anlaß auf einer übersichtlichen, gut ausgebauten und ausreichend ausgeleuchteten Straße von der Fahrbahn abkommt und mit dem Fahrzeug gegen ein Hindernis prallt.

(Nur) unter besonderen Umständen, – die aber ausreichend festgestellt sein müßten –, könnte in einem derartigen Fall der Beweis des ersten Anscheins auch für das Vorliegen einer groben Fahrlässigkeit durchgreifen (– etwa dann, wenn der Fahrer zur Unfallzeit unter Alkoholeinfluß gestanden habe –). Ein Schluß des Inhalts, daß beim Abkommen von der Straße stets der Beweis des ersten Anscheins für das Vorliegen grober Fahrlässigkeit spreche, sei aber nicht gerechtfertigt.

7.3.2 Klarstellung und Besonderheiten gemäß BAG, 28. 7. 1972, AP Nr. 7 zu § 282 BGB

109 Im Urteil, 28.7.1972, AP Nr. 7 zu § 282 BGB, hat der 3. Senat des BAG grundsätzliche Aussagen zur Verteilung der Darlegungs- und Beweislast im Individualarbeitsrecht gemacht. Im Streitfall ging es um einen Schadensersatzanspruch einer Arbeitnehmerin, der auf die – vom Arbeitgeber – verspätet vorgenommene Anmeldung zur Pensionskasse gestützt wurde.

Speziell wurde die Verteilung der Darlegungs- und Beweislast hinsichtlich der Frage des Verschuldens bei einer Vertragspflichtverletzung erörtert.

Nach Ansicht des 3. Senats gilt folgendes:

- Der Anspruchssteller muß beweisen, daß der Inanspruchgenommene oder seine Erfüllungsgehilfen (§ 278 BGB) den objektiven Tatbestand einer Vertragspflichtverletzung verwirklicht haben und dadurch der Schaden verursacht worden ist.
- Wenn der objektive Tatbestand feststeht, greift für die Verschuldensfrage die analog anzuwendende Regelung des § 282 BGB ein. Der Inanspruchgenommene hat die Beweislast für sein Nichtvertretenmüssen. Voraussetzung für diese – auf die Frage des Nichtvertretenmüssens beschränkte – Umkehrung der Beweislast ist, daß die Schadensursache aus einem Gefahrenbereich hervorgegangen ist, für den er im Zweifel die Verantwortung trägt.

Nach dieser Rechtsprechung trägt der Arbeitnehmer für die Umstände, die sein Verschulden ausschließen sollen, dann die Darlegungs- und Beweislast, wenn die Schadensursache in seinem Gefahrenbereich gelegen hat (vgl. dazu Gift/Baur S. 696 E 1192 f; Grunsky ArbGG § 58 Rz 8 ff).

Der 1. Senat des BAG, 8.2.1957, AP Nr. 1 zu § 1 TVG Friedenspflicht hatte (bereits) formuliert, daß „das Verschulden bei vertragswidrigem Verhalten zu vermuten" sei.

Im Beschluß vom 7.10.1969 – I AR 342/60 – äußerte sich der 1. Senat – auf einen Vorlagebeschluß des 2. Senats wie folgt:

„Der 1. Senat hat keine Bedenken, daß der 2. Senat von dem Grundsatz der Anwendung des § 282 BGB auf die positiven Vertragsverletzungen nach den besonderen Umständen des Einzelfalles im Arbeitsvertragsrecht abweicht".

Damit erledigte sich eine Entscheidung des Großen Senats des BAG über die Frage, die ihm der 2. Senat mit Beschluß vom 14.8.1958 – 2 AZR 235/57 –

wie folgt vorgelegt hatte: „Findet § 282 BGB auf die positive Vertragsverletzung Anwendung oder nicht oder beurteilt sich eine entsprechende Anwendung nach den besonderen Umständen des Einzelfalles ?"

In BAG, 30.6.1960, AP Nr. 20 zu § 611 BGB Haftung des Arbeitnehmers = EzA Nr. 6 zu § 276 BGB brauchte der 2. Senat auf die Frage der Anwendbarkeit des § 282 BGB deswegen nicht einzugehen, weil den dortigen Kläger (Verkaufsstellenleiter) kein „irgendwie geartetetes Verschulden an dem Manko" traf. Der 2. Senat meinte damals, daß (jedenfalls) „an den Beweis eines Nichtverschuldens keine übertriebenen, sondern nur maßvolle Ansprüche gestellt werden" dürfen.

Für den Bereich der gefahrgeneigten Arbeit wurde die Anwendbarkeit des § 282 BGB verneint, – vgl.:

- BAG, 30. 8. 1960, AP Nr. 5 zu § 282 BGB = NJW 1967, 269; allerdings wurde dort (auch) entschieden:

„Ist sonach grundsätzlich der Gläubiger(Arbeitgeber) ... für das Vorliegen normaler Fahrlässigkeit ... oder gar grober Fahrlässigkeit ... beweispflichtig, so können doch zu seinen Gunsten die Grundsätze des Beweises des ersten Anscheins eingreifen". Einer der Leitsätze des Urteils lautet:

„Gerät ein Kraftfahrer bei einwandfreier Straße und guten Sichtverhältnissen von der Fahrbahn ab und auf das Gelände neben der Straße, so spricht der erste Anschein zu Lasten des Fahrers dafür, daß er jedenfalls mit normaler Fahrlässigkeit (Schuld) den eingetretenen Schaden verursacht hat".

- BAG, 18. 12. 1970, AP Nr. 63 zu § 611 BGB Haftung des Arbeitnehmers = NJW 1971, 957; dort heißt es u.a.:

„Wenn ein Lastwagenfahrer in einer rechtwinkligen Kurve, bei leerem Anhänger, nasser Fahrbahn und stark böigem Wind von der Fahrbahn abkommt, so spricht kein Anscheinsbeweis dafür, daß er mit mindestens mittlerer Schuld gehandelt hat".

Nicht nur begrenzt auf den Bereich der gefahrgeneigten Arbeit, sondern allgemein hatte der 4. Senat in BAG, 2. 4. 1958, AP Nr. 5 zu § 549 ZPO (mit krit. Anm. von Neumann-Duesberg) formuliert: „Die Beweislast für eine schuldhafte Vertragsverletzung der Pflichten des Arbeitnehmers aus dem Arbeitsvertrag trägt der Arbeitgeber; die Bestimmungen der §§ 282, 285 BGB sind auf das Arbeitsverhältnis nicht anwendbar".

Diese Aussage, die der 5. Senat BAG, 25. 2. 1967, AP Nr. 1 zu § 276 BGB Vertragsverletzung wiederholte, ist vom 3. Senat, 28. 7. 1972, AP Nr. 7 zu § 282 BGB einschränkend interpretiert worden.

Hiernach wendet die Rechtsprechung § 282 BGB dann nicht an, wenn

- richterrechtlich entwickelte Haftungserleichterungen zu Gunsten des Arbeitnehmers eingreifen bzw.
- der Arbeitgeber der Gefahr näher steht (– vgl. dazu Peifer AR-Blattei 870 Rz 46 –).

Die Darlegungs- und Beweislast dafür, daß der Schaden durch eine „betrieblich veranlaßte" Tätigkeit – i.S. der neu-formulierten Haftungsgrundsätze (BAG, 27.9.1994, AP Nr. 103 zu § 611 BGB Haftung des Arbeitnehmers) entstanden ist (– bzw. zumindest bei einer solchen Tätigkeit –) trägt der Arbeitnehmer (vgl. Blomeyer MünchAR § 57 Rz 64 a.E.).

7.3.3 Besonderheiten bei der Mankohaftung

110 Unter den in BAG, 29.1.1985, AP Nr. 87 zu § 611 BGB Haftung des Arbeitnehmers = NZA 1986, 23 genannten Voraussetzungen hat der Arbeitnehmer darzulegen und zu beweisen, daß ihn an der Entstehung des Fehlbestandes kein Verschulden trifft. Zu diesen Voraussetzungen gehört vor allem der vorherige Nachweis des Arbeitgebers, daß er dem Arbeitnehmer bestimmte Waren oder Geldbeträge zur Verwaltung übertragen hat und der Arbeitnehmer anläßlich der Abrechnung zur Herausgabe des Erlangten nicht in der Lage ist.

Speziell bei Kassierern sind die vom BAG in den Urteilen vom

- 6.6.1984, AP Nr. 1 zu § 11a TV Ang Bundespost = NZA 1985, 183 = NJW 1985, 219,
- 21.6.1966, AP Nr. 2 zu § 1 ErstattG, und
- 11.11.1969, AP Nr. 49 zu § 611 BGB Haftung des Arbeitnehmers

dargestellten Grundsätze zu beachten (s. dazu weiter BAG, 22.5.1997, NZA 1997, 1279 = DB 1998, 135 sowie Blomeyer a.a.O. Rz. 90f).

7.3.4 Die Verwertung von Unterlagen aus anderen Verfahren

111 Die Durchführung einer eventuell notwendigen Beweisaufnahme bestimmt sich nach den einschlägigen Bestimmungen der ZPO und des ArbGG (s. dazu Busemann AR-Lexikon – Beweis, Beweislast, Darlegungslast –). In Haftungsprozessen existiert bisweilen schon Beweismaterial aus anderen Verfahren (z.B. Vernehmungsprotokolle über Zeugenvernehmungen, Sachverständigengutachten u.ä.). Es stellt sich die Frage, ob und wie derartige Unterlagen in den Arbeitsgerichtsprozeß eingeführt und dort verwertet werden können.

Klarzustellen ist insoweit zunächst, daß die Parteien ihrer Darlegungs- und Beweislast nicht einfach dadurch genügen können, daß sie die Beiziehung ganzer Akten beantragen. Ein zulässiger Beweisantritt setzt (auch) insoweit die präzise Angabe des jeweiligen Beweisthemas und die genaue Bezeichnung der betreffenden Urkunden voraus (vgl. für den Vorlegungsantrag: § 424 ZPO; Gift/Baur S. 1205 G Rz 981).

Im übrigen können beigezogene Akten aus anderen Verfahren nur dann Entscheidungsgrundlage sein, wenn sie Gegenstand der mündlichen Verhandlung vor dem ArbG oder LAG waren (BAG, 26. 3. 1992, AP Nr. 23 zu § 626 BGB Verdacht strafbarer Handlung = DB 1992, 2194 = NZA 1992, 1121; vgl. auch BGH, 9. 6. 1992, VersR 1992, 1028). Verwertet das Gericht in hiernach zulässiger Weise Aussagen von Zeugen aus einem Strafverfahren (nur) im Wege des Urkundenbeweises, so darf es die Richtigkeit der Aussage nicht aus Gründen anzweifeln, die sich nicht aus der Urkunde ergeben und für die sich auch sonst keine belegbaren Umstände finden lassen (BGH, 9. 7. 1981, NJW 1982, 580).

Die Parteien haben – wegen §§ 397, 402 ZPO – aber (auch) das Recht unmittelbare Zeugen- und Sachverständigenbeweise anzutreten, denen das Gericht dann nachgehen muß. Ist eine Partei nicht mit der urkundlichen Verwertung einer in einem anderen Verfahren gemachten Zeugenaussage einverstanden, so muß sie die Vernehmung dieses Zeugen in dem neuen Verfahren ausdrücklich beantragen (BAG, 18. 1. 1968, AP Nr. 4 zu § 522a ZPO).

In dem Verfahren BAG, 12. 10. 1989, AP Nr. 97 zu § 611 BGB Haftung des Arbeitnehmers ging es u. a. um die Frage, ob der Arbeitnehmer (Busfahrer) die Haltelinie vor einer Kreuzung überfahren hatte, nachdem die Verkehrsampel bereits 5.96 Sekunden lang „rot" gezeigt hatte. Diese Frage war in einem Verfahren vor dem Landgericht durch Zeugen- und Sachverständigenbeweis geklärt worden, – und zwar mit dem Ergebnis, daß der gegenüber dem Busfahrer erhobene Vorwurf zutraf. Im arbeitsgerichtlichen Verfahren erklärte sich der Busfahrer für die erste Instanz (ArbG) mit der urkundlichen Verwertung der vor dem Landgericht durchgeführten Beweisaufnahme einverstanden. Im Berufungsverfahren wiederholte der Arbeitgeber den Antrag auf Verwertung der Vernehmungsniederschriften und des Sachverständigengutachtens aus dem landgerichtlichen Verfahren. In der Berufungsinstanz widersetzte sich der Busfahrer dieser Verwertung und trat - wie nunmehr geboten (– vgl. BGH, 19. 12. 1969, VersR 1970, 322) Gegenbeweis an. Da dieser Beweisantritt vom Berufungsgericht übergangen worden war, mußte das BAG, 12. 1989, a. a. O. das Berufungsurteil aufheben und den Rechtsstreit an das LAG Schleswig-Holstein zurückverweisen.

8. Reformvorhaben

Rechtspolitisch wünschenswert – eventuell sogar gemäß Art. 20 III GG geboten – erscheint manchen Autoren die gesetzliche Regelung des Schutzes der Arbeitnehmer, die als Verrichtungsgehilfen ihres zwischenzeitlich zahlungsunfähigen Arbeitgebers einem Dritten einen Schaden zugefügt haben. Eine diesbezügliche (weitere) richterliche Rechtsfortbildung ist wohl nicht zu erwarten (s. Peifer, AR-Blattei Stand 1997 Rz 123; vgl. auch Däubler, Das Arbeitsrecht 2 S. 414 und 418). *112*

Der Regelungsvorschlag der SPD-Bundestagsfraktion (– vgl. BT-Drucksache 13/2195 vom 22. 8. 1995 S. 3: „§ 619 b II BGB") hat insoweit einen in der Rspr. des BGH enthaltenen Hinweis aufgegriffen und stellt den Freistellungsanspruch des Arbeitnehmers gegen den zahlungsunfähigen Arbeitgeber einem Anspruch auf rückständiges Arbeitsentgelt gemäß § 141b I AFG a.F. (= nunmehr § 183 SGB III) gleich (– s. dazu bereits den Entwurf eines Gesetzes zur Regelung der Arbeitnehmerhaftung vom 11. 8. 1993 BT-Drucksache 12/5551 = RdA 1993, 362). Der SPD-Vorschlag deckt sich insoweit mit dem „Diskussionsentwurf" des Arbeitskreises „Deutsche Rechtseinheit im Arbeitsrecht" (= Gutachten D für den 59. Deutschen Juristentag /dort § 99 VI letzter Satz Arbeitsvertragsgesetz – ArbVG 1992 –). Der „Diskussionsentwurf" des Arbeitskreises sieht weiter vor (u.a.):

- § 99 II ArbVG 1992: Bei grober Fahrlässigkeit ermäßigt sich die Ersatzpflicht, soweit sie wegen besonderer, in der Art der Arbeit oder der Person des Arbeitnehmers oder der Höhe des Schadens liegender Umstände eine unzumutbare Härte bedeuten würde.

- § 99 III ArbVG 1992: Für sonstige fahrlässig verursachte Schäden haftet der Arbeitnehmer nach Maßgabe seines Verschuldens bis zur Höhe von zwei monatlichen Durchschnittsentgelten ... .

- § 99 IV ArbVG 1992: Für Fehlbestände kann eine erweiterte Haftung des Arbeitnehmers für den Fall vereinbart werden, daß Sachen dem Arbeitnehmer allein anvertraut sind und der Arbeitnehmer einen angemessenen Risikoausgleich erhält. Ist streitig, ob der Arbeitnehmer die Unmöglichkeit der Herausgabe zu vertreten hat, trifft ihn die Beweislast, wenn ihm die Sachen besonders anvertraut waren.

Der in der vergangenen Legislaturperiode im Bundesrat eingebrachte Gesetzesentwurf des Landes Sachsen (– Entwurf eines Arbeitsvertragsgesetzes –) folgt dem Arbeitskreisentwurf. Der Gesetzesentwurf des Landes Brandenburg lehnt sich (teilweise) an den SPD-Entwurf an. Wegen weiterer Einzelheiten der Reformdiskussion wird auf Peifer ZfA 1996, 69 (81 ff), Walker/Lohkemper RdA 1994, 105 und Altemann AuA 1995, 269 verwiesen.

Literaturverzeichnis

Ahrens, Arbeitnehmerhaftung bei betrieblich veranlaßter Tätigkeit, DB 1996, 937;

Altemann, Vorschlag für Neuregelungen zur Arbeitnehmerhaftung, AuA 1995, 269;

Annuß, Die Haftung des Arbeitnehmers (Heidelberg 1998);

Arens, Besprechung zu den beiden BAG-Urteilen vom 12. 10. 1989 – 8 AZR 741/87 – und AZR 278/88 –, BB 1990, 68;

Arens, Haftung des Arbeitnehmers – Bestandsaufnahme der Rechtsprechung nach den Entscheidungen des 8. Senats vom 24. 11. 1987, BB 1988, 1596;

Bauer, Aktuelle Probleme des nachvertraglichen Wettbewerbsverbotes, NZA Beil. 3/1991 S. 29;

Baumann, Die Haftung des Arbeitnehmers gegenüber Dritten, BB 1990, 1833;

Becker, Schadensersatz in Geld für Arbeitsleistungen des Geschädigten zum Zwecke der Schadensabwehr, BB 1976, 746;

Becker-Schaffner, Zum Haftungsumfang des Arbeitnehmers bei Vertragsbruch, BlStSozArb 1982, 97;

Becker-Schaffner, Die Nutzung von Firmenfahrzeugen bei Beendigung des Arbeitsverhältnisses, DB 1993, 2078;

Belling, Die Haftung des Betriebsrates und seiner Mitglieder (1990);

Bengelsdorf, Schadensersatz bei Nichtantritt der Arbeit, BB 1989.2390;

Berger-Delhey, Der Vertragsbruch des Arbeitnehmers – Tatbestand und Rechtsfolgen –, DB 1989, 2171;

Berkowsky, Aktuelle Probleme des Schadensersatzanspruches des Arbeitgebers gegenüber dem vertragsbrüchigen Arbeitnehmer, DB 1982,1772;

Beuthin, Lohnminderung bei Schlechtarbeit oder Arbeitsunlust, ZfA 1972, 20;

Bleistein, Die Mankohaftung des Arbeitnehmers, DB 1971, 2213;

Blomeyer, Der Eigenschaden des Arbeitnehmers, FS Kissel S. 77;

Blomeyer, §§ 46–59, §§ 92–97, MünchAR;

Brox, Anm. zu BAG, 24. 11. 1987, AP Nrn. 92 und 93 zu § 611 BGB Haftung des Arbeitnehmers;

Buchner, §§ 32–39, § 45, MünchAR;

Buglass, Haftung des Arbeitnehmers, BR 1990, 57;

Busemann, – Beweis, Beweislast, Darlegungslast –, – Richterrecht –, – Verjährung –, AR-Lexikon;

Busemann/Schäfer, 3. Aufl. Kündigung und Kündigungsschutz im Arbeitsverhältnis,

Carolsfeld, Schnorr von, Anm. zu BAG AP Nr. 62; zu § 611 BGB Haftung des Arbeitnehmers;

Däubler, 3. Auflage Tarifvertragsrecht (1993);

Däubler, Das Arbeitsrecht 1; Das Arbeitsrecht 2 (– jeweils 1995 –);

Däubler/Colneric u.a., 3. Aufl. Arbeitskampfrecht;

Denck, Über Grenzfälle der Außenhaftung des Arbeitnehmers, BB 1989, 1192;

Denck, Zur betrieblichen Tätigkeit als Voraussetzung für die privilegierte Arbeitnehmerhaftung, DB 1986, 590;

Denck, Leasing und Arbeitnehmerhaftung, JZ 1990, 175;

Denck, Enthaftung zu Lasten des Arbeitnehmers bei gestörtem Gesamtschuldnerausgleich, NZA 1988, 265;

Denck, Zur Haftung des Verleihers bei Arbeitsunfällen von Arbeitnehmern des Entleihers, ZfA 1989, 265;

Deutsch, Das Verschulden als Merkmal der Arbeitnehmerhaftung, RdA 1996, 1;

Dieterich, Die Arbeitsgerichte zwischen BVerfG und EuGH, NZA 1996, 676;

Dörner/Luczak/Wildschütz, – DLW – Arbeitsrecht in der anwaltlichen und gerichtlichen Praxis;

Eberlein, Die Risiken des Berufskraftfahrers aus arbeitsrechtlicher Sicht, BB 1989, 621;

Ehrich/Hoß, Die Kosten des Betriebsrats, NZA 1996, 1079;

Engel, Konventionalstrafen im Arbeitsvertrag/Die Stipulationsfähigkeit arbeitsvertraglicher Strafversprechen (Bayreuth 1990);

Fahrenhorst, Die Haftung des leitenden Krankenhausarztes gegenüber dem Krankenhausträger, NZA 1991, 544;

Fiebig, Abstrakte Nutzungsausfallentschädigung des Arbeitgebers bei Vorenthaltung gewerblicher Sachen, NZA 1997, 1151;

Fitting/Kaiser/Heither/Engels, 19. Aufl. BetrVG (Kommentar);

Flume, Allgemeiner Teil des Bürgerlichen Rechts, II, Das Rechtsgeschäft, 4. Aufl.;

Friedhofen/Holly, Die Abwälzung von Geldstrafen und Geldbußen auf den Arbeitgeber, NZA 1992, 145;

Friedrich, Der Vertragsbruch, AcP 1978, 468;

Frieges, Der Anspruch des Arbeitnehmers auf Ersatz selbstverschuldeter Eigenschäden, NZA 1995, 403;

Frölich, Erstattung von Detektivkosten im Arbeitsverhältnis, NZA 1996, 464;

Gamillschegg/Hanau, 2. Aufl. Die Haftung des Arbeitnehmers, – Karlsruhe 1974 –;

Gaul, Die nachvertragliche Geheimhaltungspflicht eines ausgeschiedenen Arbeitnehmers, NZA 1988, 25

Geigel, 21. Aufl. Der Haftpflichtprozeß;

Gerhardt, Der Haftungsmaßstab im gesetzlichen Schuldverhältnis (pVV, c.i.c), JuS 1970, 597;

Gift/Baur, Das Urteilsverfahren vor den Gerichten für Arbeitssachen (1993);

Göpfert/Lingemann, Der Einsatz von Detektiven im Arbeitsrecht, DB 1997, 374;

Gottwald, Anspruch des Arbeitnehmers auf Zustimmungsersetzungsverfahren nach § 99 IV BetrVG, BB 1997, 2427;

Grunsky, 7. Aufl. ArbGG (Kommentar);

Gruss, Nochmals: Rechtsfragen zum Dienstfahrzeug, BB 1994, 71;

Gudian, Die Haftung für anfängliches Unvermögen, NJW 1971, 1239;

Hadding, Anm. zu BAG, AP Nr. 2 zu § 306 BGB;

Hadding/Hammen, Anm. zu BAG AP Nr. 53 zu § 74 HGB;

Hanau/Rolfs, Abschied von der gefahrgeneigten Arbeit, NJW 1994, 1439;

Hansen, Die Beweislast im Mankoprozeß, AuR 1968, 295;

Hausmann, Arbeitnehmerhaftung bei gefahrgeneigter Arbeit, BR 1989, 106;

Heinze, Konventionalstrafe und andere Sanktionsmöglichkeiten in der betrieblichen Praxis, NZA 1994, 244;

Heldmann, Lohnsteuernachforderungen des Finanzamtes und ihr Ausgleich im Arbeitsverhältnis, NZA 1992, 489;

Hoffmanns, Anm. zu BAG AP Nr. 10 zu § 276 BGB Vertragsbruch;

Hoß/Ehrich, Die Kosten des Betriebsrats – Umfang und Grenzen der Kostenerstattungspflicht des Arbeitgebers, NZA 1996, 1079;

Hübsch, Arbeitnehmerhaftung bei Versicherbarkeit des Schadensrisikos und bei grober Fahrlässigkeit, BB 1998, 690;

Hunold, – Vertragsstrafe –, AR-Lexikon;

Klein, Schadenshaftung im Arbeitsverhältnis, – Heidelberg 1964 –;

Klimke, Haftungsrechtliche Probleme in Verbindung mit dem Arbeitsvertrag unter besonderer Berücksichtigung der Ersatzpflicht aus Anlaß von Kfz-Unfällen, DB 1986, 114;

Klumpp, Aktuelle Fragen zur Haftung des GmbH-Geschäftsführers (1992);

Köster, Die Nachentrichtung von Sozialversicherungsbeiträgen bei der Aufnahme mehrerer geringfügiger Beschäftigungen, NZA 1994, 54;

Koller, Anm. zu BAG (GS) 27.9.1994 – 1/89 (A) –, SAE 1996, 6;

Kopp, – Arbeitsvertragsbruch –, – Gefahrgeneigte Arbeit –, – Gesamtschuldner –, – Haftung des Arbeitnehmers –, AR-Lexikon;

Kraft, Sanktionen im Arbeitsverhältnis, NZA 1989, 777;

Krasney, Der Verkehrsunfall als Arbeitsunfall, NZV 1989, 369;

Krause, Die Beschränkung der Außenhaftung des Arbeitnehmers, VersR 1995, 752;

Kreßel, Parkplätze für Betriebsangehörige, RdA 1992, 169;

Kreutz, in: GK – Fabricius u.a. –, 5. Aufl. Gemeinschaftskommentar zum BetrVG;

Künzl, Kasseler HB;

Langenbucher, Risikohaftung und Schutzpflichten im innerbetrieblichen Schadensausgleich, ZfA 1997, 525;

Lepke, Detektivkosten als Schadensersatz im Arbeitsrecht, DB 1985, 1231;

Lieb, „Wegfall der Arbeitskraft“ und normativer Schadensbegriff, JZ 1971, 358;

Lipperheide, Arbeitnehmerhaftung zwischen Fortschritt und Rückschritt, BB 1993, 720;

Löwisch, Anm zu BAG AP Nr. 8 zu § 20 BetrVG 1972;

Löwisch/Rieble, 1. Aufl. TVG (Kommentar);

Löwisch/Würtenberger, Vertragsstrafe und Betriebsstrafe im Arbeitsrecht, JuS 1970, 261;

Lücke, Anmerkung zu LAG München, 24. 4. 1997, – Auslegung von Ausgleichsklauseln, BB 1998, 269;

Marschner, Die Neuregelung der Haftungsfreistellung in der Unfallversicherung, BB 1996, 2090;

Marschner, Die Berechnung von Sozialversicherungsbeiträgen bei lohnmindernden Vertragsstrafen, NZA 1997, 300;

Mayer-Maly, Anm. zu BGH, 21. 12. 1993 – 6 ZR 103/93 –, AR-Blattei – Haftung des Arbeitnehmers E 129 –;

Mayer-Maly, Die Risikohaftung des Arbeitgebers für Eigenschäden des Arbeitnehmers, NZA Beilage 1991 Nr. 3 S. 5;

Meier/Schulz, Die Rückzahlung von Ausbildungskosten bei vorzeitiger oder erfolgloser Beendigung der Ausbildung, NZA 1996, 742;

Meier/Wehlau, Die zivilrechtliche Haftung für Datenlöschung, Datenverlust und Datenzerstörung, NJW 1998, 1585;

Molkenbur, Pflicht zur Geheimniswahrung nach Ende des Arbeitsverhältnisses, BB 1990, 1196;

Motzer, Die „positive Vertragsverletzung" des Arbeitnehmers (1982);

Motzer, Schutzpflichtverletzung und Leistungsunmöglichkeit, JZ 1983, 884;

Müller, Zur Schwarzfahrt in der Kraftfahrversicherung, NJW 1986, 966;

Nägele, Probleme beim Einsatz von Dienstwagen, NZA 1997, 1198;

Nägele/Schmidt, Das Dienstfahrzeug, BB 1993, 1797;

Nehls/Hauck, SGB VII, Kommentar;

Otten, Rechtsstellung des Arbeitnehmers bei Beschädigung von Dritteigentum, DB 1997, 1617;

Palandt, 57. Auflage BGB (Kommentar);

Pauly, Grundfragen der Mankohaftung, BB 1996, 2038;

Peifer, Neueste Entwicklung zu Fragen der Arbeitnehmerhaftung im Betrieb, ZfA 1996, 69;

Peifer, Ist es erforderlich, die Verteilung des Schadensrisikos bei unselbständiger Arbeit neu zu ordnen?, DRiZ 1986, 297;

Peifer, Haftung des Arbeitnehmers, AR-Blattei Haftung des Arbeitnehmers I – Stand 1990 – und – Stand 1997 –;

Popp, Schadensersatz und Vertragsstrafe bei Arbeitsvertragsbruch, NZA 1988, 455;

Preis, Grundfragen der Vertragsgestaltung im Arbeitsrecht (1993);

Preis/Reinfeld, Schweigepflicht und Anzeigerecht im Arbeitsverhältnis, AuR 1989, 361;

Reinicke, Die Mankohaftung des Arbeitnehmers, ZfA 1976, 215:

Richardi, 7. Aufl. BetrVG (Kommentar);

Richardi, §§ 8–16, §§ 40–44, MünchAR;

Richardi, Abschied von der gefahrgeneigten Arbeit als Voraussetzung für die Beschränkung der Arbeitnehmerhaftung, NZA 1994, 241;

Rieble, Anm. zu BGH, 19. 9. 1989, EzA Nr. 24 zu § 611 BGB gefahrgeneigte Arbeit;

Rückert, Unmöglichkeit und Annahmeverzug im Dienst- und Arbeitsvertrag, ZfA 1983, 1;

Rüthers, Probleme der Organisation des Weisungsrechts und der Haftung bei Gruppenarbeit; ZfA 1977, 1;

Schaub, 8. Aufl. Arbeitsrechts-Handbuch;

Scherer, – Ausschlußfrist –, AR-Lexikon;

Schiefer, Ausschluß und Grenzen der Arbeitgeberhaftung bei unfallbedingten Schäden des Arbeitnehmers bei Dienstfahrten mit Privat-Pkw, NJW 1993, 966;

Schiek, Formulararbeitsverträge mit Verkaufsfahrern, BB 1997, 310;

Schlachter, Anm. zu BAG (GS), 27. 9. 1994, AP Nr. 103 zu § 611 BGB Haftung des Arbeitnehmers;

Schölzel, Gruppenarbeit und Arbeitnehmerhaftung, BR 1996, 105;

Schroeder, Die Nutzungsentschädigung des Arbeitnehmers wegen Entzugs des Firmenwagens nach unwirksamer Kündigung, NZA 1994, 342;

Schwerdtner, Grenzen der Vereinbarungsfähigkeit von Vertragsstrafen im Einzelarbeitsverhältnis, FS Hilger/Stumpf (1983) S. 631;

Sieg, Versicherungsfragen zur Haftung von Arbeitnehmern und Organwaltern gegenüber den Geschäftspartnern ihres Unternehmens, BB 1996, 71;

Söllner, Vertragsstrafen im Arbeitsrecht, AuR 1981, 97;

Sommer, Arbeitnehmerhaftung und Kaskoversicherung, NZA 1990, 837;

Spinnarke, – Arbeitsunfall –, – Tätigkeit (betriebliche/versicherte) –, AR-Lexikon;

Stoffels, Mankohaftung, AR-Blattei Haftung des Arbeitnehmers II;

Ullrich, Lohngewähr oder Mängelgewährleistung, NJW 1984, 585;

von Bar, „Nachwirkende" Vertragspflichten, AcP 179 (1979) S. 452;

von Hoyningen-Huene, Die Haftungseinschränkung des Arbeitnehmers, BB 1989, 1889;

von Hoyningen-Huene, Drittbeziehungen in der Betriebsverfassung, RdA 1992, 355;

von Hoyningen-Huene, Das Betriebsverhältnis, NZA 1989, 121;

von Stebut, Leistungsstörungen im Arbeitsverhältnis, RdA 1985, 66;

Walker, Die Verteilung des Schadensrisikos bei unselbständiger Arbeit – Rechtslage nach den Urteilen des 8. Senats des BAG vom 24.11.1987 –, NZA 1988, 753;

Walker/Lohkemper, Die vorgeschlagene EG-Richtlinie über die Haftung bei Dienstleistungen und ihre Bedeutung für Haftungsfragen im Arbeitsrecht, RdA 1994, 105;

Weber, Die Rechtsfolgen von Amtspflichtverletzungen des Betriebsrates und seiner Mitglieder, DB 1992, 2135;

Wendeling-Schröder, Die Ermittlung der Schadenshöhe bei Betriebsunterbrechungen dargestellt am Beispiel kurzzeitiger rechtswidriger Streiks, NZA 1993, 49;

Wertheimer, Wirksamkeit nachvertraglicher Wettbewerbsverbote bei nicht kündigungsbedingter Beendigung des Arbeitsverhältnisses, NZA 1997, 522;

Wiedemann, Zur culpa in contrahendo beim Abschluß des Arbeitsvertrages, FS Herschel (1982) S. 463;

Wiedemann, Anm. zu BAG AP Nr. 15 zu § 4 TVG Günstigkeitsprinzip;

Wiedemann, Anm. zu BAG AP Nr. 18 zu § 611 BGB Ausbildungsbeihilfe;

Wohlgemuth, Die Arbeitnehmerhaftung im Wandel, DB 1991, 910;

Worzalla, – Streik – AR-Lexikon;

Worzalla, Arbeitnehmerhaftung nach Verkehrsunfall, NZA 1991, 166;

Wuttke, Vorteilsausgleich bei Schadensersatzansprüchen wegen Arbeitsvertragsbruch, DB 1967, 2227.

Stichwortverzeichnis

(Die Zahlen beziehen sich auf die Randziffern)